Pierre Loti

Die letzten Tage von Peking

Pierre Loti

Die letzten Tage von Peking

Deutsch von Friedrich von Oppeln-Bronikowski

Zuerst erschienen: 1902

Verlag Projekt Gutenberg-DE

ISBN: 9783865116475

Inhalt

Ankunft im Gelben Meer

Montag, 24. September 1900

Morgengrauen bei stiller See unter dem Sternenhimmel. Ein schwacher Schein im Osten kündet das Nahen des Tages, noch aber ist es Nacht. Die Luft ist lau und leicht ... Sind wir im nordischen Sommer oder im Winter der warmen Zonen? Nichts in Sicht, kein Land, kein Leuchtfeuer, kein Segel; nirgends ein Anhaltspunkt für die Örtlichkeit: eine Meereseinsamkeit bei idealem Wetter, in geheimnisvoll unbestimmter Dämmerung.

Lautlos fährt der große Panzer dahin, mit absichtlicher Langsamkeit, mit kaum laufender Maschine – wie ein Leviathan, der sich verstellt, um zu überlisten.

Etwa fünftausend Seemeilen hat er zurückgelegt, beinahe ohne zu verschnaufen. Stets hat seine Schraube achtundvierzig Drehungen in der Minute ausgeführt, und ohne irgendwelche Havarien und Schäden an seinem kräftigen Räderwerk hat er in einem Zuge die längste und schnellste Fahrt gemacht, die je ein Ungeheuer seines Umfanges vollbrachte, und mit dieser Kraftprobe andere, wegen ihrer Schnelligkeit berühmte Schiffe geschlagen, die man auf den ersten Blick für überlegen gehalten hätte.

Heute morgen langt er am Ziel seiner Reise an. Er ist im Begriff, einen Punkt der Erde zu erreichen, dessen Name gestern noch gleichgültig war, auf den jetzt aber die Augen ganz Europas gerichtet sind. Dies Meer, das sich so ruhig aufzuhellen beginnt, ist das Gelbe Meer, der Golf von Petschili, der Zugang nach Peking. Und eine ungeheure, schon versammelte Kriegsflotte muß hier ganz nahe ankern, wenn auch noch nichts ihre Nähe verrät.

Seit zwei bis drei Tagen fahren wir bei schönstem Septemberwetter durch dies Gelbe Meer. Gestern und vorgestern kreuzten Dschunken mit geflochtenen Segeln auf der Fahrt nach Korea unseren Kurs; auch Küsten und Inseln sind näher oder ferner aufgetaucht; im Augenblick aber ist der Himmelskreis ringsum leer.

Seit Mitternacht fahren wir mit verminderter Geschwindigkeit, damit unsere Ankunft bei dem Geschwader, das uns mit dem üblichen militärischen Gepränge empfangen wird, nicht in zu früher Morgenstunde erfolgt.

Fünf Uhr. In der noch herrschenden Dämmerung erschallt die Reveille, der helle Klang der Trompeten, die allmorgendlich die Matrosen wecken. Es ist eine Stunde früher als sonst, damit genug Zeit für das Reinigen des Panzerschiffes bleibt, dessen Aussehen durch die fünfundvierzig Tage Seefahrt etwas gelitten hat. Noch immer ist nichts zu sehen, als der weite leere Raum; aber die Wache hoch oben im Mastkorb meldet schwarze Rauchstreifen am Horizont – und diese kleine, von unten kaum bemerkbare Wolke zeigt die Gegenwart gewaltiger Wesen an; sie entströmt großen Panzerschiffen; sie ist gleichsam der Atem dieses Geschwaders ohnegleichen, dem wir uns anschließen sollen.

Erst das Waschen der Mannschaft vor der des Fahrzeuges: barfuß, mit entblößtem Oberkörper, übergießen sich die Matrosen mit Wasser in dem aufgehenden Morgen. Trotz der dauernden Überanstrengung sind sie gar nicht ermüdet, ebensowenig wie das Schiff, das sie trägt. Der »Redoutable« ist übrigens von all den über Hals und Kopf abgegangenen Schiffen das einzige, das während seiner Fahrt durch die erstickende Schwüle des Roten Meeres weder Tote noch Schwerkranke gehabt hat.

Jetzt geht die Sonne über dem Meeresrand auf, eine gelbe Scheibe, die langsam hinter den leblosen Gewässern aufsteigt. Für uns, die soeben die Äquatorialgegend verließen, hat dieser Sonnenaufgang, so strahlend er ist, etwas Schwermütiges und schon Trübes, das an den Herbst und die nordischen Himmelsstriche gemahnt. Wirklich, die Sonne ist während der letzten zwei bis drei Tage verändert, sie brennt nicht mehr, sie ist nicht mehr gefährlich, man braucht sie nicht mehr zu fürchten.

Dort vor uns, in äußerster Ferne, hinter der rußigen Wolke, tauchen jetzt Dinge auf, die nur das Auge des Seemannes erkennt: es ist gleichsam ein Wald von Stangen, am Ende, ganz am Ende des weiten Raumes, beinahe noch jenseits des Gesichtskreises. Und wir wissen, was das ist: riesige Schlote, schweres Kriegsmastwerk, die furchtbare eiserne Rüstung, die nebst dem Rauch schon von weitem ein modernes Geschwader verrät.

Wir haben unsere große Morgenwäsche beendet, und die mit Seewasser gefüllten, von kräftigen Armen geschwungenen Eimer überschwemmen nicht mehr das ganze Deck. Der »Redoutable« ist jetzt wieder in voller Fahrt (die mittlere Geschwindigkeit von 11½ Knoten, die er seit seiner Abfahrt von Frankreich gehabt hat). Und während die Matrosen emsig seinen Stahl und Messing putzen, zieht er von neuem seine tiefe Furche durch das ruhige Meer.

Aus den Rauchwolken am Horizont lösen sich Gegenstände ab und nehmen bestimmte Gestalt an; unterhalb der zahllosen Maste erscheinen Massen von jeder Form und Farbe – die Schiffe. Zwischen dem ruhigen Wasser und dem bleichen Himmel taucht die ganz furchtbare Gesellschaft auf, eine Vereinigung seltsamer Ungetüme, die einen weiß und gelb, die anderen schwarz und weiß, wieder andere schlamm- oder nebelfarben, um weniger aufzufallen; runde Buckel, halb ins Wasser tauchende tückische Flanken, unheimliche Schildkrötenschalen von wechselnder Bauart, je nach der Art, wie die verschiedenen Staaten ihre Zerstörungsmaschinen konstruieren, aber alle speien gleichmäßig den abscheulichen Steinkohlenrauch aus, der das Morgenlicht trübt.

Noch immer sieht man nichts von der chinesischen Küste, als wären wir von ihr noch tausend Meilen entfernt, oder als wäre sie gar nicht vorhanden. Und doch liegt hier Taku, der Sammelpunkt, auf den sich seit so vielen Tagen unsere Gedanken richten. Und da liegt ganz nahe, wenn auch unsichtbar, China, das durch seine ungeheure Nachbarschaft diese Herde von Beutetieren anzieht und sie auf diesem bestimmten, bedeutungslosen Punkte des Meeres festhält.

Hier, wo das Meer schon weniger tief ist, hat es auch sein schönes Blau verloren, an das wir uns so lange gewöhnt hatten. Es wird trüb, gelblich, und der Himmel, wenn auch ohne Wolken, ist entschieden trübe. Übrigens geht dieser düstere Eindruck beim ersten Anblick von der ganzen Umgebung aus, in der wir jetzt gewiß für lange Zeit bleiben werden . . .

Doch beim Näherkommen verändert sich alles, je höher die Sonne steigt, je deutlicher die schönen glänzenden Panzer mit den vielfarbigen Kriegsflaggen hervortreten. Fürwahr, es ist ein großartiges Geschwader, das hier Europa repräsentiert, Europa in Waffen gegen das alte finstere China. Es nimmt einen unendlichen Raum ein; wo man hinblickt, scheint der Horizont von Schiffen erfüllt. Boote und Dampfbarkassen tummeln sich wie ein kleines geschäftiges Volk zwischen den großen, unbeweglich daliegenden Schiffen.

Jetzt ertönen von allen Seiten Kanonenschüsse als militärischer Willkommensgruß für unsern Admiral; unter dem Schleier des dunklen Rauches sieht man den lichten Pulverdampf in hellen Garben aufsteigen und sich in weiße Flocken lösen; uns zu Ehren steigen und sinken dreifarbige Flaggen an all den eisernen Masten hinauf und hinab; überall schmettern Trompeten, und die fremden Musikkapellen spielen unsere Marseillaise. Ja, man berauscht sich ein wenig an diesem Zeremoniell, das stets das gleiche ist, aber stets imposant, und das hier angesichts der Entfaltung dieser Flotten ungewohnt prächtig wirkt.

Endlich ist die Sonne völlig erwacht. Sie strahlt und gibt uns für unseren Ankunftstag zum letztenmal die Illusion des vollen Sommers, in diesem Lande mit seinem schroffen Gegensatz der Jahreszeiten, das in kaum zwei Monaten für einen langen Winter zu Eis erstarren wird.

Als es Abend wird, ergötzen sich unsere Augen zum erstenmal an dem feenhaften Schauspiel, das die Geschwader bieten. Von allen Seiten flammen plötzlich elektrische Lichter auf, weiß, grün, rot, blitzend oder von blendendem Glanz; die Panzer halten durch spielende Lichter Zwiesprache miteinander, und das Wasser strahlt tausende von Signalen, tausende von Feuern zurück, indes die langen Garben der Scheinwerfer den Horizont bestreichen oder wie toll gewordene Kometen zum Himmel steigen. Unter diesen Phantasmagorien vergißt man alles, was die schreckensvollen Flanken an Zerstörung und Mord brüten; man glaubt sich für einen Augenblick in eine riesengroße, wunderbare Stadt versetzt, mit Türmen, Minaretten und Palästen, die aus Laune für kurze Zeit in dieser Meeresgegend errichtet wäre, um ein ungeheures Nachtfest zu feiern.

25. September

Es ist erst der zweite Tag, und doch gleicht schon nichts mehr dem Gestern. Seit dem Morgen weht eine Brise – kaum eine Brise, gerade stark genug, um die großen, dunklen Rauchstreifen auf das Meer zu drücken, und schon kräuseln sich die Wellen auf dieser offenen, wenig tiefen Reede, und die kleinen Fahrzeuge tanzen in fortwährendem Hin und Her, von Staubregen übersprüht.

Da naht langsam aus der Tiefe des Horizonts ein Riesenschiff in deutschen Farben, geradeso wie wir gestern: sofort erkennt man die »Hertha«, die den letzten der zu diesem Treffpunkt der verbündeten Mächte erwarteten Befehlshaber, den Feldmarschall Graf Waldersee, an Bord hat. Für ihn beginnen von neuem die Salven, die uns gestern empfangen hatten, und das ganze prunkhafte Zeremoniell; wieder speien die Kanonen ihre Wolken, mischen weiße Watteflocken in den schwarzen Rauch, und die deutsche Nationalhymne, von sämtlichen Kapellen wiederholt, verfliegt in dem auffrischenden Winde.

Immer stärker weht er, stärker und kälter, ein garstiger Herbstwind, der die Schaluppen und Barkassen umherwirft, die gestern so gemächlich zwischen den Gruppen des Geschwaders dahinfuhren.

Und das kündet uns traurige und schwierige Tage, denn auf dieser unsicheren Reede, die in einer einzigen Stunde gefahrbringend wird, müssen wir tausende von Soldaten und tausende Tonnen von Kriegsmaterial ausschiffen; so viele Menschen und Dinge müssen bei dieser bewegten See in Booten und Kähnen, bei eisigem Wetter, selbst bei dunkler Nacht gesteuert und über die wechselnde Sandbank nach Taku gebracht werden.

Diese ganze gefahrvolle und endlose Beförderung zu organisieren, wird besonders während der nächsten Monate unsere, der Seeleute, Aufgabe sein – eine harte, erschöpfende Arbeit, die im Verborgenen bleibt, ohne sichtbaren Ruhm . . .

In Ning-hai

3. Oktober 1900

In der Tiefe des Golfes von Petschili dehnt sich der Strand von Ning-hai in den ersten Strahlen der aufgehenden Sonne. Zu Füßen eines großen Forts, dessen Kanonen stumm bleiben, liegen mit dem Vorderteil im Ufersand Schaluppen, Avisos, Flachboote und Dschunken, aus denen Soldaten und Kriegsmaterial ausgeschifft werden. An diesem Strande herrscht ein Wirrwarr, eine babylonische Verwirrung, wie sie bisher zu keiner Zeit gesehen ward; vom Topp dieser Fahrzeuge, aus denen so viele Menschen steigen, flattern alle Farben Europas durcheinander.

Das Ufer ist mit Birken und Weiden bewachsen, und in der Ferne ragen die Gipfel eigentümlich geformter Berge in den klaren Himmel. Überall Bäume des Nordens, ein Zeichen, daß dies Land eisige Winter hat; und dennoch brennt schon die Morgensonne, die Berggipfel dort sind in wunderbares Violett getaucht, das Licht strahlt wie in der Provence.

Was gibt es nicht alles auf diesem Strande zwischen den hastig zur Verteidigung aufgeschichteten Sandsäcken! Man sieht Kosaken, Österreicher, Deutsche, englische Midshipmen neben unserer Marine-Infanterie; kleine japanische Soldaten, deren gute militärische Haltung in ihren neuen europäisch geschnittenen Uniformen auffällt; blonde Damen vom russischen Roten Kreuz, mit dem Auspacken von Lazarettmaterial beschäftigt; Bersaglieri aus Neapel, die ihre Hahnenfedern auf die Tropenhelme gesteckt haben.

Wirklich, in diesen Bergen, in dieser Sonne, in dieser Klarheit der Luft liegt etwas von unseren mittelländischen Küsten an schönen Herbstmorgen. Aber dort, ganz nahe, erhebt sich aus den Bäumen ein altersgraues Gebäude von wunderlicher, geschweifter Form, mit Drachen und Ungeheuern gespickt: eine Pagode. Und über die fernen Berge zieht sich in Schlangenwindungen eine endlose Befestigungslinie und verliert sich hinter den Gipfeln: die große chinesische Mauer, die Grenze gegen die Mandschurei.

Die Soldaten, die barfuß in den Sand springen und sich in allen Sprachen lustig anrufen, machen einen vergnügten Eindruck. Das, was sie heute tun, nennt man eine »friedliche Besitzergreifung«; man möchte an ein Fest allgemeiner Verbrüderung, allgemeiner Eintracht denken – während doch im Gegenteil, nicht weit von hier, in der Richtung nach Tientsin und Peking, alles in Trümmern liegt und mit Leichen besät ist.

Die Notwendigkeit der Besetzung Ning-hais, um es im Bedarfsfall zur Verpflegungsbasis des Expeditionskorps zu benützen, hatte sich den Admiralen des internationalen Geschwaders aufgedrängt, und vorgestern wurde auf allen unseren Schiffen klar zum Gefecht gemacht, denn es war bekannt, daß die Küstenforts vollkommen armiert sind. Als jedoch die hiesigen Chinesen durch einen Parlamentär erfuhren, daß eine gewaltige Anzahl von Panzern bei Tagesanbruch erscheinen würde, hatten sie es vorgezogen, den Platz zu räumen, und so fanden wir bei unserer Ankunft ein verlassenes Land.

Das Fort, das diese Küste beherrscht und den Endpunkt der großen Mauer gegen das Meer bildet, wurde als »international« erklärt.

So flattern denn dort auf hohen, von Ehrenwachen gehüteten Masten gemeinsam die Flaggen der sieben verbündeten Nationen, dem Alphabet nach geordnet: Deutschland, England, Frankreich, Italien, Japan, Österreich, Rußland.

In die übrigen, über die Anhöhen der Umgebung zerstreuten Forts hat man sich dann geteilt. Das den Franzosen zugefallene liegt etwa eine Seemeile vom Ufer entfernt. Zu ihm führt eine sandige Straße, von zart belaubten Birken und Weiden eingefaßt, an Gärten und Obstgärten vorbei, über die der Herbst sein Gelb gebreitet hat, genau wie bei uns. Übrigens gleichen sie auch sonst den unsrigen mit ihren bescheidenen Kohlbeeten, ihren Kürbissen und geradlinigen Salatreihen. Auch die weinumrankten Holzhäuschen, die hier und da zwischen den Bäumen hervorlugen, mit ihren Dächern aus runden Ziegeln, den kleinen Beeten von Zinnien, Astern und Chrysanthemen, wirken wie eine Nachahmung unserer Bauernhäuser ... Dörfer, die gewiß ruhig und glücklich waren, aber seit zwei Tagen, bei dem

Nahen der Eindringlinge aus Europa, von ihren erschreckten Bewohnern verlassen wurden.

An diesem frischen Oktobermorgen begegnen sich Matrosen und Soldaten aller Nationen auf der schattigen Straße, die zum Fort der Franzosen führt. Voller Freude, auf Entdeckungen auszugehen, sich im eroberten Lande zu tummeln, jagen sie emsig Hühner und rauben in den Gärten Salat und Birnen. Russen räumen aus einer Pagode die Buddhastatuen und vergoldeten Vasen aus. Engländer treiben auf den Feldern gefangene Rinder mit Stockschlägen ein. Dalmatinische und japanische Matrosen, seit einer Stunde eng befreundet, waschen sich gemeinsam am Ufer eines Baches. Und zwei Bersaglieri, die einen kleinen Esel erwischt haben, schütteln sich vor Lachen, während sie zusammen auf ihm davonreiten.

Indessen dauert der traurige Auszug des chinesischen Landvolkes, der gestern begonnen hat, fort; trotz der ausdrücklichen Zusage, daß niemandem ein Leid geschehen würde, fühlen sich die Zurückgebliebenen dem Feinde zu nahe und ziehen die Flucht vor. Ganze Familien wandern gesenkten Hauptes davon: Männer, Frauen, Kinder, alle in den gleichen Kleidern aus blauer Baumwolle, alle mit ihren Habseligkeiten beladen. Selbst die Kleinsten schleppen Bündel und tragen ihre kleinen Kopfkissen und Matratzen ergebungsvoll fort.

Und dort spielt sich eine herzzerreißende Szene ab. Eine alte Chinesin, uralt, vielleicht hundertjährig, die sich kaum mehr auf den Beinen halten kann, zieht fort, Gott weiß wohin, aus ihrem Hause vertrieben, in dem sich ein deutscher Posten einrichtet; sie schleppt sich dahin, gestützt von zwei jungen Burschen, wahrscheinlich ihren Enkeln, die ihr nach Kräften helfen, mit zärtlichen Blicken und unendlicher Ehrerbietung. Sie scheint uns gar nicht zu sehen, als hätte sie von niemandem mehr etwas zu erwarten. So geht sie langsam an uns vorüber, mit dem Ausdruck der Verzweiflung, des tiefsten und hilflosesten Jammers in ihrem armen Gesicht, – während die Soldaten hinter ihr lachend die bescheidenen Bilder ihres Ahnenaltars aus dem Hause werfen. Und die schöne Sonne dieses Herbstmorgens bescheint ruhig ihr kleines wohlgepflegtes Gärtchen, in dem Zinnien und Astern blühen ...

Das den Franzosen zugeteilte Fort hat beinahe den Umfang einer Stadt mit all ihrem Zubehör, den Wohnungen der Mandarine und Soldaten, den Elektrizitätswerken, Ställen und Pulverkammern. Trotz der Drachen, die das Tor schmücken, und trotz des krallenbewehrten Ungeheuers, das vor dem Eingang auf eine Steinplatte gemalt ist, ist das Fort nach den neuesten Regeln erbaut, betoniert, mit Kasematten versehen und mit Kruppschen Kanonen neusten Systems ausgerüstet. Zum Unglück für die Chinesen, die rings um Ning-hai gewaltige Verteidigungswerke mit Minen, Torpedos, Flatterminen und verschanzten Lagern errichtet hatten, war nichts fertig geworden; die Bewegung gegen die Fremden war um sechs Monate zu früh ausgebrochen, bevor noch die von Europa an Li-Hung-Tschang verkauften Geschütze eingebaut waren.

Tausend Zuaven, die morgen landen, werden dieses Fort für den Winter besetzen; unterdessen führen wir zwanzig Matrosen hin, um Besitz von ihm zu ergreifen.

Es ist eigenartig, diese in Hast und Schrecken verlassenen Wohnungen zu betreten, deren zerbrochener Hausrat und am Boden umherliegendes Geschirr die Verwirrung einer überstürzten Flucht verrät. Kleidungsstücke, Gewehre, Bajonette, Schießtafeln, Stiefel mit Papiersohlen, Regenschirme und Arzneimittel häufen sich in wirrem Durcheinander vor den Türen. In den Truppenküchen stehen noch Reisspeisen auf den Herden, daneben Kohlgerichte und Kuchen aus gebackenen Heuschrecken.

Überall rollen Granaten aus den erbrochenen Kisten; Patronen bedecken den Boden, Schießbaumwolle ist gefahrdrohend verstreut, Pulver liegt in langen kohlschwarzen Streifen ausgeschüttet. Aber neben dieser Vergeudung von Kriegsmaterial bezeigen drollige hübsche Einzelheiten die gemütlichen Seiten des chinesischen Lebens: auf allen Fensterbrettern stehen kleine Blumentöpfe, an allen Wänden sieht man kleine, von den Soldaten angeklebte Bilder. Mitten unter uns hüpfen Sperlinge vertraulich umher, die von den Bewohnern offenbar nie verscheucht worden sind. Katzen hocken auf den Dächern, mißtrauisch, aber mit dem Wunsche, sich anzufreunden, und überlegen, wie sie mit den unerwarteten Gästen am besten auskommen können.

Ganz nahe, hundert Meter von unserem Fort, läuft die chinesische Mauer, überragt von einem Wachtturm, auf dem japanische Soldaten sich gerade einrichten und an einem Bambusstock die Flagge ihres Landes, weiß mit roter Sonne, hissen.

Immer lächelnd, besonders uns Franzosen gegenüber, laden uns die kleinen Japaner ein, zu ihnen hinaufzukommen, um uns von oben die Umgegend anzusehen.

Die große Mauer, hier sieben bis acht Meter stark und von gewaltigen viereckigen Bastionen flankiert, senkt sich auf der chinesischen Seite in Abhängen und Grashalden, fällt aber gegen die mandschurische steil ab.

Jetzt sind wir oben, und zu unseren Füßen zieht sich ihre uralte Linie hin, auf der einen Seite in das Gelbe Meer tauchend, auf der anderen zu den Berggipfeln emporklimmend, in steten Schlangenwindungen weit über das ausgedehnte Blickfeld hinauslaufend, etwas Ungeheures, das nirgends ein Ende zu finden scheint.

Gegen Osten übersieht man in dem reinen Licht die öden Ebenen der Mandschurei.

Gegen Westen – nach China zu – bietet die bewaldete Landschaft den trügerischen Anblick von Vertrauen und Frieden. Alle europäischen Flaggen, die über den Forts flattern, machen inmitten des Grüns einen festlichen Eindruck. In der Ebene freilich, in der Nähe des Strandes, herrscht ein Gewimmel von Kosaken, doch in weiter Ferne, sodaß ihr Lärm nicht zu uns dringt: mindestens fünftausend Mann zwischen Zelten und den in die Erde gepflanzten Fahnen. (Im Gegensatz zu den anderen Mächten, die nur einige Kompanien nach Winghai entsandten, gehen die Russen in großen Massen vor – wegen ihrer Absichten auf die benachbarte Mandschurei.) Drunten, ganz grau, stumm und wie schlafend hinter seinen hohen Zinnenmauern, erscheint Schan-hai-kwan, die Tartarenstadt, die ihre Tore aus Angst vor Plünderung geschlossen hat. Und auf dem Meere, nahe am Horizont, liegen die alliierten Geschwader – all die schwarz qualmenden eisernen Ungeheuer, gut Freund für den Augenblick und stumm vereint im regungslosen Blau.

Ein ruhiges, herrliches, mildes Wetter. Der wunderbare Grenzwall Chinas blüht zu dieser Jahreszeit noch wie ein Garten. Zwischen seinen dunklen, von den Jahrhunderten gelockerten Ziegeln sprießen Gräser, Astern und eine Menge rosafarbener Nelken, ähnlich denen an den französischen Küsten . . .

Aber diese sagenhafte Mauer, die jahrhundertelang die Einbrüche aus dem Norden abgehalten hat, wird wohl die gelbe Flagge mit dem grünen Drachen der göttlichen Kaiser nie mehr flattern sehen; ihre Zeit ist um, vergangen, vorüber auf immer.

Nach Peking

Donnerstag, 11. Oktober 1900

Gegen Mittag, bei schönem, stillem, beinahe warmen Wetter und hell glitzerndem Meer, verlasse ich das Admiralschiff »Redoutable«, um mich im Auftrag nach Peking zu begeben.

Wir sind im Golf von Petschili, auf der Rhede von Taku, aber in solcher Entfernung von der Küste, daß man sie nicht sieht und nichts ringsumher China dem Auge verrät.

Die Reise beginnt mit einer Fahrt von wenigen Minuten in einer Dampfschaluppe, um an Bord des »Bengali« zu kommen, des kleinen Aviso, der mich heute abend an Land bringen wird.

Das Wasser ist unter der in diesen Breiten stets klar bleibenden Herbstsonne in sanftes Blau getaucht. Heute scheinen zufällig Wind und Wellen zu schlafen. Auf der weiten Rhede liegen, so weit das Auge reicht, die großen Panzerschiffe in unbeweglicher Reihe, wie in verhaltener Drohung. Bis zum Horizont nichts als Türme, Mastwerk, Rauchsäulen – das erstaunliche, internationale Geschwader, mit allen Trabanten, die es umschwärmen: Torpedoboote, Transportschiffe und eine Legion von Frachtdampfern.

Dieser »Bengali«, auf den ich mich für einen Tag einschiffe, ist eines der kleinen französischen Fahrzeuge, die ununterbrochen Ladungen von Truppen und Kriegsmaterial führen und seit einem Monat das beschwerliche und ermüdende Hin und Her zwischen den aus Frankreich ankommenden Transport- und Frachtschiffen und dem Hafen von Taku über die Sandbank des Pei-ho vermitteln. Heute ist er übervoll von tapferen Zuaven, die gestern aus Tunis eingetroffen sind und die heute sorglos und vergnügt dem düsteren chinesischen Boden zusteuern; sie stehen aneinandergedrängt auf der Brücke, Mann an Mann gepreßt, mit guten heiteren Gesichtern und weit geöffneten Augen – um endlich dies China zu sehen, das sie seit Wochen beschäftigt und das so nahe dort hinter dem Horizonte liegt . . .

Nach dem üblichen Zeremoniell muß der »Bengali« bei der Abfahrt am Heck des »Redoutable« vorüber, um dem Admiral den Salut zu leisten. Die Musik erwartet ihn am Heck des Panzers, um bei seinem Vorbeikommen einen jener Märsche zu spielen, die die Soldaten begeistern. Und als wir an dem großen Schiff vorüberfahren, fast in seinem Schatten, schwenken alle Zuaven – jene, die zurückkommen werden und jene, die sterben müssen – alle unter dem Klang der Trompeten ihre roten Mützen und begrüßen mit Hurra dies Schiff, das hier in ihren Augen das Vaterland verkörpert, und diesen Admiral, der oben auf seiner Kommandobrücke steht und zum Gruße sein Käppi zieht.

Ungefähr nach einer halben Stunde kommt China in Sicht.

Nie hat ein Gestade von abstoßenderer Häßlichkeit arme, neu angekommene Soldaten mehr überrascht und bestürzt. Eine flache Küste, ein grauer kahler Boden ohne Baum, ohne Gras. Und überall Forts von gewaltigem Umfang, ebenso grau wie der Boden; Massen von geometrischen Umrissen, von Geschützscharten durchbrochen. Niemals hat ein Land dem Herankommenden einen so ausgedehnten und drohenden Kriegsapparat entgegengestellt; auf beiden Ufern des scheußlichen Flusses mit dem schlammigen Wasser erheben sich die gleichen Forts, die den Eindruck eines uneinnehmbaren schrecklichen Ortes machen und zugleich andeuten, daß diese Mündung trotz ihrer elenden Umgebung von allergrößter Wichtigkeit ist, der Schlüssel eines großen Reiches und einer ungeheueren Stadt, furchtsam und reich – wie Peking es sein muß.

Aus der Nähe erkennt man tiefe Breschen in den Mauern der ersten beiden großen Forts, die von Granaten zersplittert, durchlöchert, geborsten sind, – Zeugen wütender, jüngst stattgehabter Kämpfe.

Bekanntlich schoß man am Tage der Einnahme von Taku aus unmittelbarer Nähe aufeinander. Durch einen merkwürdigen Zufall war eine vom »Lion« abgefeuerte Granate mitten in einem der Forts geplatzt und hatte die Explosion seiner riesigen Pulverkammer und eine Panik unter den gelben Kanonieren zur Folge. Da stürmten die Japaner dies Fort und eröffneten unerwartet das Feuer auf das gegenüberliegende, und alsbald begann die wirre Flucht der Chinesen.

Ohne diesen Zufall, ohne diese Granate und diese Panik, waren alle im Pei-ho ankernden europäischen Kanonenboote unwiederbringlich verloren; die Ausschiffung der alliierten Kräfte wurde unmöglich oder zweifelhaft, und der Krieg erhielt ein anderes Gesicht.

Wir fahren jetzt in den Fluß ein und wühlen sein schlammiges, fauliges Wasser auf, in dem Unflat aller Art schwimmt, Leichen mit aufgetriebenen Leibern, Kadaver von Tieren und Menschen. Und in der sinkenden Abendsonne erblickt man an den beiden düsteren Ufern eine lange Reihe von Ruinen, eine trostlose Gegend in eintönigem Schwarz und Grau: Erde, Asche und verkohltes Gebälk. Nichts als geborstene Mauern, Trümmer und Schutt.

Auf diesem Flusse mit seinen verpesteten Wassern herrscht ein fieberhaftes Treiben, ein Gedränge, durch das wir uns nur mit Mühe hindurcharbeiten. Dschunken zu Hunderten, von denen jede die Farbe und am Heck in großen Lettern über Teufelsfratzen und chinesischen Inschriften den Namen der Nation trägt, in deren Dienst sie steht: France, Italia, United States usw., und eine zahllose Flotille von Schleppern, Barkassen, Kohlen- und Frachtschiffen.

Ebenso herrscht an den schauerlichen Uferhängen, auf der Erde und im Schlamm, zwischen den Trümmern und toten Tieren, ein ameisenartiges Getriebe. Soldaten aller Heere Europas, mitten unter einem Volk von Kulis, die mit dem Stock getrieben, Munition, Zelte, Gewehre, Packwagen, Maultiere und Pferde ausschiffen: ein nie gesehenes Durcheinander von Uniformen, Kanonen, Trümmern, Schutt und Heeresgut aller Art. Und ein eisiger Wind, der sich mit dem Abend erhebt, läßt uns um so mehr frösteln, als die Sonne am Tage noch immer wärmt, und bringt uns mit einem Schlage den traurigen Winter ...

Vor den Trümmern eines Stadtteils, über dem die französische Fahne flattert, legt der »Bengali« an dem düsteren Ufer an, und unsere Zuaven gehen an Land, etwas verschüchtert durch den düsteren Willkomm, den ihnen China bietet. Während irgendeine Unterkunft für sie gesucht wird, zünden sie auf einem kleinen freien Platze Feuer an, die im Winde flackern, und wärmen daran in der Dunkelheit ihre karge Abendkost, ohne Lieder, stumm, unter den Wirbeln verpesteten Staubes.

Mitten in der wüsten Ebene, die uns diesen Staub, die Kälte, diese Windstöße sendet, dehnt sich die von Soldaten überschwemmte Stadt, zerstört und schwarz, überall nach Pest und Tod riechend.

Zweideutige Schenken umsäumen eine kleine Straße im Mittelpunkt der Stadt, die in wenigen Tagen aus Schlamm, Trümmern von Gebälk und Eisen hastig erbaut ist. Leute, von weiß Gott wo herbeigeeilt, Mestizen aller Rassen, verkaufen dort den Soldaten Absinth, gesalzene Fische und tötliche Schnäpse. Man betrinkt sich und zückt das Messer.

Außer diesem über Nacht entstandenen Stadtviertel besteht Taku nicht mehr. Nichts als Mauerwände, verkohlte Dächer, Aschenhaufen und unbeschreibliche Kloaken, in denen durcheinander Gerümpel, krepierte Hunde und behaarte Schädel faulen.

Ich schlafe an Bord des »Bengali«, dessen Kommandant mir Gastfreundschaft geboten hat. Vereinzelte Gewehrschüsse unterbrechen von Zeit zu Zeit die nächtliche Stille, und gegen Morgen wird unser Halbschlaf durch gräßliche Schreie gestört, die Chinesenkehlen am Ufer ausstoßen.

Freitag, 12. Oktober

Bei Morgengrauen aufgestanden, um die bis nach Tientsin und noch etwas darüber hinaus benutzbare Bahn zu besteigen. – Dann werde ich, da die Boxer die Strecke zerstört haben, meinen Weg, ich weiß noch nicht wie, in chinesischem Karren, in einer Dschunke oder zu Pferd fortsetzen und kann, wie ich höre, nicht darauf rechnen, vor sechs bis sieben Tagen die großen Mauern Pekings zu erreichen. Ich habe einen Dienstbefehl mit, der mir meine Feldration auf den Etappenstationen sichert; sonst liefe ich Gefahr, in diesem verwüsteten Lande Hungers zu sterben. Ich nehme so wenig Gepäck mit wie möglich, nur einen leichten Vorratskoffer, und einen einzigen Reisegefährten, meinen treuen, von Frankreich mitgebrachten Burschen.

Am Bahnhof, den ich gerade bei Sonnenaufgang erreiche, finde ich alle Zuaven von gestern wieder, den Tornister auf dem Rücken. Fahrscheine sind auf dieser Bahn nicht nötig: alles, was Militär ist, besteigt sie mit dem Rechte des Siegers. Unsere tausend Zuaven schachteln sich mit Kosaken und japanischen Soldaten in Wagen mit zerbrochenen Fensterscheiben ein, durch die der Wind bläst. Ich finde Platz bei ihren Offizieren – und bald erwachen bei uns in diesem düsteren Lande gemeinsame Erinnerungen an Afrika, woher sie kommen, und Heimweh nach Tunis und dem weißen Algier . . .

Eine Fahrt von zweieinhalb Stunden durch die öde Ebene. Zuerst nichts als graue Erde wie in Taku, dann Schilfrohr und Gräser, vom Froste verdorrt. Und überall riesige rote Flecken, wie Blutstreifen, die von den Herbstblumen einer Art Sumpfpflanze herrühren. Am Horizont dieser Wüste schwirren Wolken von Wandervögeln, die emporsteigen, in den Lüften treiben und wieder zur Erde sinken. Der Wind bläst aus Norden und es ist sehr kalt.

Bald aber bedeckt sich die Ebene mit Gräbern, zahllosen Gräbern, alle von der gleichen Gestalt, eine Art Kegel aus gestampfter Erde, jeder von einer Fayencekugel gekrönt; die einen klein wie Maulwurfshügel, andere groß wie Lagerzelte. Sie sind nach Familien geordnet und ihre Zahl ist Legion. Eine ganze Totenstadt ist es, die endlos an unseren Blicken vorüberzieht, immer wieder mit den gleichen roten Flecken, die ihr ein blutiges Aussehen geben.

Auf den Stationen sind die zerstörten Bahnhöfe von Kosaken besetzt; man sieht dort verkohlte, vom Feuer verbogene Wagen, von Kugeln durchlöcherte Lokomotiven. Übrigens wird garnicht angehalten, da nichts mehr da ist; die wenigen Dörfer, welche diese öde Gegend unterbrachen, liegen in Trümmern.

Tientsin! Es ist zehn Uhr früh. Erstarrt von Kälte steigen wir aus, von schwarzen Staubwolken umwirbelt, die der Nordwind unaufhörlich über dies dürre Land hinjagt. Chinesische Läufer bemächtigen sich unser sofort, und ohne noch zu wissen, wohin wir wollen, ziehen sie uns in ihren kleinen Wagen. Zunächst geht unsere Fahrt durch die europäischen Ansiedelungen (hier Konzessionen genannt), die wir durch eine Wolke von blendender Asche sehen. Sie bieten einen großstädtischen Anblick, aber alle diese fast luxuriösen Häuser sind heute von Granaten durchlöchert, geborsten, ohne Dach und Fenster. Die Ufer des Flusses gleichen hier, wie in Taku, einem fieberhaften Babel; Tausende von Dschunken bringen Truppen, Pferde, Geschütze an Land. Auf den Straßen, wo chinesische Arbeiter Kriegsmaterial in riesigen Ladungen befördern, begegnet man Soldaten aller Nationen Europas, Offizieren aller Waffen und aller Uniformen, zu Pferd, in chinesischen Karren oder zu Fuß. Und das militärische Grüßen hört auf der ganzen Fahrt nicht auf.

Wo wird man sein Haupt hinlegen? Man weiß es wirklich nicht, trotz des Wunsches nach einer Unterkunft bei diesem eisigen Winde und diesem Staube. Unsere chinesischen Läufer traben immerfort gerade vor sich hin, wie toll gewordene Tiere . . .

Wir klopfen an die Tore von zwei oder drei Gasthöfen, die sich in den Ruinen mit zusammengesuchten, zerbrochenen Möbeln wieder einrichten. – Alles ist voll, übervoll; auch für Gold könnte man keinen Hängeboden mit einer Matratze kriegen.

Und wohl oder übel muß man Tisch und Unterkunft von fremden Offizieren erbitten, die uns übrigens freundschaftlichste Gastlichkeit in den Häusern gewähren, deren Granatenlöcher hastig gegen den eindringenden Wind verstopft sind.

Samstag, 13. Oktober

Ich habe mich entschlossen, in einer Dschunke zu reisen, solange der Lauf des Pei-ho es gestattet. Die Dschunke ist eine gefundene Unterkunft in einem Lande, wo ich erwarten muß, nur Ruinen und Leichen zu finden.

Das erfordert aber eine Menge kleiner Vorbereitungen. Erstens eine Dschunke requirieren und auf ihr jene Art von Sarkophag einrichten lassen, in dem ich unter einem Mattendach wohnen soll; dann in den sämtlich mehr oder weniger geplünderten und zerstörten Läden Tientsins die für einige Tage des Nomadenlebens nötigen Dinge einkaufen, von den Decken bis zu den Waffen; und endlich bei den Lazaristen-Patres einen Chinesen zum Teekochen dingen –, den jungen Tum, vierzehnjährig, mit Katzengesicht und einem Zopf bis zur Erde.

Bei General Frey gespeist – der bekanntlich an der Spitze der kleinen französischen Abteilung als erster in das Herz Pekings, in die »Kaiserliche Stadt«, eingedrungen ist.

Er schildert mir im einzelnen diesen großen Tag, die Einnahme der »Marmorbrücke« und die Besetzung der »Kaiserlichen Stadt«, jener geheimnisvollen Stätte, die ich bald erblicken soll und die vor ihm kein Europäer betreten hat.

Betreffs meiner kleinen Expedition, die neben der seinigen so nichtig und nebensächlich erscheint, beunruhigt sich der General darüber, was ich und mein Diener unterwegs trinken werden, wo doch alles durch Leichen infiziert ist und das Wasser eine ständige Gefahr bildet, wo in allen Brunnen menschliche Überreste, von den Chinesen hineingeworfen, faulen –, und er macht mir ein unschätzbares Geschenk: eine Kiste mit Evianwasser.

Die beiden Göttinnen der Boxer

Sonntag, 14. Oktober

Eine alte Chinesin, runzlig wie ein Winterapfel, öffnet furchtsam einen Spalt der Tür, an die wir stark geklopft haben. Wir stehen im Halbdunkel eines engen Ganges, der ungesunden Gestank aushaucht, zwischen Wänden, die von Schmutz geschwärzt sind, an einem Ort, wo man sich eingemauert fühlt, wie in der Tiefe eines Gefängnisses.

Die Züge der alten Chinesin haben etwas Rätselhaftes; sie mustert jeden von uns mit einem undurchdringlichen, leblosen Blick; dann, als sie den Chef der internationalen Polizei erkennt, tritt sie stumm zur Seite, um uns einzulassen.

Wir folgen ihr durch einen kleinen düsteren Hof. Armselige Blumen des Spätherbstes kränkeln hier zwischen alten Mauern, und man atmet faden Gestank.

Wir, die wohlverstanden wie in erobertes Land eindringen, sind eine Gruppe von Offizieren, drei Franzosen, zwei Engländer, ein Russe.

Welch merkwürdiges Geschöpf, unsere Führerin, die auf den Spitzen ihrer unglaublich kleinen Füße einhertrippelt! Ihr graues Haar ist mit langen Nadeln besteckt und derart zum Scheitel emporgezogen, daß es ihr die Augen in die Höhe spannt. Sie hat irgendein dunkles Kleid an; aber auf ihren pergamentfarbigen Zügen zeigt sie im höchsten Grade jenes undefinierbare Gepräge überlebter Rassen, das man als Distinktion zu bezeichnen pflegt. Sie ist anscheinend nur eine bezahlte Dienerin, aber ihr Aussehen, ihr Benehmen setzen in Erstaunen; irgendein Geheimnis scheint dahinterzustecken; man möchte sie für eine Witwe von Stand halten, die zu unlauteren heimlichen Praktiken herabgesunken ist. Überhaupt macht dieser ganze Ort für den Uneingeweihten den übelsten Eindruck . . .

Auf den Hof folgt ein schmutziger Vorraum und endlich eine schwarzbemalte Türe mit einer chinesischen Inschrift in zwei großen roten Lettern. Da ist's – und ohne zu klopfen, schiebt die Alte den Riegel zurück, um zu öffnen.

Man könnte uns verdächtigen, aber wir kommen in allen Ehren, um den zwei Göttinnen – den »goddesses«, wie unsere beiden englischen Begleiter sie ironisch nennen – einen Besuch abzustatten, – gefangenen Göttinnen, die man im Hintergrund dieses Palastes eingesperrt hält. Denn wir sind hier in den Gesindewohnungen, den niedrigen Nebengebäuden, den versteckten Winkeln des Palastes der Vizekönige von Petschili, und um hierher zu gelangen, mußten wir das unendliche Elend einer ganzen Stadt mit Zyklopenmauern durchschreiten, die gegenwärtig nur noch ein Haufen von Trümmern und Leichen ist.

Es war übrigens ein merkwürdiger, ja ganz einziger Anblick, wie diese Ruinen heute am Sonntag, dem Festtag in den Lagern und Kasernen, von fröhlichen, durch den Zufall hergeführten Soldaten belebt waren. In den langen, trümmerbedeckten Straßen, zwischen geborstenen Häusern ohne Dächer spazierten fröhlich Zuaven und Chasseurs d'Afrique Arm in Arm mit Deutschen in Pickelhauben; man sah kleine japanische Soldaten, glänzend und automatenhaft, Russen mit flachen Mützen, Bersaglieri mit Federbüschen, Österreicher, Amerikaner im großen Filzhut, und indische Reiter mit riesigen Turbans auf dem Kopfe. Alle Fahnen Europas flatterten über dieser Verwüstung von Tientsin, in das sich die verbündeten Armeen geteilt haben. In einzelnen Vierteln hatten Chinesen, die nach und nach von ihrer allgemeinen Flucht zurückkehrten, meistens Raubgesindel und heimatloses Volk, im Freien unter der schönen Sonne dieses Herbstsonntags Verkaufsstände aufgeschlagen. Mitten im grauen Staube der zerstörten Gebäude und der Asche der Feuersbrünste verkauften sie an die Soldaten allerlei in den Ruinen zusammengeraffte Dinge, Porzellan, seidene Kleider und Pelzwerk. Die ganze Straße wimmelte von Soldaten in den verschiedensten Uniformen, und so unzählig viele Schildwachen präsentierten das Gewehr, daß der Arm mir lahm wurde vom Erwidern der unaufhörlichen Ehrenbezeigungen auf unserem Wege durch dies unerhörte Babel.

Am Ende der zerstörten Stadt, neben den hohen Wällen, vor dem Palast der Vizekönige, in den wir eingedrungen sind, um die Göttinnen zu sehen, waren längs der Mauer Chinesen am Schandpfahl angebunden, und über ihnen verkündeten Aufschriften die von jedem begangenen Verbrechen. Zwei Posten mit aufgepflanztem Bajonett, ein Amerikaner und ein Japaner, bewachten die Tore neben alten steinernen Ungeheuern mit scheußlichem Grinsen, die nach chinesischem Brauche als Hüter zu beiden Seiten der Schwelle kauern.

Nichts Prunkvolles in diesem Palast des Verfalles und des Staubes, den wir zerstreut durchquerten; auch nichts Großes, aber echtes China, das uralte China, fratzenhaft und feindselig; Ungeheuer in Fülle, aus Marmor, aus zerbrochener Fayence, aus wurmstichigem Holze, so alt, daß sie von den Dächern in die Höfe fallen oder drohend an ihrem Rande hängen. Entsetzliche Dinge treten überall unter der Asche hervor, verwitterte Hörner, Krallen, gespaltene Zungen und große schielende Augen. Und in finster ummauerten Höfen blühen letzte Rosen unter dem Schatten hundertjähriger Bäume.

Jetzt endlich, nach vielen Umwegen durch dunkle Gänge, stehen wir vor der Tür der Göttinnen, der mit zwei großen roten Buchstaben bezeichneten Tür. Die alte Chinesin, immer noch geheimnisvoll und stumm, mit erhobener Stirn, doch den leblosen Blick hartnäckig gesenkt, stößt mit einer Gebärde der Unterwürfigkeit, die sagen will: »Da sind sie, schaut!« die schwarzen Türflügel vor uns auf.

Mitten in der jämmerlichen Unordnung eines halbdunklen Zimmers, in das keine Abendsonne dringt und in dem es schon dämmerte, sitzen zwei arme Mädchen, zwei sich gleichende Schwestern, gebeugten Hauptes oder vielmehr zusammengesunken, in der Haltung äußerster Bestürzung, die eine auf einem Stuhl, die andere auf dem Rand des Ebenholzbettes, das sie für die Nacht teilen müssen. Sie tragen schlichte schwarze Kleider; aber hier und dort auf der Erde liegen Seidenstoffe in schreienden Farben wie verloren umher, Überwürfe mit großen, goldgestickten Blumen und Fabelwesen: der Putz, den sie anlegten, um an Schlachttagen unter dem Pfeifen der Kugeln ins Feuer zu gehen –; ihr Staat als Kriegerinnen und Göttinnen . . .

Denn sie waren eine Art »Jungfrau von Orleans« – wenn es nicht Blasphemie ist, diesen reinen idealen Namen in einem Atem mit ihnen zu nennen. Sie waren Fetischmädchen, die man in die von Granaten durchlöcherten Pagoden stellte, um ihre Altäre zu schützen, Begeisterte, die sich schreiend den Kugeln entgegenstürzten, um die

Soldaten mit sich fortzureißen. Sie waren die Göttinnen jener unbegreiflichen, zugleich wilden und bewunderungswürdigen Boxer, jener Hysteriker des chinesischen Patriotismus, die von Haß und Wut gegen alles Fremde betört waren –, die heute feige und kampflos flohen, um sich morgen mit dem Geschrei von Besessenen der blanken Waffe und dem Tod entgegenzuwerfen, mitten im Kugelregen zehnfach überlegener Truppen.

Jetzt als Gefangene sind die Göttinnen Eigentum der sieben verbündeten Mächte, ein eigenartiger Nippesgegenstand, wenn man so sagen darf. Man tut ihnen nichts zuleide. Sie sind nur eingesperrt, um sie am Selbstmord zu verhindern, der zur fixen Idee bei ihnen geworden ist. Was mag in der Folge ihr Los sein? Schon wird man müde, sie zu betrachten, man weiß nicht, was mit ihnen beginnen.

An einem Tage der Flucht wurden sie in einer Dschunke umzingelt, in die sie sich geflüchtet, und stürzten sich mit ihrer Mutter, die ihnen stets folgte, in den Fluß. Alle drei wurden von Soldaten ohnmächtig aus dem Wasser aufgefischt. Sie, die beiden Göttinnen kamen nach langen Bemühungen wieder zu sich. Aber die Mama öffnete nie wieder ihre alten chinesischen Schlitzaugen, und ihre Töchter wurden in den Glauben gelassen, sie würde in einem Spital gepflegt und bald zurückkommen. Anfangs waren die Gefangenen mutig, äußerst lebhaft, selbst hochmütig und immer geputzt. Aber heute morgen ist ihnen mitgeteilt worden, daß sie keine Mutter mehr haben, und das hat sie wie ein Keulenschlag niedergeschmettert.

Da sie kein Geld besaßen, um sich Trauerkleider zu kaufen, die in China weiß getragen werden, verlangten sie wenigstens nach den weißen Lederschuhen, die jetzt ihre Puppenfüßchen schmücken und die hierzulande den Inbegriff der Trauer bilden, wie bei uns der Kreppschleier.

Alle beide sind zart, von wachsgelber Blässe, kaum hübsch, aber nicht ohne gewisse Grazie und vornehmen Reiz. So sitzen sie da, eine vor der anderen, ohne Tränen, die Augen zu Boden geheftet, die Arme schlaff niederhängend. Ihr verzweifelter Blick hebt sich nicht einmal, um zu sehen, wer eintritt, um zu erfahren, was man von ihnen will; keine einzige Bewegung bei unserem Kommen, keine Gebärde, kein

Hochfahren. Für sie gibt es nichts mehr: das Bild der Gleichgültigkeit gegen alles, in Erwartung des Todes.

Jetzt flößen sie uns durch die Würde ihrer Verzweiflung unerwartet Respekt ein, Respekt und vor allem grenzenlose Teilnahme. Verlegen über unser Hiersein, wie über eine begangene Ungehörigkeit, finden wir keine Worte.

Da kommt uns der Gedanke, einige Dollars als Spende auf das ungemachte Bett zu legen; aber eine der Schwestern wirft die Geldstücke zu Boden, als sähe sie uns nicht, und macht der Dienerin ein Zeichen, sie als ihr Eigentum zu betrachten . . . Nun, es war unsererseits eine Ungeschicklichkeit mehr . . .

Es gibt solche Abgründe von Nichtverstehen zwischen europäischen Offizieren und Boxergöttinnen, daß wir ihnen selbst unser Mitleid in keiner Weise bezeugen können. Und wir, die gekommen waren, uns an einem sonderbaren Schauspiel zu ergötzen, gehen schweigend von dannen und behalten in gepreßtem Herzen das Bild dieser beiden armen, gebrochenen Gefangenen in diesem traurigen Zimmer, auf das der Abend herabsinkt.

Meine mit fünf beliebigen Chinesen bemannte Dschunke soll den Fluß hinauffahren, selbstredend unter französischer Flagge, und das ist schon ein Schutz. Immerhin hat das Etappenkommando es für vorsichtiger gehalten, mir und meinem bewaffneten Burschen noch zwei Soldaten mitzugeben, Trainreiter mit Gewehr und Munition.

Über Tientsin hinaus kann man mit der Bahn in der Richtung nach Peking noch eine Stunde bis zur Stadt Yang-sun fahren. Da ich den Tag noch hier verbringe, wird mich also meine Dschunke mit den beiden Reitern, Tum und meinem Gepäck bei Yang-sun an einer Biegung des Flusses erwarten. Sie ist gleich heute im Anschluß an einen Militärtransport abgefahren.

Ich speise am Abend im Generalkonsulat, das die Granaten wie durch ein Wunder verschont haben, obgleich seine Flagge, die während der Belagerung tapfer gehißt blieb, den chinesischen Kanonieren lange zur Zielscheibe diente.

Montag, 15. Oktober

Abfahrt von Tientsin mit der Bahn um fünf Uhr früh. Eine Stunde Wegs durch die immer gleiche Ebene, die gleiche Verwüstung, den gleichen schneidenden Wind und Staub. Dann kommen die verkohlten Ruinen von Yang-sun, wo der Zug stehen bleibt, weil die Schienen aufhören: von hier ab haben die Boxer alles zerstört, die Brücken abgebrochen, die Bahnhöfe niedergebrannt, die Schienen aufgerissen und aufs Feld geworfen.

Meine Dschunke ist da und erwartet mich am Flußufer.

Jetzt heißt es, sich für mindestens drei Tage auf das Dasein eines Wassertieres in dem Sarkophag einzurichten, der den Wohnraum des seltsamen Fahrzeuges bildet, unter dem Mattendach, durch dessen tausend Löcher der Himmel hindurchscheint, und das heute Nacht den weißen Reif nicht abhalten wird, unsern Schlaf eisig zu umspinnen. Aber dies Zimmer, in dem ich mit meinen französischen Begleitern in engster Gemeinschaft wohnen, essen und schlafen soll, ist so klein, so lächerlich klein, daß ich einen der Soldaten verabschiede; nie würden wir zu viert da drinnen Platz finden.

Meine chinesische Bemannung, zerlumpt, schmutzig, mit einfältigen, rohen Gesichtern, empfängt mich mit tiefen Verbeugungen. Der eine nimmt das Steuerruder, die andern springen auf die Böschung, spannen sich an das Ende eines langen, am Mast der Dschunke befestigten Seiles – und fort geht es an der Leine, der Strömung des Pei-ho entgegen, in dessen trägen, vergifteten Wassern sich hier und dort zwischen dem Uferschilf die Bäuche von Leichen blähen.

Der Soldat, den ich bei mir behalten habe, heißt Renaud; er erzählt mir, daß er ein Bauer aus dem Calvados ist. So wetteifern denn mein Diener Osman und er mit gutem Willen und heiterem Wesen, mit sinnreichen, komischen kleinen Einfällen, um unsere abenteuerliche Wohnstätte bequemer zu gestalten. Beide sind übrigens voller Freude, nach Peking zu kommen. Trotz der düsteren Umgebung beginnt die Reise beim Klang ihres guten kindlichen Lachens, und in hellem Morgenlichte fahren wir ab, unter den Strahlen einer trügerischen Sonne, die den Sommer vorspiegelt, während der Nordwind eisig weht.

Die sieben verbündeten Mächte haben in gewissen Entfernungen Militärposten längs des Pei-ho aufgestellt, zur Sicherung ihrer Verbindung auf dem Flußwege zwischen Peking und dem Golf von Petschili, in den ihre Schiffe einlaufen. Gegen elf Uhr lasse ich meine Dschunke vor einem großen chinesischen Fort halten, über dem die französische Flagge weht; es ist eins unserer Etappenlager, von Zuaven besetzt.

Wir steigen aus, um Lebensmittel für die Weiterreise in Empfang zu nehmen: Brot, Wein, Konserven, Zucker und Tee für zwei Tage. Von hier bis Tung-tschau (Stadt der himmlischen Reinheit) können wir nichts mehr erhalten; wir hoffen, übermorgen abend dahin zu gelangen, wenn kein unangenehmer Zwischenfall uns aufhält. Dann beginnt wieder das Ziehen der Dschunke, langsam und eintönig zwischen den traurigen, verwüsteten Ufern.

Um uns her bleibt die Landschaft unverändert. An beiden Ufern folgen einander, so weit das Auge reicht, Sorghofelder – eine Art riesiger Hirse, viel höher als unser Mais; der Krieg hat die rechtzeitige Ernte verhindert, und der Frost hat sie rötlich gefärbt. Der schmale Leinpfad zieht sich über die graue Erde stets gleichmäßig hin, dicht über dem stinkenden, kalten Wasser, zu Füßen der ewigen, vertrockneten Sorghofelder, die längs des Flusses einen endlosen Vorhang bilden.

Zuweilen erscheint der Umriß eines Dorfes am flachen Horizont: Ruinen und Leichen, wenn man sich nähert.

Ich habe auf meiner Dschunke den Lehnstuhl eines Mandarinen, und ich throne darin im strahlenden Sonnenschein, wenn der Nordwind nicht zu schneidend weht. Noch lieber marschiere ich manchen Kilometer am Ufer mit den Schiffsziehern, die, vornübergebeugt, die Leine über die Achsel gelegt, in gleichmäßigem Lasttierschritt gehen. Osman und Renaud folgen mir mit spähenden Blicken, und so schreiten wir in dem ewigen Nordwind auf dem grauen Pfad, eingezwängt zwischen den ununterbrochenen Saum der Sorghofelder und dem Fluß, manchmal zu einem raschen Seitensprung genötigt, wenn ein Leichnam mit quer über den Weg gestrecktem Bein uns tückisch erschreckt.

Die Tagesereignisse sind Begegnungen mit Dschunken, die den Fluß hinabfahren und die unsere kreuzen. Aneinandergeseilt, ziehen sie unter der Flagge einer der verbündeten Mächte in langen Reihen vorüber, mit Kranken, Verwundeten und Kriegsbeute beladen.

Am zahlreichsten und am stärksten mit kampffähigen Truppen besetzt sind die russischen, denn unsere Freunde räumen zur Zeit ihre hiesigen Stellungen, um ihren Schwerpunkt in die Mandschurei zu verlegen.

In der Dämmerung kommen wir an den Ruinen eines Dorfes vorbei, wo Russen sich ein Lager für die Nacht einrichten. Aus einem verlassenen Hause schaffen sie geschnitzte Möbel fort, zerschlagen sie und machen Feuer damit. Als wir weiterfahren, sehen wir die Flamme in hoher Garbe auflodern und die nahen Sorghofelder ergreifen; lange leuchtet ihr Schein hinter uns in dem düsteren, leeren Grau der Ferne. Unheimlich ist der Anbruch dieser ersten Nacht auf unserer Dschunke, in dieser fremdartigen Einsamkeit, in die wir von Stunde zu Stunde weiter vordringen. So viel Schatten um uns her und so viele Tote in diesen Gräsern! In dem unbestimmten, grenzenlosen Dunkel nichts als feindselige oder todkündende Umgebung . . . Und diese Kälte, die mit der Finsternis zunimmt, und diese Stille! . . .

Der schwermütige Eindruck verschwindet jedoch beim Abendessen, sobald unsere chinesische Laterne unseren Sarkophag beleuchtet, den wir so gut als möglich gegen den Nachtwind verschließen. Ich habe meine beiden Reisegenossen an meinen Tisch geladen, meinen höchst drolligen kleinen Tisch, den sie selbst aus einem zerbrochenen Ruder und einem alten Brett gezimmert haben. Das Kommißbrot dünkt uns köstlich nach dem langen Marsch am Ufer; zur Erwärmung trinken wir siedenden Tee, den uns der junge Tum auf einem qualmenden Feuer von Sorgho bereitet, und jetzt, wo der Hunger gestillt ist und die türkischen Zigaretten ihre kleinen Zauberwolken verbreiten, spürt man ein fast häusliches Behagen in diesem elenden Nachtlager inmitten der grenzenlosen Finsternis.

Dann richten wir uns zum Schlafen ein, während die Dschunke weitergleitet und die Schiffszieher ihren gebeugten Gang fortsetzen und auf dem dunklen Pfad an den Sorghofeldern mit all ihren Überraschungen entlangstreifen. Tum, obgleich ein eleganter Chinese, wird sich mit seinen Landsleuten im Stroh des Schiffsraumes einnisten. Und wir, selbstverständlich völlig angekleidet und gestiefelt, die Waffen bei der Hand, strecken uns auf das schmale Feldbett in unserem Kämmerchen hin und betrachten die Sterne, die, sobald die Laterne erlischt, zwischen den Maschen unserer Matte hindurch am eisigen Himmel glitzern.

Von Zeit zu Zeit hallen Gewehrschüsse in weiter Ferne; nächtliche Dramen, in die wir wohl nicht verstrickt werden. Vor Mitternacht zweimaliges Anrufen durch einen japanischen und einen deutschen Wachtposten, welche die Dschunke anhalten wollen. Wir müssen aufstehen, unterhandeln und beim Schein der in Eile wieder angezündeten Laterne die französische Flagge und die Borten meiner Ärmel zeigen. Um zwölf Uhr nachts endlich machen unsere Chinesen das Schiff an einer Stelle des Ufers fest, die sie als ganz sicher bezeichnen; dann legen auch sie sich nieder. Und wir alle schlafen tief während der langen eisigen Nacht.

Dienstag, 16. Oktober

Aufstehen bei Morgengrauen, um unsere Leute zu wecken und weiterzufahren.

In kalter, prachtvoller Morgenröte steigt die Sonne am klaren rosigen Himmel empor und wirft ihre kalten Strahlen auf das Grün der Ebene und die öde Stelle, an der wir genächtigt haben.

Im Bedürfnis zu gehen, mich zu rühren, in einem unwillkürlichen Verlangen nach Bewegung und Ausschreiten, springe ich sofort an Land ... O Graus! An einer Biegung des Pfades, auf dem ich drauflos schreite, ohne vor mich hinzusehen, trete ich beinahe auf etwas, das kreuzförmig daliegt: eine Leiche, nackt, mit fahlgrauem Fleische, auf dem Bauche liegend, die Arme ausgebreitet, halb im Schlamm steckend, dessen Farbe sie angenommen hat; Hunde oder Raben haben sie skalpiert, vielleicht sogar Chinesen, um ihr den Zopf zu stehlen, und ihr Schädel ist ganz weiß, ohne Haare und Haut ...

Täglich wird es kälter, je mehr wir uns vom Meer entfernen und die Ebene sich in unmerklichen Steigungen erhebt.

Wie gestern, ziehen Dschunken hintereinander stromab vorüber, mit Militärtransporten besetzt, die von Soldaten aller Staaten Europas bewacht werden. Dann folgen wieder lange einsame Strecken, wo in dieser Gegend von Hirse und Schilf nichts Lebendes erscheint. Der trotz der strahlenden Sonne immer rauhere Wind ist gesund. Er weitet die Brust und verdoppelt augenblicklich die Lebenskraft. Auf dem endlosen schmalen Pfade, der nach Peking führt, schreitet man über den weißen Reif zwischen Sorghofeldern und Fluß ohne Anstrengung, ja mit einer gewissen Lust am Gehen, den stumpfen Chinesen voran, die, über die Leine gebeugt, unser schwimmendes Haus mit der Regelmäßigkeit einer Maschine ziehen.

Jetzt stehen vereinzelte Bäume an den Ufern, Weiden mit kräftig grünen Blättern von einer bei uns unbekannten Art; der Herbst scheint sie nicht berührt zu haben; ihre schöne Farbe sticht von dem Rostrot der Gräser und des welkenden Sorghos ab. Auch Gärten sieht man, verlassene Gärten um niedergebrannte Weiler; unsere Chinesen schicken jedesmal einen der ihren zum Plündern hin, und der bringt stets die Arme voller Gemüse für unsere Mahlzeiten in die Dschunke zurück.

Auch Osman und Renaud streifen durch die zerstörten Häuser und suchen Gegenstände, die ihnen zur Verschönerung unserer Wohnung dienlich scheinen: einen kleinen Spiegel, geschnitzte Schemel, Laternen, sogar Sträußchen von künstlichen Blumen aus Reispapier, die gewiß den Haarschmuck niedergemetzelter oder flüchtiger chinesischer Damen gebildet haben, und mit denen sie naiv die Wände unserer Kammer zieren. Dank ihrer Fürsorge gewinnt das Innere unseres Sarkophags bald das Ansehen einer barbarischen, komischen Sammlung.

Übrigens ist es erstaunlich, wie schnell man sich an dies so ganz primitive Leben auf der Dschunke gewöhnt, ein Leben gesunder Ermüdung, verzehrenden Appetits und tiefen Schlafes.

Heute gegen Abend beginnen tief unten am Horizont, am äußersten Ende dieser unendlichen Ebene, die Peking beherrschenden Berge der Mongolei in schwachen, ganz fernen Umrissen hervorzutreten.

Die heutige Abenddämmerung ist besonders unheimlich. Wir sind an einem Punkt, wo der gewundene Pei-ho, der von Stunde zu Stunde schmäler wird, bei jeder neuen Windung nur mehr wie ein Bach zwischen den schweigenden Ufern erscheint, wo man sich durch das Grasdickicht, das schauerliche Dinge birgt, wahrhaft beengt fühlt. Und jetzt erlischt der Tag in jenen kalten, toten Färbungen, wie sie den nordischen Winterabenden eignen. Alles, was an zerstreutem Licht übrigbleibt, sammelt sich auf dem Wasser, das heller schimmert als der Himmel; wie ein Eisspiegel wirft der Fluß das Gelb des Sonnenunterganges zurück; fast scheint es, als übertriebe er noch seinen düsteren Schein zwischen den umgekehrten Spiegelbildern des Schilfes, der eintönigen Sorghofelder und der wenigen, schon schwarzen Umrisse der Bäume. Die Abgeschiedenheit ist noch größer als gestern! Kälte und Schweigen senken sich auf die Schultern wie ein Leichentuch. Es liegt eine ergreifende Schwermut in dem langsamen Umsichgreifen der Nacht an dieser öden Stelle eines Landes ohne Zufluchtsstätte. Bang betrachtet man den letzten Widerschein des nahen Schilfes, der noch auf der Oberfläche dieses chinesischen Flusses schimmert, während vor uns die Dunkelheit die feindliche, unbekannte Ferne vollends verschleiert . . .

Glücklicherweise naht die Stunde des Abendessens, die ersehnte Stunde, denn wir sind sehr hungrig. In dem kleinen Schlupfwinkel, den wir jetzt schließen, finde ich das rote Licht unserer Laterne wieder, das treffliche Soldatenbrot, den von Tum aufgetragenen dampfenden Tee und die Lustigkeit meiner beiden wackeren Burschen.

Gegen neun Uhr überholen wir eine Gruppe mit Menschen beladener Dschunken. Es sind lauter Chinesen, wahrscheinlich Raubgesindel. Da ertönen Schreie hinter uns, Angst- und Todesschreie, die in dieser Stille entsetzlich klingen . . . Tum, der mit seinem scharfen Ohr hinhorcht, versteht, was dort gesprochen wird, und erklärt uns, daß die Leute im Begriffe sind, einen Greis zu töten, weil er Reis gestohlen hat . . . Wir sind nicht zahlreich genug und übrigens auch unserer Leute nicht so sicher, um einzuschreiten. Ich lasse nur in der Richtung der Schiffe zwei Schüsse abgeben, deren Knall inmitten der Nacht drohend schallt – und alles wird still, wie durch Zauberschlag; ohne Zweifel haben wir den Kopf dieses alten Reisdiebes gerettet, wenigstens bis morgen früh.

Dann ist Ruhe bis zum Tag. Um Mitternacht legen wir irgendwo im Schilf an und sinken in Schlaf, der nicht mehr gestört wird. Tiefe

Stille und eisige Kälte unter den herabblinkenden Sternen. Einige Gewehrschüsse in der Ferne, aber wir sind daran gewöhnt, wir achten gar nicht darauf; sie wecken uns nicht mehr.

Mittwoch, 17. Oktober

Ich stehe bei Tagesgrauen auf, um mich auf dem Ufer im weißen Reif, im ersten rosigen Morgenschein und dann in der schönen hellen Sonne zu tummeln.

Die Dschunke muß einer weiten Windung des Flußes folgen, und so entschließen wir uns, den Weg zu Lande durch die endlosen Sorghofelder abzukürzen. Bei Sonnenaufgang kommen wir durch die Trümmer einer Ansiedlung, wo entsetzlich verkrümmte Leichen liegen; auf ihren geschwärzten Gliedern glänzt das Eis in kleinen Kristallen wie eine Salzschicht.

Als wir nach dem Mittagessen aus unserem halbdunklen Sarkophag treten, weisen meine Chinesen mit der Hand nach dem Horizont. Tung-tschau, die Stadt der himmlischen Reinheit, beginnt dort aufzutauchen: große schwarze Mauern, von Wachttürmen überragt, ein erstaunlich hoher, schlanker Turm von ganz chinesischem Umriß, mit zwanzig Dächern übereinander.

Das alles bleibt noch in der Ferne, der Vordergrund aber wird immer entsetzlicher. Aus einer gestrandeten Dschunke ragt der lange Arm eines Toten mit bläulich verwestem Fleisch hervor, und in der Strömung treibende Tierleichen ziehen hintereinander an uns vorüber, aufgequollen und nach Rinderpest stinkend. Auch wurde da drüben offenbar ein Friedhof geschändet, denn auf dem Schlamm der Uferböschung speien gesprengte Särge ihre Knochen und ihre Verwesung aus.

In Tung-tschau

Tung-tschau, zwei bis drei Kilometer längs des Flusses hingestreckt, war eine jener chinesischen Riesenstädte, die volkreicher sind als manche Hauptstadt Europas, und deren Namen man doch bei uns kaum kennt. Selbstverständlich ist es heute nur der Schatten einer Stadt; beim Herankommen bemerkt man bald, daß nichts mehr da ist als Trümmer und Schutt.

Langsam kommen wir näher. Am Fuße der hohen Zinnenmauern, die schwarz angestrichen sind wie ein Katafalk, drängen sich Dschunken längs des Flusses. Und das Treiben auf dem hohen Ufer gemahnt etwas an Taku und Tientsin, nur daß noch einige hundert mongolische Kamele hinzukommen, die im Staube lagern.

Nichts als Soldaten, fremde Eindringlinge, Geschütze, Kriegsmaterial. Kosaken versuchen sich auf Beutepferden und jagen wie toll mit lautem, wildem Geschrei im schärfsten Galopp zwischen den Gruppen dahin.

Die verschiedenen nationalen Farben der europäischen Verbündeten sind überall in Fülle gehißt und flattern hoch auf den schwarzen, von Granaten durchlöcherten Mauern, über den Feldlagern, auf den Dschunken, über den Trümmern. Und der ewige Wind, der unerbittliche, eiskalte Wind, der den verpesteten Staub mit dem Totengeruch umherwirbelt, peitscht diese allerorts gehißten Fahnen, die über all dieser Verwüstung wie zum Hohn festlich wehen.

Ich suche die französische Flagge, um meine Dschunke vor unserem Quartier anlegen zu lassen und sogleich zum Etappenlager zu gehen, wo ich heute abend unsere Feldration in Empfang nehmen muß. Überdies muß ich mir, da ich die Reise auf dem Fluß nicht fortsetzen kann, für morgen früh von der Artillerie einen Karren und Reitpferde verschaffen.

Vor einem Quartier, das uns zu gehören scheint, springe ich an Land, auf namenlose Trümmer und Unflat; dann lasse ich mir von Zuaven, die ich treffe, den Weg zum Etappenlager weisen; diensteifrig und freundlich erbieten sie sich, mich zu geleiten.

So schlagen wir zusammen den Weg nach einem großen Tor ein, das die dicken, schwarzen Mauern durchbricht.

Neben diesem Stadteingang war mit Seilen und Brettern eine Koppel für Schlachtvieh zur Ernährung der Soldaten errichtet. Unter einigen noch lebenden mageren Ochsen liegen drei oder vier an der Rinderpest verendete am Boden, und gerade rückt ein Aufgebot von Chinesen an, um sie am Schweif hinauszuziehen und in den Fluß zu werfen, den allgemeinen Sammelplatz der Kadaver.

Wir kommen in eine Straße, wo französische Soldaten dabei sind, inmitten von Trümmerhaufen Ordnung zu schaffen. Durch die zerbrochenen Türen und Fenster der Häuser blickt man in das verwüstete Innere, wo alles mutwillig zerfetzt, zerrissen, vernichtet ist. Und in dem dichten Staube, den der Nordwind und die Tritte unserer Leute aufwirbeln, treibt ein unerträglicher Leichengeruch.

Zwei Monate lang hat sich Zerstörungswut und rasende Mordgier über diese unglückliche »Stadt der himmlischen Reinheit« ergossen, die von den Truppen von acht bis zehn verschiedenen Nationen überschwemmt ward. Sie erlitt den ersten Anprall aller ererbten Haßgefühle. Zuerst kamen die Boxer, dann die Japaner, jene heldenmütigen kleinen Soldaten, denen ich nichts Übles nachsagen will, die aber zerstören und töten wie ehemals die barbarischen Horden. Noch weniger möchte ich unsere Freunde, die Russen tadeln; aber sie haben hierher Kosaken aus der Nachbarschaft der Tartarei geschickt, halb mongolische Sibirier, lauter Helden im Feuer, die aber vom Kriege noch eine ganz asiatische Auffassung haben. Dann kamen grausame indische Reiter, die Großbritannien sandte. Amerika hat seine Söldnerscharen losgelassen. Und als später in der ersten Wut der Rache über die chinesischen Greuel Deutsche, Österreicher, Franzosen und Italiener anrückten, war schon nichts mehr ganz.

Der Kommandant und die Offiziere des Etappenlagers haben ihre Wohnungen und Büros in großen chinesischen Häusern aufgeschlagen, deren Dächer und Mauern in Eile wieder aufgebaut und ausgebessert wurden. Aus ihrer rohen und elenden Einrichtung leuchten einzelne hohe Porzellanvasen, einzelne prunkvolle Holztäfelungen hervor, die sich unversehrt im Schutt fanden.

Sie versprechen, mir morgen früh bei Sonnenaufgang Pferde und Wagen ans Ufer vor meine Dschunke zu schicken. Als alles abgemacht ist, bleibt mir kaum eine Stunde Tageslicht. Ich streife in Begleitung meines kleinen bewaffneten Gefolges, Osman, Renaud und des Chinesen Tum, in den Ruinen der Stadt umher.

Je mehr man sich von dem Viertel entfernt, das unsere Soldaten ein wenig beleben, desto mehr steigert sich mit der Einsamkeit und Stille das Entsetzen.

Zuerst die Straße der Porzellanhändler, die großen Warenlager, in denen die Erzeugnisse der Fabriken von Kanton aufgespeichert waren. Nach den Resten der noch stehenden geschnitzten und vergoldeten Häuserfronten zu urteilen, muß es eine schöne Straße gewesen sein. Heute speien die klaffenden, von allen Seiten gesprengten Läden Berge von Glassplittern auf die Straße aus. Der Fuß tritt auf kostbares, mit farbenprächtigen Blumen bemaltes Porzellan, das die Erde mit dicker Schicht bedeckt und unter unseren Schritten zerbricht. Man braucht nicht zu fragen, wessen Werk das ist; übrigens war es bereits geschehen, als unsere Truppen die Stadt betraten. Aber in der Tat muß man hier tagelang mit Fußtritten und Kolbenstößen gearbeitet haben, um das alles derart zu zertrümmern. Porzellangefäße zu Tausenden, Schüsseln, Teller, Tassen, alles zertrümmert, zu Pulver zermalmt, in wirrem Durcheinander mit menschlichen Überresten und Haaren.

Im Hintergrunde dieser Warenlager sieht man im Innern der Häuser kleine Höfe, wo die gröberen Porzellansorten standen, – Räume, die jetzt am Abend bei sinkender Sonne zwischen ihren uralten Mauern besonders schauerlich wirken. In einem dieser Höfe, den wir betreten, arbeitet ein räudiger Hund eifrig daran, irgend etwas unter den Stößen zerbrochener Teller hervorzuziehen: die Leiche eines Kindes mit gespaltenem Schädel. Und der Hund beginnt, von den Beinen des toten Kindes das verwesende Fleisch abzunagen.

Kein Mensch natürlich in den langen verwüsteten Straßen, wo das Gebälk mit den Ziegeln und Backsteinen der Mauern zusammengestürzt liegt. Raben krächzen in dieser tiefen Stille; scheußliche Hunde, die sich an Leichen vollgefressen haben, fliehen vor uns mit schwerem Bauch und eingezogenem Schwanze. Selten nur, hier und da, sieht man einzelne chinesische Vagabunden umherstreifen, Leute von üblem Aussehen, die in den Ruinen noch zu plündern suchen; oder arme Vertriebene, dem Gemetzel entronnen, die furchtsam zurückkehren und längs der Mauern hinschleichen, um nachzusehen, was aus ihren Heimstätten geworden ist.

Die Sonne steht schon sehr tief, und wie jeden Abend wird der Wind stärker; eine plötzliche Kälte läßt uns frösteln. Die leeren Häuser füllen sich mit Finsternis.

Diese Häuser ziehen sich in die Tiefe, mit Winkeln, Reihen von Höfen, kleinen Wasserbecken mit Muscheleinfassung und schwermütigen Gärtchen. Überschreitet man die Schwelle, die immer von den gleichen abgegriffenen Granitungeheuern bewacht ist, so verwickelt man sich in Irrgänge ohne Ende. Und rührend und anmutig offenbaren sich die häuslichen Einzelheiten des chinesischen Lebens in der Anordnung von Blumentöpfen, Beeten und kleinen Galerien, an denen Winden und Wein hinaufranken.

Da liegt Spielzeug umher, eine arme Puppe, wohl einem Kinde gehörig, dem man den Kopf zerschmettert hat. Dort ist ein Käfig hängen geblieben; sogar der Vogel ist noch darin, die Beinchen in der Luft, in einer Ecke vertrocknet.

Alles ist geplündert, herausgerissen, zerfetzt, der Hausrat aufgebrochen, der Inhalt der Schubladen auf den Boden verstreut, darunter Kleider mit großen Flecken und blutbesudelte, unglaublich kleine chinesische Frauenschuhe. Und hie und da Beine, Hände, abgeschnittene Köpfe, Haarbüschel.

In einzelnen Gärtchen wachsen die Pflanzen, jeder Pflege bar, fröhlich weiter und überwuchern die Baumgänge über menschliche Reste hinweg. Über eine Gartenlaube, die eine Frauenleiche birgt, zieht sich eine reizende Bekränzung blaßroter Winden, noch geöffnet zu dieser späten Stunde trotz der nächtlichen Kälte, was unsere europäischen Begriffe von den Winden ganz über den Haufen wirft.

Im Hintergrund eines Hauses, in einer Ecke, einem schwarzen Verschlage, bewegt sich etwas! . . . Zwei Frauen sind da versteckt, jämmerlich verkrochen . . . Der Schreck, sich entdeckt zu sehen, betört sie. Sie werfen sich uns zu Füßen, zittern, schreien, falten die Hände, um Gnade zu erflehen. Die eine jung, die andere älter, doch beide ähnlich: Mutter und Tochter. – »Verzeihung, Herr, Verzeihung! Wir haben solche Angst« ... übersetzt naiv der kleine Tum, der ihr Stammeln versteht. Augenscheinlich erwarten sie von uns die ärgsten Dinge und den Tod ... Seit wie lange wohl leben sie schon in diesem Loch, diese beiden armen Chinesinnen, die ihr Ende gekommen wähnen, so oft Schritte auf dem Pflaster des verlassenen Hofes hallen? ...

Wir lassen einiges Kleingeld da, was sie vielleicht demütigt und ihnen kaum nützen wird; aber mehr können wir nicht tun als das und – weggehen.

Ein anderes Haus, ein Haus reicher Leute, mit großem Aufwand an Blumentöpfen aus emailliertem Porzellan in den traurigen Gärtchen. Im Hintergrunde einer schon dunklen Wohnung (denn die Nacht bricht herein, das unbestimmte Dämmerlicht nimmt zu), die nicht übermäßig geplündert ist, in der noch große Truhen und schöne Sessel unversehrt stehen – springt Osman plötzlich entsetzt vor einem Gegenstand zurück, der aus einem am Boden stehenden Eimer ragt: zwei fleischlose Schenkel, die untere Hälfte einer Frau, in den Kübel gesteckt, die Füße nach oben! ... Offenbar die Herrin dieser eleganten Wohnung ... Und der Körper? ... Wer weiß, was man mit diesem Körper gemacht hat! Aber der Kopf ist da: dort unter dem Lehnstuhl, neben einer verendeten Katze, das schwarze Bündel lange Haare, aus dem ein offener Mund und Zähne grinsen.

Außer den großen, fast geradlinigen Verkehrswegen, die von einem Ende zum anderen in trostloser Leere liegen, gibt es Gäßchen ohne Ausblick, gewunden, von grauen Mauern umschlossen – und gerade sie sind in der Dämmerung beim Krächzen der Raben am schauerlichsten zu durchschreiten. Steinerne Kobolde halten Wacht an den unheimlichen Türen, und überall auf dem Pflaster liegen Totenschädel mit langen Zöpfen. Es gibt Wegebiegungen, in eiskalte Schatten getaucht, denen man sich nur mit Herzklopfen nähert ... Nun aber machen wir ein Ende; – um nichts auf der Welt würden wir noch einmal zu dieser Dämmerstunde in diese schauerlich stummen Häuser treten, wo man allzu vielen Spuren des Todes begegnet ...

Wir waren weit in die Stadt vorgedrungen, aber ihre Schrecken und ihre Stille wurden beim Anbruch der Nacht unerträglich. Vom Nordwind gepeitscht, von Kälte und Dunkelheit erstarrt, kehren wir zum Truppenlager zurück. Wir gehen schnellen Schrittes, die Porzellanscherben krachen unter unseren Füßen, vermischt mit tausend Überresten, über die man sich nicht mehr klar wird.

Bei unserer Rückkehr ist die Uferböschung mit Soldaten besetzt, die sich an hellen Feuern wärmen und ihre Suppe kochen, Feuern, die mit Lehnstühlen, Tischen, zerbrochenen Schnitzereien oder Balken gespeist werden. Jetzt, wo wir aus diesen Straßen, aus Dantes Hölle kommen, dünkt uns das alles behaglich und fröhlich.

In der Nähe unserer Dschunke hat ein Malteser in aller Eile eine Marketenderbude aufgeschlagen, wo er Getränke feilbietet, an denen die Soldaten sich berauschen. Ich schicke meine Leute hin, um nach ihrer Wahl Schnäpse für unser Abendessen zu kaufen, denn auch wir haben es nötig, uns zu erwärmen und womöglich aufzuheitern. Und wie die anderen, werden auch wir unser kleines Fest in unserer Hütte mit dem geflochtenen Dach feiern, mit einer dampfenden Suppe, Tee, Chartreuse, ich weiß nicht was noch.

Beim Nachtisch rauchen wir in unserem Sarg Zigaretten. Renaud, dem ich das Wort erteilt habe, erzählt, daß seine Schwadron am Rand eines chinesischen Friedhofes in Tientsin lagert, und daß die in der Nähe lagernden Soldaten einer anderen europäischen Nation (ich will sie lieber nicht nennen) ihre Zeit damit verbringen, die Gräber nach den Silbermünzen zu durchsuchen, die man den Toten in den Sarg mitzugeben pflegt.

»Ich,« sagt er, »ich, Herr Oberst (für ihn bin ich Herr Oberst, denn er kennt die seemännische Bezeichnung Kommandant nicht, die bei uns bis zu fünf Goldstreifen üblich ist), ich finde das nicht in der Ordnung. Mögen es auch Chinesen sein, die Toten soll man doch ruhen lassen! Und dann ekelt mich das, denn sie schneiden ja ihre Fleischration auf den Brettern der Särge! Ich habe ihnen gesagt: Schneidet doch wenigstens hier, auf der Außenseite, nicht auf der andern, die mit der Leiche in Berührung gekommen ist! Aber diese Wilden, Herr Oberst, die scheren sich den Teufel darum!«

Donnerstag, 18. Oktober

Eine Überraschung! Wir erwachen unter tiefhängendem, dunklen Himmel. Wir hatten darauf gerechnet, wie an den vorhergehenden Tagen die Sonne des chinesischen Herbstes und Winters zu sehen, die fast nie verschleiert ist, die strahlt und wärmt, selbst wenn es Stein und Bein friert, und die uns bisher geholfen hat, das unterwegs Geschehene zu ertragen. Aber ein dichter Vorhang hat sich während der Nacht über unseren Häuptern zusammengezogen ...

Als wir beim ersten Morgengrauen die Türe unserer Dschunke öffnen, sehen wir gerade unsere Pferde und Karren herankommen. Auf dem trostlosen Ufer kauern Mongolen inmitten ihrer Kamele um Feuer, die die ganze Nacht im Staube gebrannt haben, und hinter ihren unbeweglichen Gruppen ragen die hohen Mauern der Stadt tintenschwarz in die dunklen Wolken.

Wir überlassen unsere Dschunke der Obhut zweier Matrosen der Abteilung von Tung-tschau, die sie bis zu unserer Rückkehr bewachen werden, nebst unserm kleinen Nomadengepäck und dem Kostbarsten, was wir besitzen, den letzten Flaschen reinen Wassers, die uns der General gespendet hat.

Diesen letzten Abschnitt unseres Weges legen wir in Gesellschaft des französischen Generalkonsuls von Tientsin und des Kanzlers der Gesandtschaft zurück; beide reiten nach Peking, begleitet von einem Wachtmeister und drei oder vier Artilleristen.

Langer eintöniger Marsch im kalten grauen Morgen durch Sorghofelder, die der erste Frost braun gebrannt hat, durch geplünderte und verlassene Dörfer, wo nichts mehr sich regt; Gegenden der Trauer und des Herbstes, auf die langsam ein feiner trauriger Regen niederzurieseln beginnt.

Bisweilen glaube ich mich auf baskische Wege versetzt, im November, inmitten noch nicht geschnittener Maisfelder. Aber plötzlich erhebt sich irgendein unbekanntes Sinnbild am Wege, um mich an China zu erinnern, ein Grab von geheimnisvoller Form, oder sonderbare Denksteine auf riesengroßen granitenen Schildkröten.

Hin und wieder begegnen wir Militärtransporten einer oder der anderen Nation, und langen Reihen von Lazarettwagen.

Hier suchen Russen in den Trümmern eines Dorfes Schutz gegen einen Platzregen. Dort marschieren Amerikaner, die in einem verlassenen Hause ein Versteck von Kleidern entdeckt haben und sich nun fröhlich in die gefundenen Pelzmäntel hüllen.

Gräber, immer wieder Gräber; China ist von einem Ende zum anderen damit übersät; die einen liegen wie verloren am Straßenrand, andere scheiden sich stolz mit Gehegen ab, umgeben von Totenhainen aus dunkelgrünen Zedern.

Zehn Uhr. Wir müssen schon dicht vor Peking sein, aber noch verrät nichts seine Nähe. Seit unserem Aufbruch sind wir nicht einem einzigen chinesischen Gesicht begegnet: die Landschaft ist immer gleich einsam und unheimlich still unter dem Schleier des unmerklich rieselnden Regens.

Wir sollen nahe an dem Mausoleum einer Kaiserin vorüberkommen, und der Kanzler der Gesandtschaft, der die Gegend kennt, schlägt mir einen Umweg vor, um es zu besichtigen. So lassen wir denn unsere Leute ruhig ihres Weges ziehen und schlagen in raschem Trabe Seitenpfade ein, mitten durch hohe feuchte Gräser.

Bald erscheint ein Kanal und ein Teich, bleifarben unter dem bleichen Himmel. Kein Mensch ringsum; die trostlose Stille eines entvölkerten Landes. Das Grabmal, das am jenseitigen Ufer liegt, ragt kaum aus dem Schatten eines Zedernhaines hervor, der rings mit Mauern umgeben ist. Wir sehen nur die äußeren marmornen Säulengänge, die zu ihm führen, und die Doppelreihe weißer Denksteine, die sich unter den geheimnisvollen Bäumen verliert; – alles ziemlich entfernt, mit langgezogenem, umgekehrtem, verwischtem Spiegelbild in dem Teiche. Um uns her neigen Lotosblumen die vom Frost geknickten langen Stengel über das bleifarbene Wasser, in dem die Regentropfen leichte Kreise ziehen. Und die paar weißlichen Kugeln da und dort zwischen dem Schilf sind Totenschädel. . .

Bei der Rückkehr zu unserm kleinen Trupp heißt es, daß wir schon in einer halben Stunde in Peking einziehen werden. Also gut! Aber nach all den Verwicklungen und Verzögerungen der Reise möchte man fast glauben, daß wir nie mehr ankommen. Überdies ist es unwahrscheinlich, daß diese ungeheure Stadt in der verlassenen Gegend so nahe vor uns daliegen sollte.

»Peking zeigt sich nicht vorher«, erklärt mir mein neuer Reisegefährte. »Peking packt den Ankömmling; wenn man es sieht, ist man auch schon da!«

Jetzt führt die Straße durch Gruppen von Zedern und entblätterten Weiden, und in der gespannten Erwartung, endlich die Himmlische Stadt zu sehen, traben wir stumm unter dem feinen Staubregen, der uns nicht naß macht, denn die rauhen Stöße des Nordwindes, die den Staub trotzdem immerzu aufwirbeln, trocknen ihn fort . . .

»Peking!« ruft plötzlich einer meiner Begleiter und weist mit der Hand auf eine unheimliche dunkle Masse, die soeben über den Bäumen zum Vorschein kommt: ein zinnengekrönter Wartturm von übermenschlichen Verhältnissen.

Peking! . . . Und in wenigen Sekunden, während der mächtige Eindruck dieses hingeworfenen Namens auf mich einstürmt, erscheint vor uns eine riesige schwarze Mauer von nie geahnter Höhe, die sich in der öden grauen Leere einer wie fluchbeladenen Steppe endlos hinzieht. Ein gewaltiger Dekorationswechsel ohne den Lärm von Maschinisten und Orchestergetöse, in einer Stille, die eindrucksvoller ist als alle Musik.

Wir sind am Fuß seiner Basteien und Wälle, plötzlich von allem überragt, was sich bisher in einer Bodenfalte verborgen hatte. Zugleich wird der Regen zu Schnee, dessen weiße Flocken sich mit den dunklen Wirbeln von Schutt und Staub mengen. Die Mauer von Peking erdrückt uns wie etwas Riesenhaftes von babylonischem Gepräge, etwas Tiefschwarzes im fahlen Lichte eines Schnee- und Herbstmorgens. Das ragt gen Himmel wie die Kathedralen, aber das setzt sich fort, das geht weiter, immer gleich, meilenweit. Kein Wanderer an den Zugängen dieser Stadt, kein Mensch. Auch kein Gras längs dieser Mauern; ein durchfurchter Boden, staubig, aschgrau, mit Fetzen von Kleidern, Gebeinen und Schädeln bestreut. Und von der Spitze jeder schwarzen Mauerzacke begrüßt uns ein Rabe im Vorbeiziehen mit seinem Todesgeschrei.

Der Himmel ist so schwer und hängt so tief, daß man kaum einen Ausblick hat. Unter dem beklemmenden Eindruck dieses lange erwarteten Peking, das plötzlich so verwirrend über unseren Häuptern auftaucht, reiten wir weiter, von dem unterbrochenen Krächzen all der nebeneinander hockenden Raben verfolgt. Wir selbst bleiben einsilbig, von dem Schauer erstarrt, da zu sein, und wir wünschten, Bewegung und Leben, irgend jemand, irgend etwas endlich aus diesen Mauern hervorkommen zu sehen.

Da tritt plötzlich, dort unten vor uns, aus einem Tore, einer Öffnung in der ungeheuren Umfriedung, langsam ein riesiges braunes Tier hervor, mit seinem wolligen Fell einem Riesenschafe gleich – dann zwei, dann drei, endlich zehn: eine mongolische Karawane, die auf uns zustrebt, in der ewig gleichen Stille, die nur das Krächzen der Raben unterbricht. In endloser Reihe ziehen die unförmigen mongolischen Kamele mit ihrem rundlichen Pelz, mit sonderbaren Haarbüscheln an den Beinen und löwenartigen Mähnen in langem feierlichen Zuge an unsern scheuenden Pferden vorüber; sie tragen weder Glocken noch Schellen wie die mageren Tiere der harmonisch tönenden Karawanen in den arabischen Wüsten; ihre Füße versinken tief in den Staub, der ihre Tritte erstickt; die Stille wird durch ihren Marsch nicht unterbrochen. Und die Mongolen, die sie führen, grausame, fremdartige Gesichter, werfen uns verstohlen feindliche Blicke zu.

Durch einen Schleier von feinem Schnee und schwarzem Staub hindurch hat die Kamelsreihe unseren Weg gekreuzt und entfernt sich lautlos wie eine Geisterkarawane. Wieder sind wir allein unter dieser Titanenmauer, von deren Zinnen die Raben auf unseren Zug herabschauen. Um die finstere Stadt zu betreten, müssen wir jetzt unsrerseits durch dies Tor, aus dem die Mongolen sie eben verlassen haben.

In der Französischen Gesandtschaft

So stehen wir denn vor diesem doppelten und dreifachen Tor mit seinen Tunnelöffnungen, mit Krümmungen in der Tiefe des mächtigen Mauerwerks; jeden Eingang überragt ein Wartturm mit Schießscharten, fünf Stockwerke hoch, mit seltsam gebogenen Dächern, Türme, die aller Maße spotten und sich riesenhaft und schwarz über die schwarze Ringmauer erheben.

Die Hufe unserer Pferde versinken immer tiefer und verschwinden in dem kohlenfarbigen Staub, der hier überall herrscht und blendet, in der Luft wie am Boden, trotz des schwachen Regens und der Schneeflocken, die unsere Gesichter immerfort peitschen.

Lautlos, als ritten wir über Watte oder Filz, ziehen wir durch die ungeheuren Gewölbe und betreten das Land des Schuttes und der Asche . . .

Ein paar elende Bettler hocken schlotternd in den Ecken, mit blauen Lumpen bedeckt; ein paar leichenfressende Hunde, wie die, deren Bekanntschaft wir schon unterwegs machten – das ist alles. Stille und Einsamkeit innerhalb dieser Mauern wie draußen. Nichts als Einsturz, Trümmer über Trümmer.

Ein Land des Schuttes und der Asche; vor allem ein Land der kleinen grauen Ziegel, der kleinen gleichgeformten Ziegel, die in ungezählten Myriaden auf der Stätte der zerstörten Häuser oder auf dem Pflaster liegen, das einst die Straßen bildete.

Die kleinen grauen Ziegel sind der einzige Baustoff, aus dem Peking errichtet ist, – eine Stadt niedriger Häuschen, mit Spitzenzieraten aus vergoldetem Holz, eine Stadt, von der nach der Zerstörung aller dieser zarten Altertümer durch Feuer und Geschosse nichts als armselige Bruchstücke übriggeblieben sind.

Übrigens haben wir die Stadt an einer jener Ecken betreten, wo am längsten und heftigsten gekämpft worden ist: dem Tartarenviertel, das die europäischen Gesandtschaften enthielt.

In diesem unendlichen Gewirr kleiner Ruinen zeichnen sich noch lange gerade Straßen ab, und vor uns ist alles grau oder schwarz; zu dem Dunkelgrau der eingestürzten Ziegelmauern gesellen sich die eintönigen Farben niedergebrannter Ortschaften, der traurige Anblick von Asche und Verkohlung.

Zuweilen bilden diese ermüdenden kleinen Ziegel Hindernisse quer über den Weg; es sind die Reste der Barrikaden, um die so lang gekämpft worden ist.

Nach ein paar hundert Metern erreichen wir die Straße der Gesandtschaften, auf die jetzt monatelang die ängstliche Aufmerksamkeit der ganzen Welt gelenkt war.

Hier ist selbstverständlich alles ein Trümmerhaufen, aber europäische Fahnen flattern auf den kleinsten Mauerstücken, und beim Verlassen der einsamen Gäßchen finden wir hier plötzlich ein Treiben wie in Tientsin, ein fortwährendes Hin und Her von Offizieren und Soldaten, ein erstaunliches Gemisch von Uniformen.

Vom winterlichen Himmel hebt sich eine große französische Flagge ab; sie bezeichnet den Eingang zu dem, was früher unsere Gesandtschaft war. Zwei Ungeheuer aus weißem Marmor kauern an der Schwelle, so wie es der Brauch vor allen Palästen Chinas verlangt, und französische Soldaten bewachen das Tor, das ich im Gedanken an den Heldenmut, mit dem es verteidigt ward, andächtig durchreite.

Endlich steigen wir zwischen Trümmerhaufen auf einem kleinen Platze ab, wo die Windstöße sich fangen, neben einer Kapelle und dem Eingang zu einem Garten, dessen Bäume sich unter dem eiskalten Wind entlauben. Die Mauern ringsum sind derart von Kugeln durchlöchert, als wäre es ein Spiel, eine Wette gewesen: sie sehen aus wie Siebe. Dort jener Schutthaufen zur Rechten ist die eigentliche Gesandtschaft, die durch eine chinesische Mine in die Luft gesprengt wurde. Und links steht das Haus des Kanzlers, wohin sich während der Belagerung die tapferen Verteidiger geflüchtet hatten, weil es weniger gefährdet schien. In diesem Hause wurde ich freundlich aufgenommen; es ist nicht zerstört, aber drinnen ist selbstverständlich alles drunter und drüber, wie am Tage nach einer Schlacht, und in dem Zimmer, wo ich schlafen soll, sind die Handwerker noch beschäftigt, die Wände wiederherzustellen; sie werden erst heute abend fertig sein.

Jetzt werde ich zu pietätvoller Begrüßung in den Garten geführt, in dem unsere Matrosen, die hier auf dem Felde der Ehre gefallen sind, im Kugelregen hastig begraben wurden. Kein Grün hier, keine blühende Pflanze; ein von den Kämpfenden zerstampfter grauer Boden, von Dürre und Frost gesprungen; entlaubte Bäume, deren Zweige von den Geschossen weggerissen sind; und über alledem ein tiefer düsterer Himmel mit schneidendem Schneegestöber.

Man muß gleich beim Betreten des Gartens das Haupt entblößen, denn man weiß nicht, über wen man schreitet; die Gräber konnten bisher noch nicht bezeichnet werden (was ohne Zweifel bald geschehen wird), und wenn man im Garten umhergeht, ist man nicht sicher, ob man nicht über einen jener Toten tritt, die so viele Kränze verdienten.

In diesem Kanzlerhause, das durch ein Wunder fast verschont blieb, wohnten die Belagerten alle durcheinander unter der fortwährenden Drohung des Todes und schliefen auf der Erde, von Tag zu Tag durch die Kugeln vermindert.

Am Anfang – aber ach, ihre Zahl schmolz schnell! – waren es etwa sechzig französische und gegen zwanzig österreichische Matrosen, die hier Schulter an Schulter in gleich großartiger Haltung dem Tode entgegensahen. Ihnen hatten sich einige französische Freiwillige zugesellt, die in ihren Reihen auf den Barrikaden oder von den Dächern feuerten, und zwei Fremde, Herr und Frau von Rosthorn von der österreichischen Gesandtschaft. Die Verteidigung leiteten unsrerseits der Leutnant zur See Darcy und der Kadett Herber, der, von einer Kugel mitten in die Stirne getroffen, jetzt in der Erde des Gartens ruht.

Das Entsetzliche bei dieser Belagerung war, daß man bei den Feinden auf kein Mitleid rechnen konnte; mußte man sich ergeben, weil die Kräfte und die Lebensmittel zu Ende waren, so bedeutete das den Tod, den Tod unter raffinierten Martern, mit denen die Chinesen die Qualen zu verlängern suchten.

Überdies fehlte jede Hoffnung, durch einen letzten Ausfall zu entkommen: man war mitten im dichtesten Gewühl einer Stadt, eingeschlossen in ein Gewirr kleiner, verdächtiger Bauten, die einen Ameisenhaufen von Feinden bargen, und um das Gefühl der Einkerkerung noch zu verstärken, wußte man um sich den Ring der ungeheuren schwarzen Mauer von Peking.

Es war gerade zur glühendsten Zeit des chinesischen Sommers; meist mußte man halb verdurstend kämpfen, geblendet von Staub, unter einer Sonne, die ebenso verderblich war wie die Kugeln, und in unausgesetztem eklen Leichengeruch.

Eine Frau aber war unter den Verteidigern, eine Österreicherin, reizend und jung, der man eines unserer schönsten französischen Kreuze verleihen sollte. Ganz allein unter diesen Männern, in höchster Not bewahrte sie ihre unverwüstliche ungetrübte Heiterkeit; sie pflegte die Verwundeten, bereitete mit eigenen Händen die Mahlzeit für die kranken Matrosen – und dann wiederum karrte sie Ziegel und Sand für die Barrikaden oder stieg auf die Dächer, um auszulugen.

Von Tag zu Tag schloß sich der Kreis enger um die Belagerten, je mehr ihre Reihen sich lichteten und die Erde des Gartens sich mit Toten füllte; Schritt um Schritt verloren sie an Boden, aber sie machten dem Feind, dessen Zahl Legion war, das geringste Mauerstückchen, den geringsten Ziegelhaufen streitig.

Sieht man ihre kleinen, unscheinbaren, hastig bei Nacht errichteten Barrikaden, die fünf bis sechs Matrosen zu verteidigen vermochten (fünf bis sechs war zuletzt das meiste, was man aufbringen konnte), so gewinnt es wirklich den Anschein, als hätten übernatürliche Kräfte mitgewirkt. Gehe ich mit einem der Verteidiger unter dem düsteren Himmel in diesem Garten umher, und sagt er zu mir: »Hier hinter dieser kleinen Mauer haben wir sie soundso viele Tage aufgehalten ... Dort, bei der kleinen Barrikade haben wir eine Woche lang Widerstand geleistet«, so erscheint das wie ein wunderbares Märchen von Heldenmut.

Ach, ihre letzte Schanze! Ein Graben dicht neben dem Hause, im Finstern tappend während einer einzigen Nacht fieberhaft gegraben, und auf der Böschung einige armselige Erd- und Sandsäcke: das war alles, was sie den grausamen Peinigern entgegenzusetzen hatten, die auf kaum sechs Meter Entfernung über ein Mauerstück hin ihnen grinsend den Tod drohten.

Dann kommt der »Friedhof«, das heißt ein Gartenwinkel, in dem sie ihre Toten bestattet haben – noch vor den schlimmsten Tagen, wo man sie hier und dort einscharren und dabei jede Spur verwischen mußte, damit sie nicht der Schändung verfielen, die hier gräßliche Gewohnheit ist. Ein elender, kleiner Friedhof, dessen Erde in den Nahkämpfen zerstampft wurde, dessen Sträucher von dem Kugelhagel zerfetzt sind. Mitten im Feuer der Chinesen mußte man die Toten begraben, und ein alter weißbärtiger Priester, der inzwischen zum Märtyrer geworden ist und dessen Haupt durch die Gossen geschleift wurde, sprach ruhig seine Gebete vor den Gräbern, unbesorgt um alles, was in der Luft um ihn herum pfiff, alles, was die Äste peitschte und knickte.

An den letzten Tagen hatten sie nach und nach so viel Gelände verloren, daß ihr Friedhof die umstrittene Zone bildete, und sie zitterten für ihre Toten. Der Feind war bis zum Rande vorgedrungen, man kämpfte Aug' in Auge und schoß aus nächster Nähe, über dem Schlaf dieser so hastig in die Erde gebetteten Tapferen hinweg. Hätten die Chinesen diesen Friedhof überschritten und diese letzte kleine Schanze erklommen, die nur aus Sandsäcken und in Gardinen eingenähtem Kies bestand, dann bedeutete das für alle Überlebenden die schrecklichsten Martern unter Musik und Hohngelächter, das gräßliche Zerstückeln, zuerst das Ausreißen der Nägel, das Zwicken der Füße mit glühenden Zangen, das Aufschlitzen des Leibes und endlich das Herumtragen des aufgespießten Kopfes in den Straßen.

Von allen Seiten und mit allen Mitteln wurden sie angegriffen, oft in den unerwartetsten Nachtstunden und fast stets mit Geschrei, unter plötzlichem Getöse von Trompeten und Tamtams, Tausende von Menschen umringten sie und heulten Tod – und das Heulen der Chinesen muß man gehört haben, um sich diese Stimmen vorstellen zu können, deren Klang allein zu Eis erstarren macht. Oder ein Aufgebot von Gongs an den Mauern dröhnte wie bei einem schweren Gewitter.

Manchmal tauchte durch ein in ein Nebenhaus heimlich geschlagenes Loch ein geräuschloses Etwas auf und kam langgestreckt wie eine Gestalt aus einem Alptraum heran, mit einer Stange von zwanzig bis dreißig Fuß Länge, an deren Spitze in Petroleum getauchtes Werg brannte. Und das legte sich an das Gebälk ihrer Dächer, um sie tückisch in Brand zu stecken. Auf diese Art wurden übrigens die Stallungen der Gesandtschaft eines Nachts eingeäschert.

Auch von unten her wurden sie angegriffen; sie hörten dumpfe Schläge unter der Erde und begriffen, daß man sie unterminierte und daß die Peiniger aus dem Boden hervorsteigen oder gar sie in die Luft sprengen würden. Und um jeden Preis mußten sie ebenfalls graben und Gegenminen vortreiben, um dieser unterirdischen Gefahr zu begegnen.

Eines Tages jedoch, gegen Mittag, ertönten zwei furchtbare Detonationen, und unter einem Wirbel von Mörtel und Staub flog die französische Gesandtschaft in die Luft und begrub unter ihren Trümmern den die Verteidigung leitenden Marineoffizier und eine Anzahl seiner Matrosen. – Doch das war noch nicht das Ende; sie entkamen dem Schutt und den Steinen, die sie bis zu den Schultern bedeckten, sie entkamen mit Ausnahme von zweien, zwei tapferen Matrosen, die man nie wieder sah, und der Kampf wurde fortgesetzt, fast ohne jegliche Hoffnung, unter immer schrecklicheren Umständen.

Trotzdem blieb sie da, die liebenswürdige Fremde, die so leicht anderswo hätte Schutz suchen können, z. B. in der englischen Gesandtschaft, wohin sich die meisten Diplomaten mit ihren Familien geflüchtet hatten: bis dorthin langten die Kugeln nicht, man befand sich im Mittelpunkt des Viertels, das durch einige Handvoll Tapferer verteidigt wurde, und fühlte sich sicher, wenigstens so lange die Barrikaden noch hielten. Aber nein, sie blieb und hielt an diesem Brennpunkt der französischen Gesandtschaft bewunderungswürdig aus – diesem Punkte, der eigentlich den Schlüssel, den Eckstein des ganzen europäischen Viertels bildete, und dessen Verlust den allgemeinen Zusammenbruch herbeigeführt hätte.

Einmal sahen sie durch ihre Feldstecher, wie ein Erlaß der Kaiserin in großen Lettern auf rotem Papier angeschlagen wurde, der den Befehl zur Einstellung des Feuers gegen die Fremden enthielt. (Was sie nicht sahen, war, daß der Pöbel die mit dem Anschlagen betrauten Leute in Stücke riß.) Immerhin folgte eine Art Kampfpause und Waffenruhe, denn die Angriffe verloren an Heftigkeit.

Überall erblickten sie Feuersbrünste, hörten das Gewehrfeuer der gegeneinander kämpfenden Chinesen, Kanonendonner und langanhaltendes Geschrei. Ganze Stadtviertel brannten. Mord und Tod herrschte rings umher in der abgeschlossenen Stadt; wütender Haß gährte darin wie in einem Teufelspfuhl, und der Leichengeruch wurde zum Ersticken.

Zuweilen kamen Spione, um ihnen Nachrichten zu verkaufen, die übrigens stets falsch und widersprechend waren, Nachrichten über die von Stunde zu Stunde mit wachsender Angst erwartete Entsatzarmee. Man sagte ihnen: »Sie ist da, sie ist dort, sie kommt heran.« Oder auch: »Sie ist geschlagen worden und geht zurück.« Aber nie wollte sie erscheinen!

Was tat denn Europa? Hatte man sie aufgegeben? Beinahe ohne jede Hoffnung setzten sie den Widerstand fort, so gering auch ihre Zahl und so eng der Raum geworden war! Von Tag zu Tag fühlten sie sich den chinesischen Martern und dem grausigen Tode näher.

Es begann am Nötigsten zu fehlen. Überall mußte gespart werden, zunächst mit den Patronen. Übrigens verwilderte man selbst, und wurden brandstiftende Boxer gefangen, so zerschmetterte man ihnen den Schädel mit einem Revolverschuß aus nächster Nähe, anstatt sie zu erschießen.

Eines Tages endlich vernahm ihr Ohr, das unausgesetzt den draußen wütenden Kämpfen lauschte, anhaltenden Kanonendonner, dumpf und tief, jenseits der großen schwarzen Wälle, deren alles überragende Zinnen, die sie in der Ferne erblickten, sie wie in einen höllischen Kreis einschlossen: man beschoß Peking! . . . Das konnten nur die zu Hilfe herbeigeeilten europäischen Heere sein!

Eine letzte Angst aber trübte ihre Freude. Würde nicht ein verzweifelter letzter Sturm versucht werden, um sie noch vor dem Einzug der alliierten Truppen zu vernichten?

In der Tat wurden sie wütend angegriffen, und dieser letzte Tag, dieser Vortag der Befreiung, kostete noch einem unserer Offiziere das Leben, dem Kapitän Labrousse, der in dem ruhmvollen kleinen Friedhof der Gesandtschaft neben dem Befehlshaber unser österreichischen Freunde die letzte Ruhe finden sollte. Aber sie widerstanden ... Und plötzlich war niemand mehr um sie her, kein Chinesenkopf mehr auf den feindlichen Barrikaden, Leere und Stille in den verwüsteten Zugängen: die Boxer waren auf der Flucht, und die Verbündeten zogen in die Stadt ein! ...

Dieser erste Abend meiner Ankunft in Peking ist traurig wie alle Abende auf dieser Reise, aber von noch öderer Trübsal und noch verdrießlicher. Die Maurer haben soeben die Wände meines Zimmers fertig gemacht. Der frische Bewurf verbreitet triefende Feuchtigkeit, man friert bis auf die Knochen, und da gar keine Einrichtung da ist, breitet mein Bursche die schmale Matratze der Dschunke auf dem Boden aus und schickt sich dann an, mir einen Tisch aus alten Kisten zu zimmern. Meine Wirte sind auch so freundlich, in aller Eile einen Kohlenofen aufzustellen und zu heizen – was bei mir vollends einen Traum europäischen Elends in irgendeinem Vorstadtloch wachruft ... Wie kann man hier glauben, in China zu sein, in Peking, ganz nahe den geheimnisvollen Mauern, den Palästen voller Wunder? ...

Von dem französischen Gesandten, den ich aufsuchen soll, um ihm die Mitteilungen des Admirals zu überbringen, erfahre ich, daß er keine Wohnstätte mehr besitzt und die Gastfreundschaft des spanischen Gesandten in Anspruch genommen hat, weiter, daß er an Typhus erkrankt ist, der infolge des überall vergifteten Wassers wütet, und daß ihn im Augenblick niemand sprechen kann. Mein Aufenthalt in diesem feuchten Lager droht sich also mehr in die Länge zu ziehen, als ich dachte, und schwermütig sehe ich durch die dunstgetrübten Fenster Dämmerung und Schnee auf einen Hof herabsinken, in dem zertrümmertes Hausgerät umherliegt ...

Wer hätte mir gesagt, daß ich infolge eines unverhofften Glückwechsels morgen auf der vergoldeten Matratze eines großen kaiserlichen Bettes schlafen werde, mitten in der »Gelben Stadt«, in einem seltsamen Zaubermärchen? ...

Freitag, 19. Oktober

Ich erwache, von feuchter Kälte schlotternd, auf dem Fußboden meines ärmlichen Zimmers, wo das Wasser von den Wänden trieft und der Ofen raucht. Zunächst gehe ich aus, um einen Auftrag des Admirals an den Oberbefehlshaber unserer Landtruppen, General Voyron, zu überbringen, der in einem Häuschen in der Nachbarschaft wohnt.

Bei der Verteilung der geheimnisvollen »Gelben Stadt« unter die Führer der verbündeten Truppen fiel unserem General ein Palast der Kaiserin zu. Er wird sich für den Winter darin einrichten, nicht weit von dem Palast, den einer unserer Verbündeten, der Feldmarschall Graf Waldersee, bewohnen soll; dort nimmt er mich gastlich auf. Er selbst kehrt heute wieder nach Tientsin zurück. So werde ich denn während der einen bis zwei Wochen seiner Abwesenheit dort allein mit seinem Adjutanten hausen –, einem alten Kameraden von mir, der den Auftrag hat, diese Residenz aus einem Zaubermärchen für die Bedürfnisse des militärischen Dienstes einzurichten.

Welcher Wechsel für mich nach meinen feuchten Mauern und meinem Kohlenofen!

Immerhin kann mein Einzug in die »Gelbe Stadt« erst morgen früh erfolgen, denn mein Freund, der Adjutant, drückt mir den liebenswürdigen Wunsch aus, vor mir in den etwas verwüsteten Palast überzusiedeln, um mir dort Quartier zu machen.

Da ich heute dienstlich nichts weiter zu tun habe, nehme ich das Anerbieten eines Mitgliedes der französischen Gesandtschaft an, den Tempel des Himmels mit ihm zu besichtigen. Übrigens hat der Schnee aufgehört; der unausgesetzte scharfe Nordwind hat die Wolken verjagt, und die Sonne strahlt an einem sehr blaßblauen Himmel.

Nach dem Plane von Peking sind es fünf bis sechs Kilometer bis zu diesem Tempel des Himmels, dem größten von allen. Er steht, wie es scheint, inmitten eines Parkes uralter Bäume, den doppelte Mauern umgeben. Vor diesen Unheilstagen[1] war der Ort vollkommen unzugänglich. Die Kaiser allein kamen einmal des Jahres hin, um sich für eine Woche darin einzuschließen und feierliche Opfer darzubringen, die lange Reinigungen und vorbereitende Bräuche erforderten.

---

1 Selbst der Park war den »Barbaren des Abendlandes« untersagt, seitdem ein europäischer Reisender, ein Mann mit vollendeten Umgangsformen, sich in den Tempel eingeschlichen hatte, um den Altar zu besudeln.

Um dorthin zu gelangen, muß man zunächst aus all diesen Ruinen und Trümmern heraus, auch aus der »Tartarenstadt«, in der wir uns befinden, muß ihre schrecklichen Mauern, ihre riesigen Tore durchschreiten, um die »Chinesische Stadt« zu betreten.

Diese beiden ummauerten Städte sind zwei ungeheure, nebeneinanderliegende Vierecke, die zusammen Peking bilden. Die eine, die Tartarenstadt, birgt in ihrer Mitte, innerhalb eines eigenen Festungsgürtels, jene »Gelbe Stadt«, wo ich morgen wohnen werde.

Nach Verlassen der trennenden Mauerwälle erscheint die »Chinesische Stadt« in der Umrahmung eines riesigen Tores. Überrascht erblickt man eine große Verkehrsader mitten durch Peking, in der noch Leben und Glanz herrscht wie in vergangenen Tagen, – jenes Peking, das uns bisher als eine Totenstadt erschien. Unversehens umgeben uns Vergoldungen, Farben, tausend mannigfache, in den Himmel ragende Ungeheuer, und plötzlich schlägt uns Lärm, Musik und Stimmengewirr entgegen. – Aber wie sind doch dies Leben und Treiben, dieser ganze chinesische Prunk für uns unausdenkbare, unerratbare Dinge! . . . Zwischen dieser Welt und der unseren – welche abgrundtiefe Verschiedenheit! . . .

Die große Verkehrsader zieht sich breit und gerade vor uns hin, ein Fahrdamm von drei bis vier Kilometern Länge, der zu einem anderen monumentalen Tore führt, das ganz in der Ferne erscheint, überragt von seinem Wartturm mit geschweiftem Dache, einer Lücke in der schwarzen Mauer, die uns von der Einöde draußen trennt. Die einstöckigen Häuser, die sich in langen Reihen zu beiden Seiten hinziehen, sind wie aus goldenen Spitzen geformt; von oben bis unten glitzern die durchbrochenen Holzschnitzereien ihrer Fronten; sie tragen Bekrönungen aus feinem Schnitzwerk, die über und über von Gold leuchten, und wie bei unseren Dachtraufen springen Reihen vergoldeter Drachen vor. Über diese zierlichen Häuschen ragen schwarze, mit goldenen Buchstaben bedeckte Steinsäulen und lange, schwarz und golden lackierte Stangen hinaus, die hoch in der Luft Sinnbilder von wilder Fremdartigkeit tragen, mit Hörnern, Krallen und fratzenhaften Gesichtern.

Bis in die tiefste Ferne sieht man durch eine Staubwolke im Flimmern der Sonne die Vergoldungen blinken, die Drachen und Fabelwesen grinsen. Und höher als dies alles, die Straße überspannend, ragen erstaunlich leichte, fast ätherische Triumphbögen aus geschnitztem Holz in den Himmel, wie von Schiffsmasten getragen. Auch sie wiederholen auf dem blassen Blau der leeren Luft die beunruhigende Fremdartigkeit der feindseligen Formen, die drohenden Hörner, die Krallen und Umrisse phantastischer Tiere.

Der Staub, der ewige, alles beherrschende Staub, umwölkt die Gegenstände, die Menschen, die Menge, aus der Flüche, Gongs und Glöckchen ertönen, und läßt sie zu einem einzigen, verblaßten und verwischten Bilde verschwimmen.

Auf dem breiten Straßendamm, auf dem man wie in Asche versinkt, herrscht ein stäubendes Gewirr von Reitern und Karawanen. Die unförmigen rotwolligen mongolischen Kamele, in endlosen Reihen aneinandergeseilt, ziehen langsam und feierlich in ununterbrochenem Strome vorüber und wirbeln mit ihrem Gange die Staubschicht auf, in der diese ganze Stadt erstickt. – Sie ziehen wer weiß wohin, tief hinein in die tibetanischen oder mongolischen Wüsten, in die sie mit demselben unermüdlichen und gedankenlosen Schritt Tausende von Warenballen bringen und damit die Aufgabe der Kanäle und Flüsse übernehmen, die anderswo auf unendliche Entfernungen hin Kähne und Dschunken tragen. – So schwer ist der von ihnen aufgewirbelte Staub, daß er sich kaum vom Boden erhebt. Die Beine der unzähligen daherziehenden Kamele, die Sockel der Häuser, die Gewänder der Vorübergehenden, alles ist ohne Umriß, ebenso unbestimmt und verschwommen wie im dicken Rauch einer Schmiede oder in den Flocken dunkler Watte; aber die Rücken der großen Tiere und ihre haarigen Köpfe ragen aus dieser wolkigen Bodenschicht hervor und heben sich fast deutlich ab. Auch das am Fuße der Hausfronten verblichene Gold beginnt in der Höhe der phantastischen Gesimse zu funkeln.

Diese Stadt ist gleichsam ein Trugbild ohne wirkliche Grundlage, das auf einer Wolke ruht –, einer schweren Wolke, in der sich eine Art harmloser Riesenschafe mit ihren roten, dickwolligen Hälsen bewegt.

Über diesem unglaublichen Staub strahlt ein weißes hartes Licht, das kalte durchdringende Licht Chinas, das die Einzelheiten mit schneidender Schärfe hervorhebt. Alles, was sich vom Boden und der Menge erhebt, wird immer deutlicher, um schließlich hoch in der Luft völlige Klarheit zu erlangen. Man erkennt die winzigsten Ungeheuer am First der Triumphbögen, die so hoch auf ihren dünnen Beinen ragen, als gingen sie auf Krücken oder Stelzen, während die sich nach unten im Menschengewimmel und in den Staubwolken verlieren, auflösen und verschwimmen. Man unterscheidet die kleinste Ziselierung auf der Höhe der Steinsäulen und der schwarzgoldenen Stangen, die mit ihren Spitzen in den Himmel stechen; ja man könnte all die Zähne, die gespaltenen Zungen, die schielenden Augen dieser hunderte von goldenen Fabeltieren zählen, die an den Dachkronen vorspringen.

Peking ist die Stadt des Schnitzwerks und der Vergoldungen, eine Stadt, wo alles Krallen und Hörner trägt. An Tagen der Trockenheit, des Windes und der Sonne bringt Peking noch immer eine Täuschung hervor und glänzt wieder auf in dieser ewigen Wolke seiner Steppen und Trümmer, unter dem Schleier, der den Verfall seiner Straßen und das Elend seiner Volksmassen verdeckt.

Hinter dem Golde aber, das immer noch glänzt, ist alles alt und verfallen. Überdies ist während der Belagerung der Gesandtschaften in diesem Viertel beständig gekämpft worden. Die Boxer haben die Wohnungen aller zerstört, die der Sympathie für die »Barbaren« verdächtig schienen, und überall sieht man Schutt und Ruinen.

Die große Straße, der wir seit einer halben Stunde folgen, endet jetzt in einer noch prachtvollen Bogenbrücke aus weißem Marmor, die sich über einen übelriechenden Kanal wölbt, wo menschliche Leichen zwischen Unrat verwesen. Hier gehen auch die Häuser zu Ende; das jenseitige Ufer ist nichts als trostlose Steppe.

Es war die »Brücke der Bettler« – gefährlicher Gäste, die vor der Einnahme von Peking in doppelter drohender Reihe zu beiden Seiten des mit Fratzen verzierten Geländers standen und die Vorübergehenden ausraubten; sie bildeten eine verwegene Bande mit einem König an der Spitze, die bisweilen mit bewaffneter Hand auf Plünderung ausging. Jetzt aber ist ihr Platz leer; nach so vielen Kämpfen und Metzeleien ist das Gesindel ausgewandert.

Gleich hinter der Brücke beginnt eine graue Ebene von ungefähr zwei Kilometern, die sich leer und öde bis zu dem großen Wall hinzieht, an dem Peking endet. Die Straße mit ihrer Flut ruhiger Karawanen, die diese Einöde durchziehen, setzt sich in gerader Linie bis zum Außentor fort, das unter seinem großen schwarzen Wartturm immer fast in gleicher Entfernung zu bleiben scheint. Wozu diese in die Stadt eingeschlossene Wüste? Sie zeigt keine Spuren einstiger Bebauung; sie muß stets so gewesen sein. Und man sieht auch keine menschliche Seele hier; nur umherirrende Hunde, ein paar Lumpen und Knochen, das ist alles.

Fern am Ende dieser Steppe, rechts und links, scheinen dunkelrote Mauern, die sich an die Wälle von Peking lehnen, große Zedernwälder einzuschließen. Das Gehege zur Rechten enthält den Tempel des Ackerbaues, das zur Linken den Tempel des Himmels, den wir aufsuchen wollen. So lassen wir denn das Gedränge und den Staub hinter uns und betreten das Grau dieser öden Fläche.

Das Gehege des Tempels des Himmels hat über sechs Kilometer im Umkreis. Es ist eine der umfangreichsten Anlagen dieser Stadt, wo alles mit jener Großartigkeit der alten Zeiten geschaffen ist, die uns heute erdrückt. Das Tor, dessen Schwelle einst kein Fuß überschreiten durfte, steht offen, und wir treten in einen Hain uralter Bäume, Zedern, Thujas und Weiden, unter denen lange schattige Wege sich hinziehen. Aber diese ganz der Ehrfurcht und der Stille geweihte Stätte ist heute durch die Kavallerie der »Barbaren« entweiht. Hier lagern ein paar tausend Inder, die England gegen China aufgeboten hat, und ihre Pferde zerstampfen alles; Rasenplätze und Moos füllen sich mit Dünger und Mist. Von einer Terrasse aus weißem Marmor, wo sonst den Göttern Weihrauch dargebracht ward, wirbeln die Wolken eines verpesteten Rauches empor, denn die Engländer haben diesen Platz gewählt, um ihr an der Rinderpest verendetes Vieh hier zu verbrennen und Beinschwarz herzustellen.

Wie alle heiligen Haine, hat auch dieser eine doppelte Mauer, und kleine, unter den Zedern verstreute Tempel führen zu dem Haupttempel hin.

Da wir den Ort nicht kennen, lenken wir unsere Schritte aufs Geratewohl auf einen Punkt zu, wo er liegen muß: höher als alles, die Baumwipfel überragend, erscheint in der Ferne ein Rundbau mit einem Dach blauer Glanzziegel, von einer goldenen Kugel bekrönt, die in der Sonne glitzert.

Wirklich ist dieser Rundbau, zu dem wir endlich gelangen, das Heiligtum selbst. Ringsum Stille: keine Pferde, keine barbarischen Reiter mehr. Der Tempel ruht auf einer hohen Terrasse aus weißem Marmor, zu der Stufen und ein »Kaiserlicher Pfad« führen, der den Söhnen des Himmels vorbehalten ist, die keine Treppen steigen dürfen. Ein »Kaiserlicher Pfad« ist eine Rampe, gewöhnlich aus einem einzigen Block, einem gewaltigen marmornen Monolithen, der in sanftem Gefälle liegt und den fünfkralligen Drachen im Flachrelief zeigt; – die Schuppen des großen heraldischen Tieres, seine Ringe, seine Klauen, boten den Schritten des Kaisers einen Halt und verhinderten, daß seine seidenen Schuhe auf dem seltsamen, ihm allein vorbehaltenen Pfade ausglitten, den kein Chinese je wagen würde, zu betreten.

Wir entweihen den »Kaiserlichen Pfad« und steigen mit unseren groben Lederstiefeln auf ihm hinan, über die feinen weißen Schuppen des Drachen.

Von der Höhe der einsamen Terrasse mit dem schwermütigen, unveränderlichen Weiß ihres Marmors sieht man über die Bäume des Haines hinweg das ungeheure Peking, in seinem Staube hingedehnt, den die Sonne zu vergolden beginnt, wie sie die kleinen Abendwolken vergoldet.

Das Tor des Tempels steht offen, von einem indischen Reiter mit mandelförmigen Sphinxaugen bewacht. Er grüßt uns militärisch und läßt uns ein – ebenso fremd wie wir in dieser erzchinesischen heiligen Umgebung.

Der kreisförmige Tempel funkelt von Rot und Gold unter seinem blauen Glasurdach; er ist neu und wurde an Stelle des vor mehreren Jahren niedergebrannten uralten erbaut. Aber der Altar ist leer, alles ist leer; Plünderer sind hier vorbeigekommen; nur die marmornen Bodenplatten sind geblieben, der schöne Lack der Decken und der

Wände und die hohen rot lackierten, im Kreise gestellten spindelförmigen, mit goldenen Blumen umwundenen Säulen.

Auf der Plattform des Tempels sprießt hier und dort Gras und Gestrüpp zwischen den skulptierten Marmorfliesen und beweist ihr hohes Alter trotz ihrer makellosen Weiße, auf die eine so traurige, helle Sonne fällt. Es ist ein beherrschender Ort, einst mit großem Aufwand für die Andachtsübungen der Herrscher erbaut, und wir versinken dort in Betrachtung wie die Söhne des Himmels.

In unserer nächsten Nähe ragen die Wipfel der Thujas und Zedern, der große Hain, der uns in Ruhe und Schweigen hüllt. Und gegen Norden dehnt sich eine Stadt ohne Ende, aber verschwommen, fast unwirklich. Man ahnt sie mehr, als man sie sieht; sie verbirgt sich wie hinter Aschenstaub, Nebeldünsten oder Gazeschleiern; man würde eher an das Gaukelbild einer Stadt glauben, wären nicht jene monumentalen Dächer von übertriebenem Ausmaß, die hier und dort, deutlich und wirklich, mit glitzernden Giebeln aus glasierten Dachziegeln aus dem Dunst aufragen: Paläste und Pagoden. Hinter alledem in weiter Ferne die Kammlinie der mongolischen Berge, deren Fuß heute abend unsichtbar ist, so daß sie wie ein Scherenschnitt aus blauem und rosa Papier in die Luft ragt. Gegen Westen endlich liegt die graue Steppe, durch die wir gekommen sind. Die langsame, feierliche Prozession der Karawanen zieht mitten hindurch und zeichnet eine ununterbrochene braune Linie in die Ferne. Und man sagt sich, daß dieser Zug durch hunderte von Meilen sich endlos gleichmäßig fortsetzen muß, und daß dieselben Züge mit gleicher Langsamkeit auf allen großen Straßen Chinas bis zu den fernen Grenzen hinziehen.

Das ist das uralte, ewig gleiche Verkehrsmittel dieser Menschen eines von uns so verschiedenen Schlages, Menschen von überlegener Zähigkeit und Geduld, für die der Gang der Zeit, der uns rasend macht, nicht vorhanden ist. Das ist der Blutkreislauf dieses grenzenlosen Reiches, in dem vier- bis fünfhundert Millionen Gehirne denken und sinnen, die den unseren völlig entgegengesetzt sind und die wir nie begreifen werden . . .

In der kaiserlichen Stadt

Samstag, 20. Oktober

Es schneit. Der Himmel ist tief und dunkel, ohne Hoffnung auf einen Lichtblick, als gäbe es gar keine Sonne mehr. Ein wütender Wind bläst aus Norden, und schwarzer Staub wirbelt in wilder Flucht mit den weißen Flocken um die Wette.

Heute morgen erste Zusammenkunft mit unserem Gesandten in der spanischen Gesandtschaft. Sein Fieber hat nachgelassen, aber er ist noch sehr schwach und wird lange das Bett hüten müssen. Die wenigen Mitteilungen, die ich ihm zu überbringen habe, kann ich erst morgen oder übermorgen machen.

Ich nehme meine letzte Mahlzeit unter den Mitgliedern der französischen Gesandtschaft im Hause des Kanzlers ein, wo man den Mangel prunkvoller Unterkunft durch um so herzlichere Gastfreundschaft ersetzt. Um halb zwei Uhr langen die beiden mir zur Verfügung gestellten chinesischen Karren an, die mich samt meinen Leuten und meinem geringen Gepäck nach der »Chinesischen Stadt« befördern sollen.

Diese winzigen chinesischen Karren sind stets festgefügt, schwerfällig und ohne jede Federung; der meine sieht aus wie ein Leichenwagen, er ist außen mit schiefergrauer Seide und breitem Besatz aus schwarzem Sammet bespannt.

Wir fahren nach Nordwesten, in umgekehrter Richtung als gestern, zur »Chinesischen Stadt« und dem Tempel des Himmels. Fünf bis sechs Kilometer werden wir bei dem jammervollen Zustand der Straßen und Brücken, deren Pflastersteine zur Hälfte fehlen, fast im Schritt zurücklegen müssen.

Diese Karren haben keine Türen, sie sind wie ein einfaches, auf Räder gestelltes Schilderhaus, und heute wird man darin von eisigem Wind gepeitscht, vom Schnee gegeißelt und vom Staub geblendet.

Zunächst durchqueren wir die von Soldaten wimmelnden Ruinen des Gesandtschaftsviertels und gleich darauf einsamere, fast verödete rein chinesische Stadtteile: eine staubige, graue Verwüstung, die wir durch die weißen und schwarzen Wolkenwirbel nur undeutlich sehen ... An den wichtigsten Punkten, den Toren und Brücken, stehen europäische oder japanische Posten; die ganze Stadt ist militärisch bewacht. Dann und wann kommen Arbeitskommandos und Lazarettwagen mit der Fahne des Roten Kreuzes an uns vorüber.

Endlich macht mich der Dolmetscher der französischen Gesandtschaft, der sich mir freundlich als Führer angeboten hat und meinen mit trauerfarbener Seide bespannten Karren teilt, auf die erste Ringmauer der »Gelben« oder »Kaiserlichen Stadt« aufmerksam. Da halte ich Ausschau in dem Winde, der mir in den Augen brennt.

Unter schrecklichen Stößen des Wagens fahren wir durch große blutrote Mauern, nicht durch ein Tor, sondern durch eine von den indischen Reitern der Engländer durch die Mauerbreite gesprengte Bresche.

Jenseits dieser Mauer ist Peking weniger zerstört. In einigen Straßen haben die Häuser ihre vergoldete Holzverkleidung und die Reihen der Fabelwesen an den Dachsimsen behalten. Freilich ist das alles baufällig, wurmstichig oder von den Flammen beleckt und von Kugeln durchlöchert; stellenweise kribbelt da drinnen noch ein Pöbel von verdächtigem Aussehen, mit Schaffellen oder Lumpen aus blauer Baumwolle bekleidet. Dann wieder kommen wüste Strecken mit Asche und Trümmern, wo man die scheußlichen, an Menschenfleisch dickgefressenen Hunde wie Rudel von Wölfen umherlungern sieht. Sie reichen seit diesem Sommer nicht mehr hin, um die Toten zu vertilgen.

Dann folgt ein anderer Mauerwall vom gleich blutigen Rot und ein großes, mit Fayencen verziertes Tor, durch das wir hindurch müssen: das Tor der eigentlichen »Kaiserlichen Stadt«, jenes Bezirks, in das noch kein Fremder je gedrungen war –, und mir ist, als öffnete sich vor mir die Pforte des Zauberlandes und des Geheimnisses ...

Wir fahren hindurch – und meine Überraschung ist groß, denn nicht eine Stadt, sondern ein Wald liegt vor mir. Ein finsterer Wald, von Raben bevölkert, die überall im grauen Astwerk krächzen. Die gleichen Holzarten wie im Tempel des Himmels, Zedern, Thujas,

Weiden; lauter uralte Bäume in verkrümmter Gestalt, in Formen, die wir bei uns nicht kennen. Graupeln und Schnee peitschen ihre alten Äste, und der unausweichliche schwarze Staub dringt mit dem Wind in die Baumgänge.

Man sieht auch bewaldete Hügel, auf denen sich unter den Zedern Gartenhäuser aus Fayence emporstufen, und trotz ihrer großen Höhe erkennt man ihre Künstelei, so traditionell chinesisch sind ihre Umrisse. In der durch Schnee und Staub verdunkelten Ferne erblickt man hier und dort unter den Bäumen alte fremdartige Paläste mit glasierten Ziegeldächern, von entsetzlichen marmornen Ungeheuern bewacht, die an den Schwellen kauern.

Und doch ist diese ganze Stätte von unbestreitbarer Schönheit; aber wie düster, feindselig und beängstigend ist sie auch unter dem finsteren Himmel!

Jetzt kommen wir an etwas Ungeheurem vorbei, einer Festung, einem Gefängnis oder etwas noch Schrecklicherem. Doppelte Wälle steigen auf, deren Ende man nicht absieht, blutrot wie stets, von Türmen mit Schießscharten überragt und von einem Ring dreißig Meter breiter Gräben umgeben, in denen Schilf und Wasserrosen welken. Es ist die im Innersten der »Kaiserlichen Stadt« eingeschlossene »Violette Stadt«, noch unzugänglicher als jene, die Residenz des Unsichtbaren, des Sohnes des Himmels . . . Mein Gott! wie düster ist diese ganze Stätte, wie feindselig und schrecklich unter dem düsteren Himmel!

Zwischen den alten Bäumen dringen wir in tiefster Einsamkeit weiter vor: man wähnt sich wie im Garten des Todes.

Diese stummen geschlossenen Paläste, die hier und dort unter den Bäumen stehen, heißen »Tempel des Wolkengottes«, »Tempel der langen Lebensdauer des Kaisers« oder »Tempel des Segens der heiligen Berge« . . . Und ihre für uns unfaßlichen asiatischen Traumnamen machen sie uns noch fremder.

Aber diese »Gelbe Stadt« wird sich, wie mein Reisegefährte versichert, nicht immer in einem so erschreckenden Bilde zeigen, denn heute herrscht ein außergewöhnliches Wetter, und der chinesische

Herbst ist im Gegenteil meistens prächtig klar. Er versichert mich, daß mir in diesem einzig dastehenden Walde, in dessen Schatten ich gewiß mehrere Tage wohnen werde, noch warme, sonnige Nachmittage winken.

»Sehen Sie,« sagt er jetzt, »hier der Lotossee und dort die Marmorbrücke.«

Der »Lotossee«, die »Marmorbrücke«! Diese beiden Namen sind mir seit langem bekannt, Namen aus Feenmärchen, die etwas bezeichnen, was man nie sehen kann und dessen Ruf doch durch die unzugänglichen Mauern gedrungen war. Bilder des Lichtes und der Farbenglut zauberten sie früher bei mir hervor, und hier in dieser düsteren Einöde, unter diesem eisigen Wind, packen sie mich seltsam.

Der Lotossee! . . . Nach den Liedern chinesischer Dichter hatte ich mir einen herrlich klaren Wasserspiegel vorgestellt, mit einer verschwenderischen Fülle großer geöffneter Blumenkelche, eine mit rosigen Blumen geschmückte, rosige Wasserfläche. Und ich finde das! Schlamm, einen traurigen Sumpf, den welke, vom Frost gebräunte Blätter bedecken! Dabei ist dieser von Menschenhand gegrabene See ungleich größer, als ich gedacht, und fernab umschließen ihn schwermütige Ufer, auf denen unter dem grauen Himmel alte Pagoden zwischen hohen Bäumen auftauchen.

Die Marmorbrücke! . . . Ja, dieser lange weiße Bogen mit einer Reihe weißer Stützpfeiler, diese anmutige hochgeschwungene Wölbung, diese mit Fratzen verzierten Geländer, das alles entspricht dem Begriff, den ich mir davon gemacht; höchst prunkvoll und höchst chinesisch. – Nicht gesehen aber hat meine Phantasie die beiden Leichen, die in voller Verwesung in ihren Gewändern dicht vor der Brücke im Schilfe liegen.

Alle diese breiten welken Blätter auf dem See sind wirklich Lotosblätter; jetzt in der Nähe erkenne ich sie und erinnere mich, früher vielfach Verwandte von ihnen auf den Teichen von Nagasaki oder Yeddo gesehen zu haben – doch so grün und so frisch! Und fürwahr, hier mußte sich früher ein ununterbrochener Teppich von rosenroten Blumen ausbreiten; noch tausendfältig ragen ihre welken Stengel aus dem Schlamm.

Doch ohne Zweifel werden sie sterben, diese Lotosfelder, die seit Jahrhunderten die Augen der Kaiser entzückten, denn ihr See ist fast leer. Die Verbündeten haben seine Gewässer in den Verbindungskanal zwischen Peking und dem Flusse abgeleitet, um diese Wasserstraße wiederherzustellen, die die Chinesen in der Befürchtung, sie könnte den Eindringlingen von Nutzen sein, trockengelegt hatten.

Die Marmorbrücke, schneeweiß und verlassen, führt uns ans andere Ufer des Sees, der sich an dieser Stelle stark verengt, und hier werde ich den »Nordpalast« finden, wo ich wohnen soll. Vorerst sehe ich nichts als mehrere aufeinanderfolgende Ringmauern, große zerstörte Säulengänge, Trümmer, nichts als Trümmer und Schutt. Und auf das alles fällt ein totes Licht durch die trüben Schneewolken vom winterlichen Himmel herab.

Mitten in einer grauen Mauer klafft eine Bresche, wo ein Chasseur d'Afrique Schildwache steht; auf der einen Seite ein verendeter Hund, auf der anderen ein Haufen von Lumpen und Schutt mit scheußlichem Leichengeruch. Das ist anscheinend der Eingang zu meinem Palaste.

Wir sind schwarz von Staub, mit Schnee gepudert, und unsere Zähne klappern vor Kälte, als wir endlich in einem von Trümmern angefüllten Hofe von unseren Karren steigen. Mein Kamerad, der Adjutant Kapitän C., kommt mir entgegen. Wirklich möchte man sich bei derartigen Zugängen fragen, ob der versprochene Palast nicht ein Hirngespinst war.

Doch im Hintergrund dieses Hofes erscheint ein erstes Bild von Herrlichkeit: eine lange, mit Glas verschlossene Galerie, elegant, zierlich und anscheinend unversehrt in all dieser Verwüstung. Durch die Scheiben sieht man Gold, Porzellan und kaiserliche Seidenstoffe mit eingestickten Drachen und Wolken blinken ... Es ist wirklich ein Palastwinkel, ganz versteckt, den nichts umher verraten hatte.

Oh, unsere erste Mahlzeit am Abend der Ankunft in dieser seltsamen Behausung! Es ist fast dunkel. Mein Kamerad und ich sitzen an einem Ebenholztisch, in unsere Militärmäntel mit aufgeschlagenem Kragen gehüllt, vor Kälte schlotternd, von unseren Burschen bedient, die an allen Gliedern zittern. Eine armselige kleine chinesische Kerze von rotem Wachs, dort aus den Trümmern von irgendeinem Ahnenaltar geholt, steckt in einem Flaschenhals, und ihre windgepeitschte Flamme flackert in trübem Schein. Unsere Teller und Schüsseln sind unschätzbares Porzellan, kaiserliches Gelb, mit dem Namenszug eines prunkliebenden Kaisers, eines Zeitgenossen Ludwigs XV. Aber unsere Weinration und das trübe Wasser – gekocht und wieder gekocht aus Furcht vor dem Leichengift aller Brunnen – sind in elende Flaschen gefüllt, die unsere Burschen mit zugeschnittenen rohen Kartoffelstücken verschlossen haben.

Die Galerie, in der diese Szene sich abspielt, ist sehr lang und verliert sich in der Ferne in tiefes Dunkel, aus dem eine asiatische Märchenpracht undeutlich hervortritt. Sie ist bis zu Mannshöhe mit Glas verschlossen, und allein diese schwache gläserne Wand trennt uns von dem großen unheimlichen Dunkel voll Trümmer und Leichen. Man hat das Gefühl, daß die irrenden Schatten draußen, die Gespenster, die unser kleines Licht anlockt, uns von weitem hier bei Tisch sehen können, und das ist unheimlich . . . Oberhalb der Glasscheiben läuft nach chinesischem Brauch eine Reihe leichter Fensterrahmen mit Reispapier bis zur Decke hinan, und von dieser hängen spitzenartige, wunderbare Schnitzereien aus Ebenholz herab. Aber das Reispapier ist zerrissen und überall geplatzt und läßt den tödlich kalten Nachthauch über unsere Köpfe streichen. Unsere erstarrten Füße ruhen auf dicken gelben kaiserlichen Wollteppichen, in denen sich fünfkrallige Drachen winden. Neben uns schimmern im Licht unseres verlöschenden Kerzenstumpfes gigantische Räucherpfannen von blauem Cloisonné in der unnachahmlichen Farbe vergangener Epochen, von goldenen Elefanten getragen, Wandschirme von phantastischer, ausschweifender Pracht, Phönixe aus Email mit weit ausgebreiteten Flügeln, Throne und Ungeheuer, lauter uralte Dinge von unschätzbarem Wert. Und wir, unelegant, bestaubt, verwahrlost, schmutzig, sitzen hier wie plumpe Barbaren, die sich als Eindringlinge bei Feen niedergelassen haben.

Was muß diese Galerie noch vor kaum drei Monaten gewesen sein, als an Stelle von Stille und Tod, Leben Musik und Blumen hier herrschten, als die heute leeren und verwüsteten Gänge von der Masse der Höflinge oder der Dienerschaft in Seidengewändern bevölkert waren – als die Kaiserin, von ihren Palastdamen gefolgt, im Prunk einer Gottheit vorüberschritt! . . .

Nachdem wir unser Abendessen in Gestalt unserer bescheidenen Feldration verzehrt und den Tee aus Porzellan geschlürft haben, das die Zierde eines Museums bilden würde, fehlt uns die Lust, noch bei der Zigarette plaudernd zu verweilen. Nein, wenn es auch ergötzlich ist, sich hier zu wissen, wenn es auch unerwartet und höchst phantastisch ist, es ist doch zu kalt, denn dieser Wind erstarrt uns bis in die Seele hinein. Wir haben an nichts mehr Freude und ziehen vor, uns zur Ruhe zu begeben und Schlaf zu suchen.

Mein Kamerad, der Kapitän C., der dienstlich Besitz von dem Palast ergriffen hat, führt mich mit einer Laterne und kleinem Gefolge in das für mich bestimmte Zimmer. Es liegt selbstverständlich im Erdgeschoß, denn die chinesischen Bauten sind stets einstöckig. Wie in der Galerie, aus der wir kommen, habe ich hier zum Schutze gegen die Nachtluft nur Glasscheiben, ganz dünne Vorhänge aus weißer Seide, und Oberfenster aus Reispapier, die überall geplatzt sind. Meine Türe, die aus einer einzigen großen Scheibe besteht, werde ich mit einem Bindfaden befestigen, da sie keine Klinke mehr hat.

Am Boden liegen wunderbare gelbe Teppiche, dick wie Kissen. Ich habe ein großes kaiserliches Bett aus geschnitztem Ebenholz, und meine Matratze, mein Kopfkissen sind aus kostbarer golddurchwirkter Seide; Leintücher sind nicht vorhanden, dafür eine grauwollene Soldatendecke.

»Morgen«, sagt mir mein Kamerad, »werde ich aus den Vorratskammern Ihrer Majestät eine Auswahl treffen, um die Ausschmückung dieses Zimmers nach Belieben zu verbessern; es wird niemandem schaden, wenn ich einige Gegenstände verschleppe.«

Hierauf versichert er mir, daß die Tore der äußeren Umfassungsmauer und die Bresche, durch die ich hereinkam, von Posten bewacht sind, und von seinen Ordonnanzen gefolgt, zieht er sich in seine Wohnung am anderen Ende des Palastes zurück.

Völlig angekleidet und gestiefelt wie in der Dschunke, strecke ich mich auf die schönen goldigen Seidenstoffe aus und nehme zu meiner grauen Decke noch einen alten Schafpelz und zwei oder drei kaiserliche Gewänder mit goldgestickten Fabelwesen, alles, was mir gerade in die Hände fällt. Meine beiden am Boden schlafenden Burschen richten sich in der gleichen Weise ein, und bevor ich meine rote Kerze von dem Ahnenaltar ausblase, muß ich mir im Herzensgrund eingestehen, daß unser Ruf als »Barbaren des Abendlandes« seit dem Nachtessen an Berechtigung gewonnen hat.

Der Wind peitscht und zerfetzt in der Dunkelheit die Reste des Reispapiers an meinen Fenstern; über meinem Kopf höre ich ein fortwährendes Rauschen wie das Flattern von Nachtvögeln oder der leise Flug der Fledermäuse.

Und im Halbschlummer höre ich von Zeit zu Zeit auch kurzes Gewehrfeuer oder einen lauten einzelnen Schrei in unheimlicher Ferne ...

Sonntag, 21. Oktober

Kälte, Finsternis, Tod, alles, was uns gestern abend bedrückte, verschwindet in dem aufgehenden Morgen. Die Sonne strahlt und wärmt wie im Sommer. Um uns leuchtet die durcheinandergeworfene chinesische Pracht in orientalischer Lichtfülle.

Es ist ergötzlich, auf Entdeckungen in diesem halb versteckten Palast auszugehen, der sich in einer Niederung hinter Mauern und Bäumen verbirgt, der nach nichts aussieht, wenn man ankommt, und der mit seinen Nebengebäuden fast so groß ist wie eine Stadt.

Er setzt sich aus langen, an allen Frontseiten mit Glas verschlossenen Galerien zusammen, deren leichtes Holzwerk, Veranden und Säulchen außen mit grüner Bronze und rosa Seerosen bemalt sind.

Man sieht, er ist für die Launen eines Weibes erbaut; man möchte sogar sagen, daß die alte galante Kaiserin mit ihren Nippsachen ein Stück ihrer verblühten und doch noch bezaubernden Anmut hier hinterlassen hat.

Die Galerien schneiden sich im rechten Winkel und bilden auf diese Weise Höfe mit einer Art von Kreuzgängen. Sie sind wie Möbelspeicher mit Kunstgegenständen vollgepfropft, die man ebensogut von außen betrachten kann, denn dieser ganze Palast ist durchsichtig; der Blick dringt ungehemmt von einem Ende bis zum andern. Nichts ist vorhanden, um diese Spiegelscheiben zu schützen, nicht einmal des Nachts; der Ort war von so vielen Mauern umgeben, schien so unverletzlich, daß man an keine Vorsichtsmaßregel gedacht hat.

Im Innern besteht der architektonische Luxus dieser Galerien hauptsächlich in Bogenwölbungen von kostbarem Holz, aus mächtigen Balken gefertigt, aber derart geschnitzt, eingetieft und durchbrochen, daß man Spitzen zu sehen meint, oder besser Laubgänge mit schwarzen Blättern, die sich perspektivisch verjüngen wie die Baumgänge alter Parks.

Der von uns bewohnte Flügel muß der vornehmste gewesen sein. Je näher man dem Walde kommt, in dem der Palast endet, desto einfacher wird seine Ausschmückung. Zuletzt gelangt man in die Wohnungen von Mandarinen, Verwaltern, Gärtnern, Dienern – alle in Eile verlassen und voll unbekannter Dinge, Kult- oder Haushaltsgegenstände, Kopfbedeckungen für Zeremonien und Hoflivreen.

Dann gelangt man durch eine mit Skulpturen überladene Marmortür in einen geschlossenen Garten, wo man kleine Wasserbecken und anspruchsvolles, bizarres Muschelwerk sowie Reihen von Fayencevasen mit vertrockneten oder erfrorenen Pflanzen findet. Weiterhin kommen Obstgärten, wo Kakifrüchte, Trauben, Eieräpfel, Melonen und Flaschenkürbisse gezogen wurden – besonders Flaschenkürbisse, die hier als glückbringend gelten. Die Kaiserin pflegte mit ihren weißen Händen allen hohen Würdenträgern, die zur Aufwartung kamen, einen solchen im Tausch für herrliche Geschenke zu reichen. Hier liegen kleine Gartenhäuser für die Seidenraupenzucht und kleine Kioske zur Aufbewahrung von Gemüsesamen – jede Samengattung für sich in einem Porzellankrug mit dem kaiserlichen Drachen, der jedem Museum zur Zierde gereichen würde.

Die Wege dieser künstlichen Meierei verlieren sich schließlich im Buschwerk unter den entblätterten Bäumen des Haines, wo heute in der schönen Herbstsonne Raben und Elstern scharenweise umherspazieren. Es scheint, daß die Kaiserin beim Verzicht auf die Regentschaft – man weiß, durch welchen kecken Kunstgriffes ihr gelang, sie so schnell wieder an sich zu reißen – den Einfall gehabt hat, sich hier eine Art Landsitz einzurichten, mitten im Herzen von Peking, im Zentrum dieses ungeheuren menschlichen Ameisenhaufens.

Das Merkwürdigste in dem Ganzen ist eine gotische Kirche mit zwei granitenen Glockentürmen, einem Pfarrhaus und einer Schule – alles einst durch Missionare in großen Verhältnissen erbaut. Um diesen Palast zu errichten, hatte man die Grenze der »Kaiserlichen Stadt« weiter hinausschieben und den kleinen christlichen Bezirk einbeziehen müssen; deshalb hatte die Kaiserin dieses Anwesen von den Lazaristen gegen eine größere Baustelle und eine schönere Kirche eingetauscht, die sie auf eigene Kosten erbauen ließ – (gegen das neue Pei-tang, wo die Missionare und einige Tausend Bekehrte im letzten Sommer vier Monate lang die Schrecken der Belagerung erdulden mußten). Als ordnungsliebende Frau hatte Ihre Majestät diese Kirche samt Nebengebäuden in der Folge dazu verwendet, ihre Vorräte aller Art in unzähligen Kisten unterzubringen. Nun hat man aber keine Ahnung, wenn man es nicht mit eigenen Augen gesehen hat, was für seltsame, ausgefallene und wunderliche Dinge es unter den Vorräten einer Kaiserin von China geben kann!

Zuerst haben die Japaner hier gehaust; dann sind die Kosaken gekommen und zuletzt die Deutschen, die uns schließlich das Feld räumten. Jetzt herrscht in der ganzen Kirche ein unbeschreibliches Durcheinander; die Kisten sind geöffnet oder aufgebrochen, ihr kostbarer Inhalt ausgeschüttet, in Trümmer geschlagen; Bäche von Scherben, Emailstücken, Elfenbein und Porzellan ergießen sich überall.

Übrigens herrscht das gleiche Durcheinander in den langen verglasten Galerien des Palastes. Mein Kamerad, der den Auftrag hat, dieses Chaos zu entwirren und zu inventarisieren, erinnert mich an den Mann, den ein böser Geist in ein mit Federn aller Vögel des Waldes angefülltes Zimmer gesperrt und dazu verurteilt hatte, sie nach einzelnen Arten zu sondern: hier die Finken, die Hänflinge, dort die Dompfaffen ... Trotzdem hat er sich bereits an diese merkwürdige Aufgabe gemacht, und chinesische Lastträgerkommandos unter Aufsicht einiger Marine-Infanteristen und einiger Chasseurs d'Afrique haben bereits mit dem Aufräumen begonnen.

Geht man am anderen Ufer des Lotossees auf dem Weg, den ich gestern abend einschlug, etwa fünfhundert Meter zurück, so trifft man auf einen zweiten Palast der Kaiserin, der uns ebenfalls angewiesen ist. In diesem Palaste soll vorderhand noch niemand wohnen, ich bin aber ermächtigt, an den wenigen Tagen meines Aufenthaltes mir ein Arbeitszimmer in andächtiger Stille dort einzurichten – und heute morgen will ich Besitz davon ergreifen.

Das ist der Palast der Rotunde, gerade gegenüber der Marmorbrücke. Er gleicht einer runden Festung, auf die man kleine Wachttürme, kleine Fayenceschlösser für Feen gesetzt hätte. Das einzige niedrige Tor wird Tag und Nacht von Soldaten der Marine-Infanterie bewacht, welche die Weisung haben, keinem Besucher zu öffnen.

Hat man dieses Tor der Zitadelle durchschritten und ist es von den Schildwachen wieder geschlossen, so tritt man in eine köstliche Einsamkeit. Eine steile Rampe führt auf eine etwa zwölf Meter hoch gelegene Plattform, welche die Wachtürme und Kioske trägt, die wir von unten gesehen hatten, außerdem einen Garten mit uralten Bäumen, labyrinthisch angelegtes Muschelwerk und eine große, in Glanzziegeln und Gold funkelnde Pagode.

Von hier blickt man senkrecht hinab auf die Paläste und den Park. Auf der einen Seite dehnt sich der Spiegel des Lotossees; auf der andern erblickt man wie aus der Vogelperspektive die »Violette Stadt« und die fast endlose Reihe der hohen kaiserlichen Dächer: eine ganze Welt für sich, eine Welt von gelben, in der Sonne leuchtenden Glasurziegeln, eine Welt von Hörnern und Krallen, von tausenden von Ungeheuern, die auf den Giebeln ragen oder an den Dachtraufen schweben . . .

Im Schatten der alten Bäume wandre ich in der Einsamkeit dieses hochgelegenen Ortes umher, um die ganze Anlage kennen zu lernen und mir eine Wohnung nach meinem Geschmack auszusuchen.

Inmitten des Platzes steht die herrliche Pagode, um die Granaten geplatzt sind und die Spuren des Kampfes noch sichtbar sind. Die Gottheit dieses Tempels aber, eine Art Palladium des chinesischen Reiches, eine weiße Göttin aus Alabaster in edelsteinbesetztem Goldgewand, sinnt hier gesenkten Blickes, ruhig lächelnd und sanft, inmitten der tausend Trümmer ihrer heiligen Gefäße, ihrer Räucherpfannen und Blumen.

Anderswo ist die ganze Einrichtung eines großen dunklen Saales unversehrt geblieben, ein wunderbarer Thron aus Ebenholz, Wandschirme, Sessel in allen Formen und goldgelbe, mit Wolken durchwirkte Kissen aus schwerer kaiserlicher Seide.

Unter den vielen stillen Kiosken fällt meine Wahl auf einen am Rande der weiten Plattform auf dem Kamm des Ringwalles, der über den Lotossee und die Marmorbrücke hinwegschaut und eine Aussicht auf diese ganze künstliche Landschaft bietet, die einst mit vielen Goldbarren und Menschenleben für die müden Augen der Kaiser geschaffen wurde.

Er ist kaum größer als eine Schiffskabine, aber unter seinem Fayencedach ringsum mit Glas verschlossen, sodaß ich mich an der chinesischen Herbstsonne, die sich fast nie zu verschleiern scheint, wohl bis zum Abend werde wärmen können. Ich lasse aus dem dunklen Saal einen Tisch und zwei Ebenholzstühle mit gelben Seidenkissen hineintragen, und nachdem meine Einrichtung derart beendet ist, kehre ich über die Marmorbrücke zum Nordpalast zurück, wo mich Kapitän C., der Kamerad meiner chinesischen Träume, zum Frühstück erwartet.

Ich komme gerade zur Zeit, um noch die am Vormittag hier gemachten eigenartigen Funde zu sehen, bevor sie den Flammen überliefert werden: Dekorationen, Staffagen und anderes Zubehör des kaiserlichen Theaters; lauter leichte, umfangreiche Sachen, ohne Zweifel nur für einen oder zwei Abende bestimmt und dann seit langer Zeit in einem nie geöffneten Saale vergessen, der jetzt geleert und gereinigt werden soll, um Raum für unsere Verwundeten und Kranken zu schaffen. Offenbar sollten auf diesem Theater vor allem mythologische Feenstücke aufgeführt werden, die in der Hölle oder bei den Göttern in den Wolken spielten. All diese Ungeheuer, Fabelwesen, Tiere und Teufel aus Pappe oder Papier waren auf Gerüste aus Bambus oder Fischbein gespannt, alles mit einer hervorragenden Gabe für das Scheußliche, mit einer Einbildungskraft hergestellt, welche die Schreckbilder von Alpträumen weit hinter sich lassen! . . .

Übrigens haben Ratten, Feuchtigkeit und Termiten alles unheilbar verdorben, sodaß beschlossen wurde, diese Figuren zu verbrennen, die allein den Zweck hatten, dem jungen, wollüstigen, schläfrigen und schwachen Kaiser ergötzliche oder schreckliche Traumbilder vorzugaukeln . . .

Den Eifer unserer Soldaten muß man sehen, wie sie das alles unter fröhlichem Lachen hinausräumen. Nun liegen in der schönen Mittagssonne mitten im Hofe die apokalyptischen Tiere und naturgroßen Elefanten mit Schuppen und Hörnern wirr durcheinander, alles federleicht und von einem einzigen Mann zu handhaben und in Bewegung zu setzen. Unsere Chasseurs d'Afrique zertrümmern sie mit ihren Absätzen, springen darüber hinweg und hinein, laufen hindurch, zerfetzen sie zu einem Nichts und zünden zum Schluß ein lustiges Feuer an, das sie im Nu verzehrt.

Die wackeren Soldaten haben außerdem den ganzen Vormittag daran gearbeitet, die Fensterrahmen unseres Palastes wieder mit Reispapier zu verkleben, so daß der Wind nicht mehr eindringen kann. Was die Heizung betrifft, so erfolgt sie nach chinesischem Brauch durch unterirdische Öfen, die in der Flucht der Säle angebracht sind; wir werden sie heute abend anheizen, sobald die Nachtkälte beginnt. Für den Augenblick genügt uns die prachtvolle Sonne; alle diese mit Glas verschlossenen Galerien, in denen Seide, Email und Gold glänzen, haben die Wärme von Treibhäusern, und während wir unsere karge Feldration wieder auf kaiserlichem Tafelgeschirr verzehren, bilden wir uns ein, wir wären im Sommer.

Aber der Himmel Pekings hat heftige und plötzliche Umschläge, von denen wir in unserem gleichmäßigen Klima keine Ahnung haben. Als ich um Mittag wieder unter die Zedern der »Gelben Stadt« hinaustrete, ist die Sonne plötzlich hinter bleiernen Schneewolken verschwunden; der Wind aus der Mongolei beginnt wieder wie gestern rauh und eisig zu blasen, und so folgt der nordische Winter unvermittelt auf ein paar Stunden strahlender Südsonne.

Hier im Gehölz erwarte ich die Mitglieder der französischen Gesandtschaft, um mit ihnen in die grabesheilige »Violette Stadt« einzudringen, die der Mittelpunkt, das Herz und das Mysterium Chinas ist, die eigentlichste Heimstätte der Söhne des Himmels, die ungeheure sardanapalische Zwingburg, neben der alle die kleinen modernen Paläste, die wir mitten in der »Kaiserlichen Stadt« bewohnen, wie Kinderspielzeug erscheinen.

Selbst nach der Flucht des Hofes kann nicht jeder Beliebige die »Violette Stadt« mit ihren großen gelben glasierten Ziegeldächern betreten. Hinter den doppelten Umfassungsmauern wohnen noch Mandarine und Eunuchen an dieser Stätte der Bedrückung und der Pracht; es heißt sogar, daß auch Frauen hiergeblieben sind, verborgene Prinzessinnen, Schätze. Die beiden Tore sind streng bewacht, das nördliche durch Japaner, das südliche durch Amerikaner.

Das erstere ist uns heute zum Eintritt freigegeben. Wir finden eine Gruppe kleiner japanischer Soldaten, die uns lächelnd bewillkommnen; aber das unheimliche, dunkelrote, mit vergoldeten Köpfen von Ungeheuern beschlagene Tor ist von innen verschlossen und widersteht ihren Anstrengungen. Durch die im Laufe der Jahrhunderte entstandenen Spalten der riesigen Flügel erblicken wir von rückwärts angelegte Holzbalken, die das Öffnen verhindern sollen, und Leute, die auf den Lärm der Kolbenschläge aus dem Innern herbeilaufen, antworten mit flötender Stimme, sie hätten keine Weisungen.

Da drohen wir, das Tor in Brand zu stecken, hinaufzuklettern, Revolverschüsse durch die Ritzen abzufeuern usw., was wir selbstverständlich alles nicht tun werden, was aber den Erfolg hat, die Eunuchen heftig zu erschrecken und in die Flucht zu jagen.

Kein Mensch ist mehr da, um uns eine Antwort zu geben! Was tun ? Man friert am Fuß dieser unheimlichen Mauer, in der Feuchtigkeit der Ringgräben voll welken Schilfes und dem immerfort blasenden Schneewind.

Aber die braven kleinen Japaner kommen auf den Gedanken, den Vierschrötigsten unter ihnen wegzuschicken, und er läuft, was er kann, rings um die Mauern, um durch das andere Tor einzudringen (ein Weg von ungefähr vier Kilometern). Währenddessen zünden die übrigen für uns auf der Erde ein Feuer aus Zedernzweigen und bemalten Holzverkleidungen an, an dem wir uns nacheinander im dichten Rauche die Hände wärmen. Wir belustigen uns auch damit, hier und da in der Nähe alte befiederte Pfeile aufzulesen, die einst die Prinzen oder die Kaiser von den Wällen herabgesandt haben.

So harren wir geduldig eine Stunde, als endlich Lärm und Rufe hinter dem stillen Tor laut werden: unser Abgesandter ist in die Festung gelangt und treibt mit Faustschlägen die Eunuchen auseinander, denen er in den Rücken gefallen ist.

Sofort sinken die Balken mit dumpfem Krach, und vor uns öffnen sich die beiden grausigen Torflügel.

Das verlassene Schlafgemach

Ein feiner Teegeruch in dem tiefdunklen Zimmer, ein Geruch, ich weiß nicht von was noch, von vertrockneten Blumen und alten Seidenstoffen.

Dies seltsame Schlafgemach kann nicht heller gemacht werden, denn es öffnet sich nur nach einem großen dunklen Saal, dessen in die Mauer eingelassene Fenster eine matte Beleuchtung durch Scheiben aus Reispapier erhalten, die auf irgendeinen düsteren, offenbar mit dreifachen Mauern umschlossenen Hof gehen. Das breite, niedrige Alkovenbett, das in die Nische einer Mauer von der Dicke eines Bollwerks eingelassen ist, hat Vorhänge und eine Seidendecke von nachtblauer Farbe. Sessel, für die übrigens hier kaum Platz wäre, sind nicht vorhanden, auch Bücher nicht; es wäre auch kaum Licht genug, sie zu lesen. Auf Truhen von schwarzem Holz, die als Tische dienen, schlafen schwermütige Nippsachen unter Glaskästen, kleine Vasen aus Bronze oder Nephrit, die künstliche, steife Sträuße mit Kelchen aus Perlmutter oder Elfenbein enthalten; und eine Staubschicht auf allen diesen Dingen beweist, daß der Raum nicht mehr bewohnt ist.

Beim ersten Anblick läßt sich kein Schluß ziehen, woher oder aus welcher Zeit die Einrichtung stammen kann; höchstens verrät sich die chinesische Geduld in der Ebenholzbekrönung und der wunderbaren Feinheit des Schnitzwerkes über den Vorhängen dieses geheimnisvollen Bettes, das einem Totenbett ähnelt. Übrigens ist alles nüchtern, traurig, in geraden, strengen Linien gehalten.

Wo sind wir denn, in welcher entlegenen, abgeschlossenen, verborgenen Wohnung?

Hat zu unseren Tagen jemand hier gelebt, oder war es in vergangenen Zeiten? Seit wieviel Stunden oder wieviel Jahrhunderten ist der Bewohner dieses verlassenen Raumes ausgezogen, und wer konnte es wohl sein? . . .

Gewiß irgendein trauriger Träumer, der sich diesen verborgenen Schattenwinkel ausgesucht hat, und auch ein Mensch von höchster Verfeinerung, weil er diesen vornehmen Duft zurückgelassen hat, und sehr müde, weil er an dieser trüben Einfacheit und dieser ewigen Dämmerung Gefallen fand.

Wahrhaftig, diese winzigen Fenster mit ihren von Seidenpapier umflorten Scheiben, die sich nie für Sonne oder Luft öffnen konnten, da sie überall in die Mauer eingesetzt sind, verursachen ein Gefühl des Erstickens. Und dann denkt man wieder an den langen Weg und die Hindernisse, die zu überwinden waren, um hierher zu gelangen, und es wird einem beklommen zumute.

Zunächst die große schwarze Mauer, diese babylonische Mauer, der übermenschlich hohe Wall einer Stadt von mehr als zehn Wegstunden im Umkreis, die heute in Schutt und Trümmer liegt, halb entvölkert und mit Leichen besät. Dann eine zweite Mauer, blutrot bemalt, die eine andere, von der ersten eingeschlossene befestigte Stadt umgibt. Endlich eine dritte prunkvollere Mauer, aber von der gleichen blutroten Farbe – die Mauer des großen Mysteriums, deren Schwelle vor diesen Tagen des Krieges und des Zusammenbruches ein Europäer nie überschritten hat. Auch wir haben heute trotz gezeichneten und gegengezeichneten Erlaubnisscheines länger als eine Stunde gebraucht, um hereinzukommen. Die Schlösser eines unheimlichen Tores, das von einem Militärkommando bewacht und wie bei einer Belagerung von innen mit Bohlen verrammelt ist, öffneten sich nur nach Drohungen und langem Verhandeln mit Wächtern, die fortschleichen und fliehen wollten. Und nachdem endlich die schweren, eisenbeschlagenen Torflügel geöffnet waren, zeigte sich noch eine weitere Mauer, von der vorhergehenden durch einen Wallgang getrennt, auf dem Kleiderfetzen herumlagen und Hunde an Totenknochen zerrten – eine neue Mauer, wieder vom gleichen Rot, aber noch prunkvoller, in ihrer ganzen endlosen Länge mit zackigen Ornamenten und Ungeheuern aus goldgelber Fayence geziert. Endlich, nachdem wir auch diesen letzten Wall durchschritten hatten, empfangen uns alte, bartlose, eigentümliche Gestalten mit mißtrauischen Mienen und führen uns durch ein Labyrinth von kleinen Höfen und kleinen ummauerten und abermals ummauerten Gärten, wo zwischen Muschelwerk und Porzellangefäßen uralte Bäume dahinwelken. Das alles ist so abgeschlossen, versteckt, beklemmend, alles vom Spuk eines Volkes von Ungeheuern und Fabelwesen aus Bronze und Marmor, von tausend

Fratzengesichtern beschützt, die Haß und Wildheit grinsen, von tausend unbekannten Symbolen. Und immer wieder schlossen sich hinter uns die Tore dieser roten Mauern mit ihren Zinnen aus gelber Fayence; es war wie ein böser Traum, wo man durch lange Gänge irrt, die sich hinter uns schließen, um uns nie mehr herauszulassen.

Jetzt, nach dem langen Weg, wie im Alptraum, beim Anblick der ängstlichen Leute, die uns hergeführt haben und geräuschlos auf ihren Papiersohlen trippeln, überfällt uns das Gefühl einer unerhörten, nie dagewesenen Entweihung, die wir in ihren Augen begingen, indem wir in dieses bescheidene verschlossene Schlafzimmer eindrangen. Sie stehen dort in der Türöffnung und beobachten schiefen Blickes unsere geringsten Bewegungen, diese vorsichtigen Eunuchen in Seidengewändern und diese dürren Mandarine, die am roten Knopf ihrer Kopfbedeckung die düstere Rabenfeder tragen. Wenn sie nachgeben mußten, taten sie es widerwillig; mit allerlei List suchten sie uns in andere Räume dieses ungeheuren heliogabalischen Palastlabyrinthes zu locken, unsere Neugier für die weiter abliegenden großen Säle mit ihrer düsteren Pracht wachzurufen, für die großen Höfe dort unten und für die ausgedehnten Marmorrampen, die wir später betreten werden, für dies ganze ungeheuere, weitläufige Versailles, das wie ein Kirchhof von Gras überwuchert ist, wo man nichts mehr hört als das Geschrei der Raben . . .

Sie wollten durchaus nicht – und nur am Spiel ihrer entsetzten Augensterne haben wir erraten, wohin wir uns wenden mußten.

Wer hat denn hier gewohnt, abgeschieden hinter so vielen Mauern, tausendmal schrecklicher als die aller Gefängnisse des Abendlandes? Wer konnte jener Mensch sein, der in diesem Bette schlief, unter diesen nachtblauen Seidendecken, der in träumerischer Abendstunde oder beim bangen Erwachen in der Dämmerung eiskalter Wintertage diese sinnenden kleinen Sträußchen betrachtete, die unter Glasglocken symmetrisch auf den schwarzen Truhen aufgestellt sind? . . .

Das war er, der unsichtbare Kaiser und Sohn des Himmels, der Verkümmerte und Kindische, dessen Reich größer ist als ganz Europa und der wie ein schwankendes Schattenbild über vier- bis fünfhundert Millionen Untertanen gebietet.

Wie sich in seinen Adern der Lebenssaft der fast zur Gottheit erhobenen Ahnen erschöpft, die sich allzulange regungslos im Schoße von Palästen hielten, die heiliger sind als Tempel, so verkleinert sich, entartet und hüllt sich in Dämmerung der Ort, wo ihm das Leben behagte. Der ungeheure Rahmen, der die ehemaligen Kaiser umgab, beklemmt ihn, und er läßt das alles verfallen. Auf den majestätischen Marmorrampen, in den großartigen Höfen wächst Gras und wildes Gestrüpp; Raben und Tauben nisten zu Hunderten in den vergoldeten Wölbungen der Thronhallen und bedecken mit Erde und Mist die prachtvoll seltsamen Teppiche, die hier verfaulen. Dieser unverletzliche Palast, eine Stunde im Umfang, den man nie gesehen, von dem man nichts wissen, nichts erraten konnte, behielt den Europäern, die ihn soeben zum ersten Male betraten, die Überraschung eines trostlosen Verfalles und das Schweigen einer Totenstadt vor.

Er ging nie dorthin, der blasse Kaiser. Nein, was ihm allein zusagte, war der Teil mit den kleinen Gärten und Höfen ohne Aussicht, das schmächtige Viertel, das wir zum Schrecken der Eunuchen betreten hatten, war dies Alkovenbett mit den nachtblauen Vorhängen in einer ängstlichen Vertiefung.

Hinter dem grämlichen Schlafzimmer ziehen sich in noch finstererem Halbdunkel kleine Privatgemächer wie unterirdische Gewölbe hin; das Ebenholz herrscht hier vor; alles ist absichtlich ohne Glanz, selbst die traurigen verdorrten Blumensträuße unter ihren Glasglocken. Man sieht ein Klavier mit sehr weichen Tasten, auf dem der junge Kaiser spielen lernte, trotz seiner langen, schwachen Nägel; ein Harmonium; eine große Spieldose, die wehmütige chinesische Weisen in Tönen spielt, die gedämpft wie aus der Tiefe eines Sees hervorklingen.

Dann endlich hier das Retiro, das ihm offenbar das Liebste war, eng und niedrig wie eine Schiffskabine, wo der feine Duft von Tee und getrockneten Rosen noch stärker wird.

Hier vor einem mit Reispapier umflorten Fensterloch, das nur einen matten Schimmer durchläßt, sieht man eine Matratze aus goldgelber kaiserlicher Seide, die den Abdruck eines gewöhnlich hier lagernden Körpers zu bewahren scheint. Einige Bücher liegen herum, ein paar geheime Schriftstücke. An der Wand zwei oder drei nichtssagende Bilder, nicht einmal gerahmt, farblose Rosen darstellend – und in chinesischer Schrift die letzte Verordnung des Arztes für diesen ewig Kranken,

Was war er im Grunde, dieser Träumer? Wer wird es je sagen? Welch entstelltes Bild hat man ihm von den Dingen dieser Welt und des Jenseits vorgespiegelt, die ihm hier so viele schreckliche Sinnbilder veranschaulichen? Die göttergleichen Kaiser, von denen er stammt, ließen das alte Asien erzittern, und von ferne nahten tributpflichtige Herrscher, um sich vor ihrem Thron niederzuwerfen. Sie erfüllten diese Stätten mit der unvorstellbaren Pracht ihres Gefolges und ihrer Standarten. Und er, der Abgesonderte und Einsame, wie und unter welchen zerrinnenden phantastischen Bildern hat er hier hinter diesen heute so stillen Mauern den Stempel der gewaltigen Vergangenheit in sich bewahrt?

Und welche Verwirrung herrschte ohne Zweifel in dem unergründlichen kleinen Gehirn seit der noch nie dagewesenen Freveltat, die nicht einmal seine wahnsinnigste Angst je vorausgesehen hätte: der Palast mit den dreifachen Mauern bis in seine geheimsten Verstecke geschändet; er, der Sohn des Himmels, der Behausung entrissen, in der zwanzig Geschlechter seiner Ahnen unnahbar gelebt hatten; er, genötigt zu fliehen und auf der Flucht sich zeigen zu müssen, im Sonnenlicht so handeln zu müssen, wie die anderen Menschen, vielleicht sogar bitten zu müssen und zu warten! . . .

In dem Augenblick, wo wir aus dem verlassenen Schlafgemach treten, werfen sich unsere Burschen, die absichtlich hinter uns zurückgeblieben waren, lachend auf das Bett mit den nachthimmelblauen Vorhängen, und ich höre einen von ihnen hinter der Draperie mit fröhlicher Stimme und gascognischem Akzent rufen:

»So, Alterchen, nun können wir wenigstens sagen, daß wir im Bett des Kaisers von China gelegen haben!«

Montag, 22. Oktober

Gedungene Chinesen – unter denen, wie man uns warnte, Spione und Boxer sind – haben die beiden unterirdischen Öfen unseres

Palastes die ganze Nacht hindurch stark geheizt. Beim Erwachen überrascht uns übrigens wie gestern das Gaukelbild des Sommers in unseren luftigen Veranden mit ihren grünen Säulchen, die mit rosafarbenen Lotosblüten bemalt sind. Und die Sonne steigt sofort brennend am Himmel herauf und bescheint den traurigen Ritt, den ich in westlicher Richtung zur »Tartarenstadt« hinaus durch die Stille zerstörter Vorstädte, durch Trümmer und Asche unternehme.

Auf dieser Seite lagen in der staubigen Landschaft christliche Friedhöfe, die sogar im Jahre 1860 vom gelben Pöbel verschont worden waren. Diesmal aber hat man selbst die Toten mit Wut verfolgt, und so herrscht ringsum Chaos und Greuel; uralte Gebeine, die Überreste von Missionaren, die seit drei Jahrhunderten hier ruhten, wurden aus den Gräbern gerissen, zerstampft und in wilder Wut zerstoßen, um ins Feuer geworfen zu werden, damit das, was nach chinesischem Glauben an Seele noch darinnen sein konnte, vernichtet würde. – Wenn man aber die Vorstellungen dieses Landes nur einigermaßen kennt, so begreift man die Ungeheuerlichkeit dieses allergrößten Schimpfes, der mit einem Schlage unseren sämtlichen abendländischen Rassen zugefügt wurde.

Ganz besonders prächtig war der Friedhof der Jesuiten, die einst so viel Einfluß bei den Himmlischen Kaisern besaßen und ihre eigenen Grabstätten sogar mit den Grabsymbolen chinesischer Prinzen schmücken durften. Jetzt ist der Boden mit ihren großen marmornen Drachen und riesigen Schildkröten, ihren hohen, von Fabelwesen übersponnenen Grabsteinen bedeckt; alle diese Skulpturen wurden umgestürzt und zerbrochen, zerbrochen auch die schweren Steine der Grüfte und der Erdboden tief aufgewühlt.

Neben diesem Friedhof nahm eine bescheidenere Grabstätte seit langen Jahren die Toten der europäischen Gesandtschaften auf. Sie mußte die gleiche Entweihung erdulden wie der schöne Jesuitenkirchhof. Alle Gräber aufgewühlt, ihre Leichen zerstampft, selbst die Kindersärge geschändet. Einzelne menschliche Überreste, Stücke von Schädeln und Kiefern liegen noch auf dem Boden unter umgestürzten Kreuzen, und in der strahlenden Morgensonne breitet sich vor meinen Augen die erschütterndste Verwüstung aus, die ich je im Leben gesehen.

Dicht nebenan wohnten die Barmherzigen Schwestern; sie leiteten eine Schule für kleine Chinesinnen. Von ihren bescheidenen Häusern ist nichts übriggeblieben als ein Haufen von Ziegeln und Asche; sogar die Bäume ihrer Gärten sind herausgerissen und zum Hohne mit den Wipfeln in die Erde gesteckt.

Ihre Leidensgeschichte ist ungefähr folgende:

Sie waren allein, als ungefähr tausend Boxer des Nachts unter ihre Mauern rückten und ihnen beim Klange der Gongs Todesdrohungen zuschrien. Da flohen sie in ihre Kapelle, um betend den Märtyrertod zu erwarten. Doch da legte sich das Toben der Horde, und bei Tagesanbruch war die Gegend frei. So konnten sie sich denn samt der entsetzten Herde ihrer kleinen Zöglinge nach Peking unter den Schutz des Bischofs flüchten. Als man später die Boxer fragte: »Wie kam es, daß Ihr nicht eingedrungen seid, um sie zu töten?« antworteten sie: »Wir sahen auf allen Mauern des Klosters Soldatenköpfe und Flintenläufe auftauchen!« Die Barmherzigen Schwestern dankten also ihr Leben allein dieser Sinnestäuschung der Peiniger.

Heute erfüllen die Brunnen ihrer verwüsteten Gärten die Umgebung mit Leichengeruch. Es waren drei große offene Brunnen, breit wie Zisternen, die ein so klares Wasser spendeten, daß man es von weither für die Gesandtschaften holte. Die Boxer haben sie bis zum Rand mit den verstümmelten Körpern der Knaben von der Schule der Ordensbrüder und der anwohnenden christlichen Familien vollgestopft. Sofort waren die Hunde da, um diesen gräßlichen Haufen anzufressen, der bis zum Erdboden heraufreichte, aber der Leichname waren zu viele, und so sind viele Leichen übriggeblieben und haben sich in der Trockenheit und Kälte ziemlich unverändert erhalten, – noch bedeckt von den Wundmalen der Folterqualen. Dieser Schenkel ist von Schnitten gestreift wie die Einkerbungen der Brote beim Bäcker . . . Jene Hand hat keine Nägel mehr . . . Und hier liegt eine Frau, der man mit einem Stutzsäbel einen geheimen Teil ihres Körpers abgeschnitten und ihn ihr in den Mund gesteckt hat, wo ihn die Hunde zwischen den aufgesperrten Kiefern unberührt ließen . . . Diese Leichen sind wie mit Salz bestreut, dem weißen Reif, der in den schauerlichen

Schattenwinkeln nicht abtauen konnte. Unerbittlich beleuchtet die helle Sonne diese mageren Glieder, diese vorstehenden Knochen und steigert noch den Graus der geöffneten Münder, die Starrheit der Todesangst und die Verrenkungen des Todeskampfes.

Keine Wolke am tiefen, bleichen Himmel, von dem funkelndes Licht herabstrahlt. So wird es wahrscheinlich den ganzen Winter über sein, selbst während der strengsten Kälte; dunkler Himmel, Regen und Schnee sind in Peking seltene Ausnahmen.

Nach dem kurzen Soldatenfrühstück, das uns in der großen verglasten Galerie auf kostbarem Porzellan aufgetragen wird, verlasse ich unseren »Nordpalast«, um mich auf dem andern Ufer in dem Gartenhaus, das ich mir gestern früh aussuchte, zur Arbeit einzurichten. Es ist ungefähr zwei Uhr; eine Sonne wie im Sommer strahlt über meinem einsamen Weg, über der weißen Marmorbrücke, über dem Schlamm des Sees und den zwischen den erfrorenen Lotosblättern schlummernden Leichen.

Bei meinem Eintritt in den Palast der Rotunde öffnen und schließen die Wachen, ohne mir zu folgen, die rotlackierten Torflügel. Ich steige die Rampe hinan zur Plattform, und nun bin ich allein, weit und breit allein in der Stille meines hängenden Gartens und meines seltsamen Palastes.

Der Weg zu meinem Arbeitszimmer führt durch enge Gänge mit feinem Holzgetäfel, die sich im Halbdunkel zwischen alten Bäumen und verschnörkeltem Muschelwerk hinwinden. Dann kommt der lichtüberflutete Kiosk; heller Sonnenschein fällt auf meinen Tisch, meine schwarzen Sessel und goldgelben Kissen; die schöne, wehmütige Oktobersonne bestrahlt und erwärmt diesen auserlesenen Winkel, wo die Kaiserin wohl gerne saß und auf den mit roten Blüten bedeckten See herabblickte.

Die letzten Schmetterlinge, die letzten Wespen, die diese Treibhauswärme am Leben erhielt, schlagen mit den Flügeln gegen die Scheiben. Vor mir dehnt sich der große »Kaiserliche See«, den die Marmorbrücke überwölbt; uralte Bäume bilden an beiden Ufern einen Waldgürtel, über den die vielgestaltigen Dächer von Palästen und Pagoden mit ihren wunderbaren Fayencemassen hinausragen. Wie bei den Landschaften auf chinesischen Fächern sieht man im Vordergrunde zierliches Muschelwerk, dann die kleinen Fayenceungeheuer eines nahen Gartenhauses, und von der hellen Ferne scharf abgesetzt die knorrigen, herabhängenden Äste einer alten Zeder.

Ich bin allein, völlig und herrlich allein und hoch oben, inmitten einer verwüsteten, stummen Pracht, an einem unerreichbaren Orte, dessen Zugänge von Posten bewacht werden. Hin und wieder der Schrei eines Raben, oder von Zeit zu Zeit der Galopp eines Pferdes unten am Fuße des Walles, der meine luftige Behausung trägt – irgendein vorüberkommender Meldereiter. Sonst nichts; kein Laut in der Nähe, der die sonnige Ruhe meiner Einsamkeit stört; keine Überraschung, kein Besuch ist möglich . . .

Ich arbeite seit einer Stunde; da fühle ich plötzlich hinter mir von der Seite der engen Gänge, durch die man hereinkommt, ein ganz leichtes Anstreifen, das in mir die Empfindung einer zurückhaltenden, liebenswürdigen Anwesenheit wachruft, und ich drehe mich um: eine Katze, die plötzlich stehenbleibt, ein Pfötchen in der Luft, unschlüssig, und mir tief in die Augen blickt, als wollte sie sagen: »Wer bist denn du? Was machst denn du hier? . . .«

Ich rufe sie ganz leise; sie antwortet mit einem klagenden Miauen – und ich schreibe weiter, denn ich bin immer rücksichtsvoll gegen Katzen und weiß sehr wohl, daß man bei der ersten Bekanntschaft nicht weitergehen darf.

Eine hübsche Katze, weiß und gelb, von vornehmem, elegantem, ja selbst hochherrschaftlichem Aussehen . . .

Im nächsten Augenblick streift sie wieder dicht an meinem Bein hin; da lasse ich meine Hand langsam mit mehreren Pausen auf das sammethaarige Köpfchen hinabgleiten, das sich nach einem ersten Zusammenzucken meinen Liebkosungen hingiebt. Und damit ist die Freundschaft geschlossen. – Eine offenbar an Zärtlichkeit gewöhnte Katze, wahrscheinlich eine Lieblingskatze der Kaiserin. Morgen und jeden Tag werde ich meinen Burschen beauftragen, ihr einen kalten Imbiß aus meinem Feldvorrat zu bringen.

In diesem Klima endet die Illusion des Sommers mit dem Tage. Wenn die Sonne riesengroß und rot hinter dem Lotossee hinabtaucht, macht sie plötzlich den schwermütigen Eindruck der Wintersonne, und zugleich überfliegt ein Frostschauer alle Dinge; alles wird plötzlich todestraurig in dem leeren Palast. Da, zum ersten Male am Tage höre ich mitten durch die Stille Schritte auf den Marmorplatten der Terrasse hallen: meine Diener Osman und Renaud kommen auftragsgemäß, um mich abzuholen. – Die einzigen menschlichen Wesen, für die sich auf Befehl das Tor des Walles unter mir öffnet.

Es ist eisigkalt, und wieder beginnt sich die allabendliche Nebelwolke über den Lotossee zu breiten, während wir in der Dämmerung die Marmorbrücke überschreiten, um nach Hause zu gehen.

Nach dem Abendessen bei stockfinsterer Nacht Menschenjagd in den Sälen und Höfen unseres Palastes. In den vorhergehenden Nächten hatten wir durch die Fenster von weitem beunruhigende kleine Lichter bemerkt, die in den unbewohnten, weiter abliegenden Galerien wie Irrlichter hin und her flackerten und beim ersten Geräusch verloschen. Die Treibjagd von heute abend führt zur Verhaftung dreier Unbekannter, die mit Stutzsäbel und Blendlaterne über die Mauern geklettert waren, um in den kaiserlichen Vorräten zu plündern: zwei Chinesen und ein Europäer, Soldat einer verbündeten Nation. Um kein Wesen daraus zu machen, begnügt man sich damit, sie tüchtig zu ohrfeigen und durchzuprügeln und sie dann hinauszuwerfen.

Dienstag, 23. Oktober

Heute nacht hat es stärker gefroren, und beim Beginn unserer allmorgendlichen Entdeckungsreise in den Galerien und Nebengebäuden des Palastes sehen wir den Boden der Höfe mit kleinen weißen Kristallen bedeckt.

Alles, was einst den Lazaristenmissionaren als Wohnung oder Schulraum diente, ist mit Kisten vollgestopft; Vorräte von Seide und Tee, ganze Haufen alter Bronzen, Vasen oder Räucherpfannen sind hier bis zu Mannshöhe aufgestapelt.

Und doch bleibt die Kirche die wunderbarste und reichste Fundgrube, die Höhle des Ali Baba. Außer den antiken, aus der »Violetten

Stadt« hergeschafften Kunstgegenständen hat die Kaiserin hier alle Geschenke aufstapeln lassen, die sie vor zwei Jahren bei ihrem Jubiläum erhielt. (Der Zug der Mandarine, die bei dieser Gelegenheit der Herrscherin Gaben überreichten, war wohl eine Meile lang und dauerte einen ganzen Tag.)

Im Schiff der Kirche und in den Seitengängen türmen sich Berge von Kisten und Schachteln bis zur halben Höhe der Säulen. Trotzdem alles durcheinandergeworfen ist und trotz der hastigen Plünderungen unserer Vorgänger – Chinesen, Japaner, Deutsche oder Russen – sind noch wahre Wunder dageblieben. Die größten Kisten, die unten stehen und durch die eigene Schwere und den Haufen der darüber getürmten Sachen geschützt waren, sind nicht einmal geöffnet. Am meisten ist man über die unzähligen Nippsachen hergefallen, die obendrauf unter Glaskästen standen oder in gelbseidenen Schmuckkästen aufbewahrt lagen, künstliche Blumensträuße aus Achat, Nephrit, Korallen oder Lapislazuli, blitzblaue Pagoden und Landschaften, aus Eisvogelfedern oder aus Elfenbein kunstvoll gearbeitet, mit tausenden kleiner Figuren, Werke chinesischer Geduld, die jahrelange Arbeit gekostet haben und heute von Bajonettstichen zerbrochen daliegen, während die Scherben ihrer großen Glaskästen den Boden bedecken und unter unseren Füßen krachen.

Die kaiserlichen Gewänder aus schwerer, mit goldenen Drachen durchwirkter Seide liegen mitten unter Scherben aller Art auf dem Boden herum. Man tritt darauf, tritt auf durchbrochenes Elfenbein, auf Glas, Stickereien und Perlen.

Man sieht tausendjährige Bronzen aus der Antiquitätensammlung der Kaiserin, Wandschirme, die wie von Genien und Feen geschnitzt und gestickt sind, antike Porzellane, Stücke in Cloisonné, Craqueléund Lackarbeiten. Einige zu unterst stehende Kisten tragen die Namen von Kaisern, die schon vor einem Jahrhundert verstorben sind, und enthalten noch Geschenke, die damals aus den entferntesten Provinzen für sie angekommen sind. Niemand hat sich die Mühe gemacht, sie jemals auszupacken. Endlich birgt die Sakristei des merkwürdigen Domes in einer Reihe von Pappschachteln alle die prächtigen Kostüme für die Darsteller des Theaters der Kaiserin mit ihren Haartrachten nach altchinesischer Mode.

In dieser mit heidnischen Reichtümern angefüllten Kirche befindet sich noch die seit einigen dreißig Jahren verstummte Orgel; mein Kamerad und ich steigen zum Chor hinan, um sie aufs neue ertönen zu lassen und unter der Kuppel Melodien von Bach und Händel zu spielen, während unten unsere Chasseurs d'Afrique, bis zu den Knien in Elfenbein, Seiden und Hofkostümen stehend, an der Ausräumung weiter arbeiten.

Gegen zehn Uhr morgens gehe ich über die Pfade des großen kaiserlichen Haines, der in diesen Tagen der Schande von Hunden, Elstern und Raben bevölkert ist, nach der anderen Seite der »Violetten Stadt«, um den Palast der Ahnen zu besichtigen, den heute unsere Marinesoldaten bewachen und der das Allerheiligste war, das Pantheon der toten Kaiser, der Tempel, dem man sich nicht einmal zu nahen wagte.

Er liegt in besonders tiefem Schatten; vor dem Eingangstor stehen auf zarten Füßen die leichten, geschwungenen Triumphbögen mit ihrer grünen, roten und goldnen Lackierung zwischen dunklem Gezweig; riesige Zedern und vom Alter verkrümmte Zypressen beschatten die an der Schwelle kauernden marmornen Ungeheuer und geben ihnen eine grünliche Färbung.

Nach Durchschreiten der ersten Umfassungsmauer steht man natürlich vor einer zweiten. Stets im kalten Schatten der alten Bäume folgt Hof auf Hof in feierlicher Trauer, mit breiten Steinfliesen gepflastert, zwischen denen Friedhofgräser sprießen. Jede Zeder, jede Zypresse, die ihren tiefen Schatten wirft, ist am Fuße von einem Marmorring umschlossen und scheint wie aus einem gemeißelten Korb emporzuwachsen. Alles ist mit tausenden kleiner harziger Nadeln bestreut, die unausgesetzt von den Zweigen fallen. Auf Sockeln stehen riesige Räucherpfannen mit Sinnbildern des Todes aus uralter, blindgewordener Bronze.

Alles trägt hier ein nie erschautes Gepräge von Alter und Geheimnis. Und wahrlich, es ist ein einziger Ort, in dem die Manen chinesischer Kaiser umgehen.

Seitwärts stehen kleinere Tempel, deren Lack- und Goldwände mit der Zeit den Ton alten Korduanleders angenommen haben. Sie enthalten die auseinandergenommenen Teile riesiger Katafalke, die Sinnbilder und Kultgegenstände für die Vollziehung der Trauerbräuche. Unfaßbar und schreckensvoll ist alles anzuschauen; gänzlich fremd fühlt man sich dem Rätsel dieser Formen und Sinnbilder gegenüber.

Endlich, im letzten Hofe, erhebt sich auf einer Terrasse aus weißem Marmor, von bronzenen Hirschkühen bewacht, die Front des Ahnenpalastes in nachgedunkeltem Gold mit einem hohen gelben Fayencedach.

Es ist ein einziger ungeheurer, großartiger, düsterer Saal, ganz in verblichenem Gold, das eine rötliche Kupferfarbe angenommen hat. Im Hintergrund sieht man nebeneinander neun geheimnisvolle Türen, deren kostbare Doppelflügel mit Wachssiegeln verschlossen sind. In der Mitte stehen noch die Tische, auf die pietätvoll die Mahlzeiten für die Manen der Vorfahren gestellt wurden. Am Tage der Einnahme der »Gelben Stadt« waren unsere hungrigen Soldaten hoch erfreut, hier unverhofft eine vollständig gedeckte Tafel vorzufinden. In jeder Ecke des hallenden Saales harren Glockenspiele und Saiteninstrumente der vielleicht nie wiederkehrenden Stunde, wo sie den Schatten ein Ständchen bringen sollen: lange Zithern, die feierliche Töne geben, ruhen wagrecht auf goldenen Ungeheuern mit geschlossenen Augen; zwei gigantische Glockenspiele, das eine aus Glocken, das andere aus Marmor- und Nephrittafeln, hängen an goldenen Ketten, alle beide von großen phantastischen Tieren überragt, die in ewiger Dämmerung ihre goldenen Schwingen zur goldenen Decke emporbreiten.

Hausgroße Lackschränke bergen Sammlungen alter Gemälde, auf Ebenholz- oder Elfenbeinstöcke gerollt und in kaiserliche Seide gewickelt.

Es sind Prachtstücke darunter, Offenbarungen einer chinesischen Kunst, die man im Abendlande kaum ahnt, und die der unseren zum mindesten ebenbürtig ist, wenn auch völlig verschieden von ihr. Bildnisse von Kaisern auf der Jagd oder in einsamer Träumerei im Walde, in wilden Gegenden, die uns erschauern machen und ein sehnsüchtiges Verlangen nach der ursprünglichen Natur wecken nach der unentweihten Welt der Felsen und Bäume; – Bildnisse toter Kaiserinnen, in Aquarell auf ungebleichte Seide gemalt, ein wenig an die naive Grazie der alten Italiener erinnernd – blasse Bilder, bleich, beinahe farblos, als wären es nur Schatten von Menschen, flüchtig gebannt und im Begriff zu verschwinden, – eine vollendete Gestaltung fast ohne Kunstmittel, deren ganzes Leben sich in den Augen konzentriert, deren Ähnlichkeit man fühlt, und die uns für eine seltsame Minute Aug' in Auge mit entschwundenen Prinzessinnen leben läßt, die seit Jahrhunderten unter den prachtvollen Mausoleen ruhen ... Alle diese Gemälde waren hochheilig; nie hat ein Europäer sie erblickt, ja nicht mal geahnt.

Andere Rollen, die auf den Fliesen entfaltet, wohl sechs bis acht Meter lang sind, stellen Aufzüge dar, Empfänge bei Hof, Aufwartungen von Gesandtschaften, Reiter, Heere, Standarten – tausende kleiner Gestalten, deren Gewänder, Stickereien und Waffen verdienten, daß man sie unter der Lupe betrachtet. In diesen kostbaren Miniaturen liegt die ganze Geschichte des chinesischen Kostüms und Zeremoniells in den vergangenen Zeitaltern. – Wir finden da sogar den Empfang einer Gesandtschaft Ludwigs XIV. durch ich weiß nicht welchen Kaiser: kleine Figuren mit ganz französischen Gesichtern, gekleidet, als sollten sie zu Versailles in der Perücke des Sonnenkönigs umherstolzieren.

Im Hintergrund des Tempels schließen die neun prachtvollen versiegelten Türen die Grabaltäre von neun Kaisern ab. Man ist so freundlich, für mich die roten Wachssiegel und Leinenbänder von einem dieser streng verbotenen Eingänge zu entfernen, und ich betrete eines der allerheiligsten Heiligtümer, – das des großen Kaisers Kuang-Su, dessen Ruhm zu Beginn des 18. Jahrhunderts strahlte. Bei dieser Entweihung begleitet mich auf Befehl ein Sergeant mit einer angezündeten Kerze, die hier im luftlosen Raume und in der Grabeskälte kaum brennen will.

Schon der Tempel war recht dunkel gewesen; hier aber herrscht schwarze Nacht, und eine dichte Decke wie von Erde und Asche liegt auf allen Dingen; stets der gleiche Staub, der sich ohne Unterlaß über Peking häuft, wie ein Anzeichen von Alter und Tod. Kommt man aus dem Tageslicht, so gedämpft es auch sei, beim Schein einer kleinen flackernden Kerze in die Finsternis, so ist das Auge anfangs blind, und man zaudert im ersten Moment, besonders wenn der Ort an sich selbst uns ergreift. Vor mir führt eine Treppe von einigen Stufen zu einer Art Tabernakel hinauf, reichbeladen mit Gegenständen einer fast unbekannten Kunst.

Und rechts und links stehen, mit komplizierten Schlössern versperrt, düstere Truhen in schwarzem Lack, deren Inhalt ich besichtigen darf. In ihren Abteilungen, ihren doppelten Böden mit Geheimfach sind zu Hunderten die kaiserlichen Siegel dieses Herrschers begraben, schwere Petschafte für alle Umstände seines Lebens und alle Akte seiner Regierung, in großen Stücken von Onyx, Nephrit oder Gold; Reliquien von unschätzbarem Wert, die nach dem Begräbnis nicht mehr angetastet werden durften und die hier seit zwei Jahrhunderten ruhten.

Dann steige ich zum Tabernakel empor, und der Sergeant beleuchtet mit seiner kleinen Kerze die Herrlichkeiten, die sich hier befinden, Zepter aus Nephrit, Vasen von seltsam einfachen, erlesenen Formen oder von verwirrender Vielgestaltigkeit aus dunklem oder fahlem Nephrit, aus Cloisonné auf Gold oder massivem Gold ... Und hinter diesem Altar verfolgt mich aus einem finsteren Winkel mit schielenden Blicken ein großes Gesicht, das ich noch nicht bemerkt hatte, zwischen zwei Vorhängen aus gelber kaiserlicher Seide, deren sämtliche Falten durch den Staub fast schwarz geworden sind, – ein verblaßtes Bildnis des verstorbenen Kaisers, in ganzer Gestalt und Naturgröße, so verwischt beim Scheine unserer elenden barbarischen Kerze, daß man es für das Bild eines Gespenstes in einem erblindeten Spiegel halten möchte ... Welche namenlose Entweihung in den Augen dieses Toten ist das Öffnen der Truhen, in denen seine Siegel ruhen, ja schon allein unsere Gegenwart an diesem unbetretbarsten aller Orte, inmitten dieser unzugänglichen Stadt! ...

Nachdem alles sorgfältig wieder verschlossen, die roten Wachssiegel wieder angebracht sind und das blasse Spiegelbild des alten Kaisers seiner Stille und seiner gewohnten Finsternis zurückgegeben ist, spute ich mich, diese Grabeskälte zu verlassen, freie Luft zu atmen und auf der Terrasse neben den Bronzetieren ein wenig Herbstsonne zwischen den Zedernzweigen durchblinken zu sehen.

Ich frühstücke heute im äußersten Norden des kaiserlichen Haines als Gast französischer Offiziere, die dort im »Seidenraupen-Tempel«

wohnen. Da finde ich wieder ein wunderbares altes Heiligtum, zu dem man durch prunkhafte Höfe gelangt, deren marmorne Terrassen mit Bronzevasen geschmückt sind. – Eine Welt von Tempeln und Palästen im Grünen ist diese »Gelbe Stadt«. Bis vor einem Monat konnten die Reisenden, die China zu sehen glaubten, und für die alles das vermauert und verboten blieb, sich tatsächlich keine Vorstellung von dem wunderbaren Peking machen, das der Krieg uns jetzt geöffnet hat.

Als ich gegen zwei Uhr wieder zu meinem Palast der Rotunde zurückkehre, strahlt die Sonne glühend über den schwarzen Zedern und den sich entblätternden Weiden; wie im Sommer sucht man den Schatten. Und neben meiner Tür, am Anfang der Marmorbrücke, schwimmen meine düsteren Nachbarn, die beiden blau gekleideten Leichen, zwischen den Lotosblumen in spöttischer Lichtfülle.

Nachdem die Wachen hinter mir die niedrige Ausfallspforte geschlossen haben, durch die man zu meinen hängenden Gärten gelangt, bin ich wieder allein in der Stille – bis zu der Stunde, wo die Sonnenstrahlen schräger und röter auf meinen Schreibtisch fallen und den traurigen Abend verkünden.

Kaum habe ich mich zur Arbeit hingesetzt, so fühle ich den leichten freundschaftlichen Stoß eines Kopfes gegen mein Bein, um meine Aufmerksamkeit zu erregen, und ich weiß, daß meine Katze da ist. – Übrigens hatte ich diesen Besuch vorhergesehen und werde ihn nun jeden Tag erwarten können.

So vergeht eine Stunde in idealer Ruhe, höchstens von ein paar Rabenschreien unterbrochen. Da höre ich am Fuß meines Walles den Galopp von Kavallerie, die lärmend über die Steinfliesen der Straße daherkommt: Es ist der Feldmarschall Graf Waldersee, gefolgt von einer Eskorte von Reitern mit Fähnchen an ihren Lanzen. Er kehrt nach Hause zurück, in den von ihm bewohnten Palast, der nicht weit von hier liegt und die prachtvollste aller Residenzen der Kaiserin ist. Mein Blick folgt dieser Reiterschar über die Marmorbrücke. Sie entfernt sich, biegt links ein und verliert sich hinter den Bäumen. Und alsbald kehrt die Stille zurück, die tiefe Stille von vorhin.

Von Zeit zu Zeit mache ich einen Gang über meine hohen gepflasterten Terassen und entdecke dort stets etwas Neues. Am Fuße einer

Zeder liegen gewaltige Tam-Tams, die den Zweck hatten, die Geister zu rufen; ich finde Beete von gelben Chrysanthemen und gelben indischen Nelken, in denen der Frost noch einige Blüten verschont hat. Auch eine Art Thronhimmel ist da aus Fayence und Marmor, der einen auf den ersten Anblick unerkennbaren Gegenstand beschirmt, einen der größten Nephritblöcke, die es in der Welt gibt, in der Form einer Meereswoge geschnitten, in deren Schaum Ungeheuer kämpfen.

Ich statte auch den verlassenen Gartenhäusern meinen Besuch ab. Sie sind noch mit Thronen aus Ebenholz, mit Divans und gelbseidenen Kissen ausgestattet, wie heimliche Liebesnester. – Gewiß ist die schöne, alternde, aber noch galante Kaiserin hierhergekommen, um sich mit ihren Lieblingen auf kaiserlicher Seide in der schützenden Dämmerung zu ergötzen.

Heute ist in diesem Traumpalast meine einzige Gefährtin die große Göttin aus Alabaster mit dem goldenen Kleide, die immer auf ihre zerbrochenen Vasen und ihre verwelkten Blumen herablächelt; ihr Tempel aber, in den niemals ein Sonnenstrahl dringt, ist ewig eiskalt und vorzeitig dunkel.

Nun aber ist es wirklich Abend; die Kälte überfällt mich selbst in meinem mit Glasscheiben verschlossenen Kiosk. Die Sonne, die jetzt über Frankreich im Zenithe steht, geht hier unter wie eine traurige rote Kugel, die weder Licht noch Wärme spendet. Bald wird sie hinter dem Lotossee in winterlichem Nebel versinken.

In wenigen Minuten steigt die Nachtkälte; ich habe das Gefühl, als träte ich plötzlich in einen Eiskeller – und zugleich überkommt mich wieder die leichte flüchtige Angst, so weit von allen Menschen zu sein, mitten unter all den sich verfinsternden Seltsamkeiten. Und wie Freunde begrüße ich meine beiden Diener, die mich in den Nordpalast abholen kommen und meinen Mantel mitbringen.

Mittwoch, 24. Oktober

Dieselbe strahlende Sonne wie gestern erhebt sich über unseren verglasten Galerien, unseren Gärten und den weißbereiften Bäumen, die sich immer mehr entblättern. Jeden Tag führen unsere Soldaten mit gleichem Eifer die gedungenen Chinesen herbei, um das gotische

Kirchenschiff auszuräumen; sorgfältig sondern sie die einigermaßen ganz gebliebenen Kostbarkeiten von allem ab, was unwiederbringlich zerstört ist. Und unausgesetzt geht durch unsere Höfe das Hin und Her der auf Tragbahren fortgeschafften Möbel und kostbaren Bronzen. Alles, was aus der Kirche oder dem Pfarrhause kommt, wird sofort inventarisiert und in die für unsere Truppen jetzt nicht verwendbaren Räumlichkeiten gebracht; von da sollen sie später in den Palast der Ahnen überführt und dort unter Siegel gelegt werden.

Und wir haben von diesen prachtvollen Dingen so viel gesehen, daß wir ihrer schon satt und überdrüssig sind. Auch die erstaunlichsten Funde in den Tiefen der ältesten Kisten setzen uns nicht mehr in Erstaunen; nichts gefällt uns mehr zur Ausschmückung unserer – ah! so vergänglichen – Wohnräume; nichts ist mehr schön genug für unsere heliogabalischen Launen, die kein Morgen haben werden, denn in wenigen Tagen muß das Inventar fertig sein, und unsere bescheiden gewordenen Galerien werden in Offizierszimmer und Büros abgeteilt werden.

Was Entdeckungen anbelangt, so stießen wir heute morgen auf einen Haufen von Leichen, die letzten Verteidiger der »Kaiserlichen Stadt«, die hier in der Tiefe ihres letzten Schützengrabens gefallen sind und in den Stellungen des Todeskampfes in einem Haufen durcheinander liegen. Raben und Hunde sind in den Graben gekrochen, haben ihre Brusthöhlen geleert und die Eingeweide und Augen gefressen; in einem Durcheinander fast fleischloser Glieder sieht man blutrote Wirbelsäulen durch die Kleiderfetzen hindurchschimmern. Fast alle haben noch die Schuhe an den Füßen, keiner aber mehr die Haare, denn mit den Hunden und Raben sind augenscheinlich auch Chinesen in das tiefe Loch hinabgestiegen und haben die Toten skalpiert, um falsche Zöpfe zu machen. Denn da falsche Haare bei den Männern in Peking gebräuchlich sind, wurden allen in unserer Umgebung umherliegenden Leichen die Zöpfe mit der Haut abgeschnitten, so daß man nur noch die weißen Schädel sieht.

Heute verlasse ich frühzeitig und für den ganzen Tag unseren »Nordpalast«, denn ich muß in das europäische Viertel zu unserem

Gesandten. Er liegt noch immer in der spanischen Gesandtschaft, wo er Aufnahme gefunden hat, krank zu Bette, doch geht es ihm schon besser, und ich werde ihm endlich die Mitteilungen machen können, mit denen der Admiral mich betraut hat.

Vier Tage ist es schon her, daß ich die roten Mauern der »Kaiserlichen Stadt« nicht durchschritten noch unsere stolze Einsamkeit verlassen habe. Als ich mich wieder mitten zwischen den häßlichen kleinen grauen Ruinen in den öden Straßen der »Tartarenstadt« wiederfinde, in diesem Allerweltspeking, das alle Reisenden kennen, würdige ich erst recht die in ihrer Art einzige Seltsamkeit unseres großen Haines und Sees und unserer unzugänglichen Herrlichkeiten.

Diese Stadt des Volkes scheint indes heute schon weniger düster als am Tage meiner Ankunft bei Wind und Schnee. Wie man mir vorausgesagt hatte, kehren die Leute schon zurück, und Peking bevölkert sich wieder; selbst in den zerstörtesten Teilen werden Läden geöffnet, Häuser wieder aufgebaut, und schon fangen die kleinen Handwerker mit ihrer bescheidenen drolligen Arbeit längs der Straßen, auf Tischen, unter Zelten und Regenschirmen wieder an – beschienen von der warmen Sonne des chinesischen Herbstes, der Freundin der unzähligen armen Teufel, die kein Feuer haben.

Im Lamatempel

Der Lamatempel, das älteste Heiligtum Pekings und eines der merkwürdigsten der Welt, enthält eine Unzahl von Prachtstücken alter chinesischer Goldschmiedekunst und unschätzbare Büchersammlungen.

Dieser Tempel ist schon Jahrhunderte alt, aber selten besucht worden. Vor dem diesjährigen Einmarsch der Europäer war allen »Barbaren des Abendlandes« der Eintritt strengstens untersagt; und auch seit die Alliierten Herren von Peking sind, ist niemand hingegangen. Zunächst schützt ihn seine Lage selbst in einem Winkel der Tartarischen Mauer und in einem vollkommen toten Stadtteil – denn in Peking sterben von Jahrhundert zu Jahrhundert ganze Stadtviertel ab, wie Zweig auf Zweig an alten Bäumen verdorren.

Als ich selbst mit den Mitgliedern der französischen Gesandtschaft heute hierher pilgere, betreten wir diesen Ort zum erstenmal im Leben.

Auf unserem Wege bei eisigem Winde durch den ewigen Staub überschreiten wir zuerst den »Ostmarkt«, drei bis vier Kilometer eines fremden, elenden Peking, einer Stadt des Zusammenbruchs und der Niederlage, wo alles auf der Erde verkauft, auf Schutt und Asche ausgelegt wird. Unter all diesen Trödel und dies Gerümpel mischen sich die seltensten Dinge, die ganze Geschlechter von Mandarinen einander pietätvoll vermacht haben; die alten zerstörten Paläste wie die Häuser der Ärmsten haben hier ihren seltsamsten, jahrhundertealten Inhalt ausgespien; schmutziges Gerümpel und Wunderdinge; neben einem stinkenden Fetzen ein Kunstgegenstand von dreitausendjährigem Alter. Längs der Häuser hängen, so weit das Auge reicht, an Haken die Kleider von Toten, Männern und Frauen – ein endloser Laden kostbarer Kleidungsstücke. Da sieht man üppige Pelze aus der Mongolei, bei den Reichen gestohlen, die Flitterpracht von Kurtisanen oder Kleider aus prachtvoller schwerer Seide, Eigentum vornehmer Damen, die verschwunden sind. Der chinesische Pöbel – der Peking durch Plünderung, Brandstiftung und Zerstörung tausendmal mehr geschädigt hat als das Eindringen der Alliierten –, der niedere

Pöbel, gleichmäßig schmutzig, im blauen Kattunkleid, mit boshaften kleinen schielenden Augen, wimmelt und kribbelt da umher, unzählig und hastig, den Staub und die Mikroben in schwarzen Wolken aufwirbelnd. Verkommene Kerle mit langen Zöpfen gehen durch die Menge und bieten für einige Piaster Hermelinkleider oder Blaufüchse und wunderbare Zobelpelze feil. Sie haben es eilig, sie loszuschlagen, und fürchten, ertappt zu werden.

Doch allmählich wird es stiller, je mehr wir uns dem Ziel unseres Rittes nähern; auf die Straßen voller Menschengewühl folgen allmählich alte, ausgestorbene Gassen, wo man keine Menschen mehr sieht. Gras grünt hier an den Türschwellen, und über die verlassenen Mauern strecken Bäume ihre knorrigen Äste wie Greisenarme.

Wir steigen vor einem eingefallenen Torbogen ab, der in einen Park für Gespenster zu führen scheint – der Eingang zum Tempel.

Welchen Empfang wird man uns in diesem geheimnisvollen Bezirk bereiten? Wir wissen es nicht, übrigens ist auch niemand da, uns zu empfangen.

Doch alsbald erscheint grüßend der Oberste der Lamas, die Schlüssel in der Hand, und wir folgen ihm durch den kleinen düsteren Park.

Er trägt ein violettes Kleid, den Kopf rasiert, und sein Gesicht wie von altem Wachs ist zugleich lächelnd, verschreckt und feindselig. Er führt uns zu einem zweiten Tor, das in einen weiten, mit weißen Steinen gepflasterten Hof führt. Diesen umgeben die ersten Gebäude des Tempels mit ihrem verwickelten durchbrochenen Mauerwerk, ihren geschweiften, mit Krallen besetzten Dächern und beunruhigenden Massen, sämtlich hermetisch verschlossen. Das alles hat die Farbe von Ocker und Rost mit Goldreflexen, die im traurigen Licht der Abendsonne auf die Buckel der Dachziegel fallen.

Der Hof ist verlassen, und selbstverständlich sprießt das Gras der Ruinen zwischen seinen Steinfliesen. Vor den geschlossenen Toren des großen, vom Alter gebräunten Tempel stehen auf weißen Marmorauftritten »Gebetmühlen«, eine Art von Bronzekegeln mit eingegrabenen geheimen Zeichen; sie werden gedreht und wieder gedreht und dabei Worte gemurmelt, die für Menschen unserer Zeiten unverständlich sind . . .

Im alten Asien, unserer Urheimat, gelang es mir oft, in das Innerste uralter Heiligtümer einzudringen, und dort befiel mich ein banger, unerklärlicher Schauer vor Symbolen, deren Sinn seit Jahrhunderten verloren ist. Aber dies beklemmende Gefühl hatte sich noch nie mit so viel Schwermut gemischt wie an diesem Abend bei dem kalten Winde in der Einsamkeit und in dem Verfall dieses Hofes, auf den weißen Fliesen mit dem wuchernden Gras, zwischen den geheimnisvollen ocker- und rostfarbenen Tempelfronten und vor der stummen Reihe dieser Gebetmühlen.

Junge Lamas nahen geräuschlos wie Schatten und tauchen einer nach dem anderen hinter uns auf; selbst Lamakinder – denn man beginnt sie schon von klein auf in diesen tausendjährigen Gebräuchen zu unterrichten, die niemand mehr begreift.

Sie sind jung, aber jedes jugendlichen Aussehens bar. Etwas Greisenhaftes, verbunden mit mystischer Abstumpfung, liegt unwiederbringlich auf ihnen. Ihre Blicke scheinen aus der Tiefe der Zeiten zu kommen und unterwegs trübe geworden zu sein. Armut oder Entsagung – ihre gelben Kleider hängen nur noch als farblose Fetzen an den mageren Gliedern. Alles, die Kleider und die Gesichter, ist wie bestreut mit der Asche der Zeit, gleich ihrem Kultus und ihrer heiligen Stätte.

Bereitwillig wollen sie uns alles zeigen, was wir zu sehen wünschen – und so fangen wir mit den Schulsälen an, in denen langsam so viele Geschlechter verknöcherter, finsterer Priester herangebildet sind.

Sieht man näher zu, so erkennt man, daß alle diese Wände, die jetzt die Farbe oxydierten Metalles tragen, einst mit farbenprächtigen Zeichnungen, mit Lack und Vergoldungen verziert waren; nur eine unendliche Folge glühender Sommer und eisiger Winter und dieser ewige Staub, der aus den mongolischen Wüsten über Peking streicht, konnte ihnen die einheitliche Tönung alter Bronze geben, die sie heute tragen.

Ihre Studiensäle sind sehr düster – das Gegenteil hätte uns überrascht; und darin liegt auch die Erklärung für das Hervorstehen ihrer

Augen unter den welken Lidern. Sehr dunkel sind diese Säle, aber sehr groß, noch immer prachtvoll in ihrem Verfall und in großartigen Verhältnissen erbaut, wie alle alten Denkmäler dieser Stadt, die seinerzeit die prächtigste der Welt war. Die hohen Decken mit ihren verschlungenen goldenen Ungeheuern ruhen auf Lacksäulen. Die kleinen Sessel für die Schüler, die kleinen geschnitzten Pulte reihen sich zu hunderten aneinander, abgenützt, abgewetzt und vom Scheuern menschlicher Körper entstellt. Götzenbilder in goldenen Gewändern sitzen in den Ecken und glänzen von gedämpften Reflexen. Wandbespannungen von alter, unschätzbarer Arbeit stellen die Seligkeiten der Paradiese des Nirwana inmitten von Wolken dar. Die Büchereien sind überfüllt von Manuskripten, teils in Buchform, teils in großen Rollen, die in verblichene Seide gehüllt sind.

Dann zeigt man uns einen ersten Tempel – und sobald die Pforte sich öffnet, flimmert es von Gold, einem gedämpften Gold in den warmen, etwas rötlichen Tönen, die der Lack im Lauf der Jahrhunderte annimmt. Auf drei goldenen Altären thronen, von einem Siebengestirn kleiner vollkommen gleicher goldener Götterbilder umgeben, drei große goldene Götter mit niedergeschlagenen Augen. Auch die goldenen Blumensträuße, die in goldenen Vasen reihenweise vor diesen Altären stehen, sind in ihrer antiken Steifheit einer wie der andere. Übrigens ist ja die ewige Wiederholung, die starrsinnige Vervielfältigung der gleichen Dinge, der gleichen Stellungen und der gleichen Gesichter ein Kennzeichen der unwandelbaren Kunst der Pagoden. Wie in allen Tempeln aus alter Zeit fehlt jede Lichtöffnung; nur der Schein, der durch die halbgeöffneten Türen dringt, beleuchtet von unten her das Lächeln der großen sitzenden Götter und die Verschlingungen der Fabelwesen, die sich in den Wolken der Decke winden. Nichts ist hier berührt, nichts entfernt worden, nicht mal die wunderbaren Cloisonnépfannen, in denen Räucherstäbchen brennen. Offenbar hat man diesen Ort nicht gekannt oder ist kaum jemals hergekommen.

Hinter dem Tempel und hinter seinen staubigen, schon im vollen Schatten liegenden Nebengebäuden, wo die Qualen der buddhistischen Hölle dargestellt sind, führen uns die Lamas in einen zweiten Hof mit weißen Fliesen, der dem anderen vollkommen gleicht: derselbe Verfall und dieselbe Einsamkeit zwischen denselben Mauern in Kupfer- und Rostfarben.

Nach diesem zweiten Hof ein zweiter Tempel, der dem ersten so völlig gleicht, daß man sich fragt, ob man nicht der Spielball irgendeiner Täuschung in diesem Bezirk seltsamer Geister sei? Die gleichen Figuren und das gleiche Lächeln an den gleichen Plätzen; die gleichen vergoldeten Sträuße in goldenen Vasen – die geduldige, sklavische Wiederholung der gleichen Pracht.

Nach diesem zweiten Tempel ein dritter Hof, auch er den beiden anderen vollkommen gleich, mit einem dritten Tempel, der sich im Hintergrund erhebt, genau wie die beiden ersten! Selbst die Friedhofgräser zwischen den abgenutzten Fliesen sind die gleichen. Aber die schon tiefer stehende Sonne beleuchtet nur noch die höchsten Giebel der Fayencedächer und die tausend kleinen Ungeheuer aus gelbem Schmelz, die sich auf der Krümmung der Firste zu verfolgen scheinen. Wir frösteln vor Kälte, denn der Wind wird immer bitterer, und die in den geschnitzten Simsen nistenden Tauben rüsten sich bereits zur Nachtruhe, während stille Eulen erwachen und uns zu umkreisen beginnen.

Wie erwartet, ist auch dieser letzte Tempel – vielleicht der verfallendste und baufälligste – nichts als eine bedrückende Wiederholung der beiden vorhergehenden, mit Ausnahme des Götterbildes in seiner Mitte, das keine menschliche Sitzfigur ist, sondern riesenhaft, ungeahnt und fast erschreckend vor uns aufragt. Die goldnen Decken sind durchbrochen, um ihm Raum zu geben, und reichen ihm kaum bis zur Hälfte der Beine, denn der Götze erhebt sich senkrecht unter einer Art von vergoldetem Turm, der ihn allzu eng umschließt. Um sein Gesicht zu schauen, muß man dicht an die Altäre herantreten und zwischen den Räucherpfannen und steifen Blumen nach oben sehen: er ist wie die Mumie eines Titanen in ihrem Mumiensarg aufgestellt, und sein nach unten gerichteter Blick wirkt im ersten Moment erschreckend. Doch bei näherer Betrachtung empfindet man eher eine Bezauberung; man fühlt sich hypnotisiert und gebannt durch sein so sorglos ruhiges Lächeln, das von oben auf diese ganze Umgebung von sterbendem Glanze, von Gold und Staub, – von Kälte, Dämmerung, Ruinen und Schweigen herabfällt . . .

Bei Confucius

Nach Verlassen der gespenstischen Lamas bleibt uns noch eine halbe Stunde Licht, und wir gehen zu Confucius, der im selben Viertel wohnt – in derselben Totenstadt, möchte man sagen, und in ebenso düsterer Verlassenheit.

Das große wurmstichige Tor fällt beim Öffnen aus den Angeln und bricht zusammen, während eine Eule, die hier schlief, erschreckt davonfliegt. Wir befinden uns in einer Art von Totenhain und schreiten über das gelbe herbstliche Gras, zwischen alten saftlosen Bäumen.

Zunächst erblicken wir in diesem Hain einen Triumphbogen: die fromme Widmung irgend eines verstorbenen Kaisers für den großen Denker Chinas. Bei aller fremdartigen Wunderlichkeit sind seine Linien reizend; drei Glockentürme krönen ihn mit ihren geschweiften gelben Fayencedächern, die an allen Ecken mit Ungeheuern verziert sind. Er hat nichts Ähnliches in der Welt. Er steht ganz für sich wie ein kostbarer Kunstgegenstand, den man irrtümlich unter Ruinen versetzt hat, und inmitten des allgemeinen Verfalles überrascht sein frischer Zustand. In der Nähe jedoch verrät manche altertümliche Einzelheit und eine kaum wahrnehmbare Abnützung sein hohes Alter. Er ist aus beinahe ewigen Stoffen erbaut, die unter diesen regenlosen Himmelsstrichen selbst dem Staube der Jahrhunderte trotzen: weißer Marmor am Sockel, dann bis oben hinauf Fayence, gelb und grün, mit Reliefschmuck von Lotosblättern, Wolken und Fabeltieren.

Weiter rückwärts erscheint ein großer Rundbau, dessen Erd- oder Aschenfarbe auf hohes Alter schließen läßt; er ist von einem Graben umgeben, in dem Lotosblätter und Schilf welken. Das war eine Stätte der Weisen, wo sie zurückgezogen über die Eitelkeit des Lebens nachsinnen konnten, und der breite Graben hatte den Zweck, sie abzusondern und sie noch schweigsamer zu machen.

Der Weg führt über die Wölbung einer Marmorbrücke, deren Geländer Köpfe von Ungeheuern andeuten. Im Innern tiefster Verfall und Verlassenheit; alles scheint geborsten, zerbröckelt, und die noch vergoldete Decke ist voller Vogelnester. Eine einst prächtige Kanzel, ein Lehnstuhl und ein Tisch ist alles, was übrig blieb. Über das alles ist wie mit Schaufeln eine Art ganz feiner Erde ausgestreut, die auch den Boden bedeckt; der Fuß sinkt ein, und die Schritte sind lautlos in dieser überall gleichmäßig lagernden Erdschicht, unter der man aber alsbald noch Teppiche entdeckt. Es ist nichts, als der seit Jahrhunderten angehäufte Staub, der dicke Staub, den der Wind der Mongolei ununterbrochen über Peking hinweht.

Schreitet man im welken Grase unter den alten vertrockneten Bäumen weiter, so gelangt man zum Tempel selbst, in dessen Hof hohe Marmorsteine stehen. Das Ganze gemahnt an einen Friedhof, aber Tote ruhen nicht unter diesen Steinen, die nur ihr Andenken verewigen sollen. Die Namen von Philosophen, die in vergangenen Jahrhunderten diesen Ort durch ihre Gegenwart und ihre Gedanken verherrlichten, von tiefen, für uns ewig dunklen Denkern, leben hier in den in die Steine gegrabenen Sätzen ihrer transzendentalsten Gedanken wieder auf.

Zu beiden Seiten der zum Heiligtume führenden weißen Stufen sind Marmorblöcke in Form von Tam-Tams aufgestellt – Altertümer aus schwindelnd ferner Vorzeit, auf denen Lebensregeln, die nur für wenige höchst gelehrte Mandarine verständlich sind, in altchinesischen Schriftzeichen stehen, die Zeitgenossen und Geschwister der ägyptischen Hieroglyphen waren.

Dies ist der Tempel der Abgeschiedenheit, der Tempel des abstrakten Denkens und der eiskalten Forschung. Schon beim Eintritt wird man von seiner völligen Einfachheit gepackt, auf die uns China bisher nicht vorbereitet hatte. Sehr weiträumig, sehr hoch, sehr großartig und eintönig blutrot, liegt er in prachtvoller Leere und erhabener Ruhe. Rote Säulen und rote Mauern mit einigen zurückhaltenden Goldornamenten, über die Zeit und Staub ihren Schleier gebreitet haben. In der Mitte ein Strauß riesiger Lotosblumen in einer ungeheuren Vase – sonst nichts. Nach der ausschweifenden Verschwendung, die mit Götterbildern und Ungeheuern getrieben wird, nach dem Überwuchern menschlicher oder tierischer Formen in den gewöhnlichen chinesischen Pagoden ist dies Fehlen jeder Figur tröstlich und beruhigend.

In einer Reihe von Nischen stehen Denksteine, rot wie alles an diesem Orte, zum Gedächtnis noch hervorragenderer Persönlichkeiten als in dem Eingangshofe, mit Weisheitssprüchen, die von ihnen stammen. Und im Mittelpunkt dieses strengen Pantheons nimmt, wie auf einem Altar stehend, das Denkmal des Confucius den Ehrenplatz ein, größer als die anderen und mit längeren Inschriften.

Eigentlich ist dies kein Tempel, denn er hat nie Gottesdienst noch Gebete gesehen; eher eine Art Akademie, ein Saal für Versammlungen und kalte philosophische Gebräuche. Trotz allen Staubes und anscheinender Verlassenheit sind die Neuerwählten der Pekinger Akademie (die ungleich mehr als die unsere eine Erhalterin der Formen und Riten ist) anscheinend heute noch verpflichtet, sich hierher zurückzuziehen und einen Vortrag zu halten.

Außer den Grundsätzen der Entsagung und Weisheit, die das Denkmal des Confucius von oben bis unten bedecken, hat er diesem Heiligtum noch einige Gedanken über die Wissenschaft hinterlassen, die in goldenen Lettern auf Tafeln hier und dort wie Bilder an den Wänden hängen.

Ich übersetze einen dieser Sprüche für die jungen Gelehrten des Abendlandes, die sich hauptsächlich mit Klassifizierungen und Untersuchungen abgeben. Sie werden darin eine verehrungswürdige Antwort finden, die mehr als zweitausend Jahre älter ist, als irgend eine ihrer Lieblingsfragen:

»Die Wissenschaft der Zukunft wird die Wissenschaft des Mitleides sein.«

Gegen fünf Uhr verlassen wir diese Tempel, diese Gräser und Ruinen, und die trübe rötliche Herbstsonne versinkt soeben dort hinter dem ungeheueren China, nach dem fernen Europa zu. Ich trenne mich von meinen heutigen Begleitern, denn sie wohnen im Gesandtschaftsviertel im Süden der »Tartarenstadt« und ich weit von hier in der »Kaiserlichen Stadt«.

In den Labyrinthen und der Einsamkeit Pekings fehlt mir jede Kenntnis des Weges, um aus diesen abgestorbenen Stätten herauszufinden, in denen wir den Tag verbracht und die ich nie vorher gesehen hatte. Zum Führer habe ich einen mir beigegebenen »Mafu« (chinesisch für Läufer), und ich weiß nur, daß ich über eine Wegestunde zu gehen habe, um mein prunkhaftes und einsames Lager zu erreichen.

Nachdem meine Freunde fort sind, schreite ich noch eine Weile durch die Stille der alten menschenleeren Gassen, dann gelange ich bald in breite, schier endlose Straßen, in denen blaue Kattunkleider und gelbe Gesichter mit langen Zöpfen zu wimmeln beginnen. Kleine ganz niedrige Häuser, trübselig und grau, stehen in endloser Reihe zu beiden Seiten des Straßendammes, in dessen mürbem schwarzen Staube die Schritte der Pferde verpestete Wolken aufwirbeln.

So niedrig sind diese Häuser und so breit die Straßen, daß der dämmernde Himmel sich frei über uns wölbt, und die Kälte nimmt nach Sonnenuntergang so schnell zu, daß alles wie von Minute zu Minute erstarrt.

Bisweilen drängt sich das Gewimmel dichter um die Lebensmittelbuden. Widriger Gestank strömt von den Fleischbänken für Hundefleisch oder aus den Bratküchen für Heuschrecken. Und doch, wie gutmütig ist im ganzen genommen all dieses Volk auf der Straße, das mich kurz nach den Beschießungen und Kämpfen ohne einen feindlichen Blick vorüber läßt! Und doch: was vermöchte ich mit meinem geborgten »Mafu« und meinem Revolver, wenn mein Gesicht ihnen nicht gefiele?

Dann sind wir wieder eine Zeitlang ganz einsam zwischen Trümmern, mitten in öden zerstörten Stadtvierteln.

Ich orientiere mich nach dem blassen Golde des Abendhimmels und glaube, daß der eingeschlagene Weg der richtige ist; wenn mein Mafu indes nicht verstanden hätte, wohin ich will, wäre ich vollkommen ratlos, denn er spricht nur chinesisch.

Dieser Rückweg in der Abendkälte dünkt mir endlos.

Schließlich aber heben sich drunten die grauen Umrisse des künstlichen Berges der kaiserlichen Gärten vom Himmel ab, und ich erkenne die Gartenhäuschen aus Fayence und die alten verkrümmten Bäume, die sich wie auf kunstvollen, in Lack gemalten Landschaften gruppieren. Und da ist auch die blutrote Mauer und eines der gelben

Emailtore der »Kaiserlichen Stadt« mit zwei Schildwachen der alliierten Armeen, die vor mir präsentieren. Hier kenne ich mich wieder aus, hier bin ich zu Hause und verabschiede meinen Führer, um allein die »Gelbe Stadt« zu betreten, aus der man ihn übrigens zu dieser Stunde nicht mehr heraus ließe.

Die »Kaiserliche Stadt« oder die »Gelbe Stadt« oder die »Verbotene Stadt«, die, von so fürchterlichen Mauern umgeben, mitten in dem ungeheuren Peking hinter babylonischen Umwallungen liegt, ist übrigens viel mehr ein Park, als eine Stadt, ein Wald von uralten düsteren Zypressen und Zedern, zwei bis drei Stunden im Umkreis; darin ragen zwischen den Bäumen ein paar uralte Tempel neben neuen Palästen, die den Launen der Kaiserin-Regentin ihr Dasein verdanken. Dies weite Gehölz, in das ich heute abend trete wie in mein Heim, ist in keinem früheren Zeitpunkt der Geschichte je durch Fremde entweiht worden; selbst die Gesandten haben nie seine Tore durchschritten. Bis in diese letzten Tage war es den Europäern unzugänglich und gänzlich unbekannt geblieben.

Diese »Gelbe Stadt« umgibt mit einem schirmenden Gürtel der Stille und des Schattens die noch geheimnisvollere »Violette Stadt«, den Sitz der Söhne des Himmels, die hier im Mittelpunkte ein beherrschendes Viereck bildet, das durch Gräben und doppelte Wälle behütet ist.

Und welche Stille hier zu dieser Stunde! Welch unheimliche Verlassenheit an diesem Ort! Jetzt schwebt der Tod über diesen Alleen, die einst Prinzessinnen in Sänften, Kaiserinnen mit seidengeschmücktem Gefolge sahen. Seit die gewohnten Gäste die Flucht ergriffen und die »Barbaren des Abendlandes« ihren Platz einnehmen, begegnet man niemandem mehr in diesem Walde, außer von Zeit zu Zeit einer Patrouille, einem Militärposten einer der verbündeten Mächte. Und man hört nichts mehr, als den Schritt der Schildwachen vor den Palästen und Tempeln, höchstens noch den Schrei der Raben bei irgend einer Leiche und das scheußliche Bellen der Hunde, die an den Toten nagen.

Zunächst habe ich einen Bezirk zu durchschreiten, wo nur Bäume stehen, Bäume von wirklich chinesischer Verschnörkelung, deren

Anblick hinreichen könnte, um das Gefühl und die Beklemmung des Verbanntseins hervorzurufen. Unter diesen Bäumen setzt sich der Weg fort, unheimlich und plötzlich verdunkelt durch das alte Astwerk, das die Dämmerung fast zur Nacht macht. Auf dem kurzen, herbstlich welken Grase hüpfen verspätete Elstern, hüpfen auch in schwarzem Kreis vor dem Aufbäumen, Raben mit immer lauterem Gekrächze, unheimlich inmitten der Kälte und Stille. Und dort unten zerren Hunde in einer Art Lichtung, auf die noch ein Lichtschein fällt, einen langen Gegenstand umher, der menschliche Gestalt hat. Nach dem Zusammenbruch sind die Verteidiger der »Gelben Stadt« in dies Gehölz gekommen, um hier irgendwo zu sterben, und es war nicht möglich, sie alle aufzulesen . . .

Eine Viertelstunde später taucht die »Violette Stadt« auf, deren eine Ecke sich bei einer Wegebiegung vor mir erhebt. Langsam tritt sie hervor, stumm und geschlossen wie immer, wie ein ungeheures Grab. Ihre langen geraden Mauern über den grasverwachsenen Gräben verlieren sich in unklare, schon dunkle Weiten. Beim Näherkommen scheint die Stille noch zuzunehmen, als würde sie noch verdichtet und ausgebrütet in ihrer furchtbaren Umwallung – die Stille und der Tod.

Jetzt beginnt eine Bucht des Lotossees sichtbar zu werden, wie ein zwischen dem Schilf liegender heller Spiegel, der den letzten Himmelsschein widerstrahlt. Ich gehe dicht am Ufer entlang bis zur Nephritinsel, zu der eine Marmorbrücke hinüberführt – und im voraus kenne ich die mich täglich angrinsende wilde chinesische Grimasse der zwei Ungeheuer, die diese Brücke hüten, an der sie seit Jahrhunderten kauern.

Endlich trete ich aus dem bedrückenden Schatten der Bäume; der Lotossee breitet sich ganz vor mir aus und gibt den weiten dämmernden Himmel frei, der sich nun wieder über mich wölbt. In seiner eisigen Leere entzünden sich die ersten Sterne, und eine jener Nächte beginnt, die man hier, inmitten dieser eigenartigen Gegend von Peking, in einem Übermaß von Vereinsamung und Stille verbringt – während von Zeit zu Zeit ferne Gewehrschüsse die tragische Ruhe der Paläste und Bäume stören.

Der Frost naht; man fühlt sein Kommen an der Schärfe der Luft, die das Gesicht peitscht.

Der Lotossee, dessen Wasser früher nicht zu sehen waren, denn sie mußten in der Blumenzeit ein wunderbares Feld rosiger Kelche sein, wie es die Dichter Chinas besingen, ist heute zu Ende Oktober nur ein trauriger, mit rötlichen Blättern bedeckter Sumpf, von dem in dieser Abendstunde ein winterlicher Nebel aufsteigt, wie eine Wolke, die über welkes Schilf hinzieht.

Meine Wohnung liegt am anderen Ufer des Sees, und ich überschreite die große Marmorbrücke, die ihn in prachtvollem Bogen überspannt, der trotz der herabsinkenden grauen und schwarzen Schatten noch weiß leuchtet.

Wie erwartet, steigt plötzlich Leichengeruch in der eisigen Luft auf. Seit einer Woche kenne ich den, der ihn mir schickt: in blauem Kleide, die Arme ausgestreckt, die Nase im Uferschlamm, zeigt er seinen Nacken mit gespaltenem Schädel. Ebenso errate ich seinen Kameraden, der zehn Schritte weiter, den Bauch in der Luft, in dem unheimlichen Dickicht der Gräser liegt.

Sobald ich die schöne, einsame Marmorbrücke und die blasse Nebelwolke, die über dem Wasser liegt, hinter mir habe, bin ich auch schon gleich bei meiner Wohnung. Links kommt erst ein Fayenceportal, das zwei deutsche Posten bewachen – zwei lebende Wesen. Ich bin nicht böse, sie bald auf meinem Wege zu treffen, und wenn sie noch etwas sehen, werden sie automatisch präsentieren. Hier ist der Eingang zu den Gärten, in deren Hintergrund der Feldmarschall Graf Waldersee einen Palast der Kaiserin bewohnt.

Zweihundert Meter weiter, nachdem ich noch andere Portale und Trümmer durchschritten habe, werde ich zu einer neuen Bresche in einer alten Mauer gelangen: der Zugang zu meiner Wohnung, von einem französischen Soldaten, einem Chasseur d'Afrique, bewacht. Noch ein anderer Palast der Kaiserin liegt dort tief verborgen hinter Mauern und verliert sich unter Bäumen, ein zierlicher Palast, ganz aus Schnitzwerk und Glas. Dann aber werde ich eine Glastüre öffnen, die mit rosa Lotosblumen bemalt ist, und mein allabendliches Feenmärchen wiederfinden – unter prachtvoll geschnitzten Bögen aus Ebenholz und auf gelben Teppichen, im Glanz unschätzbarer Porzellane, Cloisonné- und Lackarbeiten und kaiserlicher Seide mit goldgestickten Fabelwesen . . .

Es ist schon fast Nacht, als ich in meine Wohnung zurückkehre. Die unterirdischen Öfen sind bereits wie jeden Abend geheizt, und eine angenehme Wärme beginnt vom Boden aufzusteigen und dringt durch die dicken goldgelben Teppiche. Jetzt fühle ich mich schon heimisch, behaglich und bequem in diesem Palaste, der uns am ersten Tage so tödlich anmutete.

Ich speise wie gewöhnlich mit meinem Kameraden C . . . an dem kleinen Ebenholztisch, der etwas verloren in der langen, ins Dunkel verlaufenden Galerie steht. C . . . hat am Tage neue prachtvolle Kunstgegenstände entdeckt und hier aufstellen lassen, damit wir uns wenigstens einen Abend lang an ihnen ergötzen.

Da ist zunächst wieder ein Thron von einem uns ganz unbekannten Stil; Wandschirme von riesigen Maßen auf Ebenholzfüßen, mit glitzernden Vögeln geschmückt, die unter phantastischen Blumen mit Affen kämpfen; Armleuchter, die seit dem 18. Jahrhundert in ihren mit gelber Seide ausgeschlagenen Behältern schlummerten und die jetzt, an den durchbrochenen Bögen hängend, auf unsere Köpfe wie ein Regen von Perlen und Schmelz herabfallen, – und so noch viele andere unbeschreibliche Dinge, die seit heute den Überfluß unserer Reichtümer an Kunstgegenständen des fernsten Ostens vermehren.

Aber wir genießen heute zum letztenmal unsere Galerie in ihrer Unberührtheit und Tiefe; morgen muß zunächst die Mehrzahl dieser Kunstgegenstände, die unser Auge entzückten, etikettiert und aufbewahrt werden, und dann wird dieser Flügel des Palastes durch leichte Scheidewände getrennt, um Wohnungen und Büros für den Generalstab abzugeben. Nur ein einziger wohnlicher Salon bleibt dem General vorbehalten, der hier den Winter zubringen soll. – Das alles muß Kapitän C . . . besorgen, der hier Architekt aus dem Stegreif und oberster Intendant ist, während ich als zeitweiliger Gast nur beratende Stimme habe.

So haben wir denn heute zum letztenmal das Bild und den Höhepunkt unserer kurzen kaiserlichen Phantasmagorie vor uns, und so bleiben wir am Abend länger beisammen als gewöhnlich. Da wir den kindlichen Einfall hatten, uns einmal in asiatische Prunkgewänder zu kleiden, strecken wir uns auf goldenen Kissen aus und rufen das Opium zu Hilfe, das günstig auf die schon etwas müde und blasierte Einbildungskraft einwirkt, die uns leider nur noch geblieben ist . . . Ach! wie magisch wäre uns doch einige Jahre früher die Einsamkeit dieses Palastes ohne Hilfe jedes Narkotikums erschienen! . . .

Natürlich ist es ausgezeichnetes Opium, dessen Rauch in kleinen Spiralen rasch in die Höhe steigt und sofort die Luft mit schwülem Duft erfüllt. Nach und nach wird es uns in die chinesische Extase wiegen, wir werden vergessen, uns leicht fühlen, federleicht und jung.

Tiefste Stille draußen, denn der Militärposten ist weitab und ohnedies eingeschlafen; tiefste Stille, verlassene Höfe, über denen der Frost liegt, und schwarze Nacht. Die Galerie, deren Enden sich in unbestimmtem Dunkel verlieren, wird immer wärmer; die Hitze aus den unterirdischen Öfen wird schwül zwischen diesen Wänden aus Glas und zusammengeklebtem Papier, die zwar zu schwach wären, um uns vor Überraschungen von außen zu schützen, aber die Säle so hermetisch verschließen, daß man sich durch die Wohlgerüche vergiften kann.

Weich auf dicke Seidenkissen hingestreckt, sehen wir die Decke und die Reihe der Bögen mit ihrem spitzenfeinen Schnitzwerk und die herabhängenden Laternen mit ihrem Perlengeriesel vor unseren Blicken verschwimmen. Goldene Fabelwesen glänzen hier und da gedämpft auf den grünen und gelben Seidenstoffen mit ihren schweren Falten. Die hohen Schutzwände und Wandschirme aus Cloisonné, Lack oder Ebenholz, der größte Luxus in China, bilden überall Winkel, erlesene und geheimnisvolle Verstecke mit Porzellan, Bronzen und Ungeheuern, die mit ihren Nephritaugen auf uns schielen . . .

Tiefste Stille. Nur in der Ferne fällt von Zeit zu Zeit einer jener Schüsse, die hier allnächtlich die Stille unterbrechen, oder auch ein Alarmschrei, ein Schrei der Verzweiflung – Scharmützel zwischen europäischen Posten und chinesischem Gesindel, oder Schildwachen, die von den Leichen und der Nacht erschreckt, vielleicht nur auf Schatten schießen.

Die einzigen hellen Gegenstände im Lichtkreis unserer Lampe, deren Zeichnung und Farben sich unseren jetzt unbeweglichen Augen wie in einer Zwangsvorstellung einprägen, sind vier riesige Räucherpfannen von hieratischer Form aus Cloisonné von wunderbarer

Bläue, die auf goldenen Elefanten ruhen. Sie heben sich deutlich von Feldern aus schwarzem Lack ab, die mit einem Geschwirr großer weißer Flügel bedeckt sind, einem Schwarm großer dahinjagender Vögel, deren jede Feder in verschiedenem Perlmutter gearbeitet ist. Offenbar beginnt unsere Lampe zu verlöschen, denn außer diesen ganz nahen Gegenständen gewahren wir fast nichts mehr von der Pracht dieses Ortes, – die höchstens in unserer Erinnerung weiterlebt, – als den kostbaren Umriß einer fünfhundertjährigen Vase, das Schimmern unnachahmlicher Seidenstoffe oder den Glanz einer Schmelzarbeit . . .

Der Opiumrauch hält uns lange wach, in einem halb klaren, halb betäubten Zustand. Niemals hatten wir die chinesische Kunst so tief verstanden; man möchte sagen, daß sie sich uns erst heute abend erschlossen hat. Zunächst ahnten wir, wie alle Welt, nichts von ihrer fast erschreckenden Größe, bevor wir diese »Kaiserliche Stadt« erblickten, bevor wir den ummauerten Palast der Söhne des Himmels betraten. Und zu dieser nächtlichen Stunde, in der überheizten Galerie, mitten im wohlriechenden Rauche, der uns umwölkt, steigert sich der Eindruck der großen düsteren Tempel, der großen Dächer mit ihren glasierten Ziegeln, welche die titanische Größe der marmornen Terrassen überragen, zur unterwürfigen Bewunderung, zur Hochachtung, ja zum Entsetzen . . .

Und dann, wie ist doch diese Kunst, selbst in den tausend Einzelheiten des spitzenfeinen Schnitzwerks und der Metallarbeiten, die uns hier verschwenderisch umgeben, so geschickt und treffsicher, wenn sie, um die Anmut der Blüten wiederzugeben, schmachtende oder stolze Stellungen übertreibt, das Kolorit brennend oder köstlich blaß macht, oder wenn sie, um die Wildheit irgendwelcher Lebewesen, selbst der kleinsten Schmetterlinge oder Libellen zu veranschaulichen, ihnen samt und sonders Krallen oder Hörner, scheußliches Grinsen und große schielende Augen verleiht! . . . Die Stickereien auf unseren Kissen haben recht: ja, da sind Rosen, Lotosblüten, Chrysanthemen! Und die Insekten, Käfer, Fliegen oder Nachtfalter sind geradeso wie die kleinen abscheulichen, in Goldrelief gemalten Tiere auf unseren Courfächern . . .

In einer ganz eigentümlichen körperlichen Betäubung, die den Geist frei macht (in Benares würde man vielleicht sagen: den Astralleib frei macht), scheint uns alles in diesem Palaste und übrigens in der ganzen Welt leicht, erfreulich und unterhaltend. Wir beglückwünschen uns gegenseitig, daß wir die »Gelbe Stadt« in einem ganz einzigen Augenblick der chinesischen Geschichte bewohnen – einem Augenblick, wo alles offen steht und wo wir noch dazu fast allein sind, ungehindert in unserer Laune und Neugier. Das Leben scheint uns Tage voll spannender, ja selbst neuer Ereignisse in Aussicht zu stellen. Im Gespräch finden wir Wortreihen, Ausdrücke und Bilder, die endlich das Unaussprechliche in Worte fassen, den noch nie ausgesprochenen Untergrund aller Dinge. Alle Mutlosigkeit, das große Bangen, das wir durchs Leben schleppten, wie der Galeerensträfling seine Kugel, ist unstreitig gelindert.

Und die kleinen Unannehmlichkeiten des Augenblickes, die kleinen Ärgernisse sind verschwunden . . . Sehen wir z. B. durch die Glasscheiben der Galerie in der Ferne um unseren Glaspalast eine bleiche verdächtige Laterne sich bewegen, so regt uns das gar nicht auf und wir sagen nur:

»Schau! wieder Diebe! Sie müssen uns doch sehen. Morgen müssen wir wieder eine Treibjad veranstalten!«

Und es dünkt uns ganz gleichgültig, ja sogar behaglich, daß nur Glasscheiben unsere Kissen und kaiserlichen Seidendecken von der Kälte und dem Grausen trennen, – von einer Umgebung, wo die Leichen in den Trümmern sich zu dieser späten Stunde mit weißem Reif bedecken.

Donnerstag, 25. Oktober

Umspielt von meiner Katze, habe ich den ganzen Tag in der Einsamkeit meines Rotundenpalastes, den ich gestern verlassen, gearbeitet.

Sobald die rote Abendsonne in den Lotossee taucht, kommen wie gewöhnlich meine beiden Burschen, um mich abzuholen. Aber nach Überschreiten der Marmorbrücke gehen wir heute weiter, ohne uns bei der Bresche aufzuhalten, durch die man zu meinem zierlichen Nordpalast gelangt. Wir müssen unseren Weg durch Staub und Trümmer nehmen, denn ich habe dem Erzbischof von Peking, Monsignor Favier, meinen Besuch angesagt; er wohnt in unserer Nachbarschaft, außerhalb, aber ganz nahe der »Kaiserlichen Stadt«.

Es ist schon dämmerig, als wir die »Katholische Konzession« betreten, wo die Missionare und ihre arme gelbe Herde das Elend einer langen Belagerung durchgemacht haben. Die von Kugeln durchlöcherte Kathedrale ragt undeutlich in den erloschenen Himmel, der so staubgeschwängert ist, daß man ihn von Nebeln umflort glaubt. Es ist der neuerrichtete Dom, dessen Bau die Kaiserin als Ersatz des älteren genehmigt hat, den sie zur Aufbewahrung ihrer überflüssigen Einrichtung bestimmt hatte.

Monsignor Favier, das Oberhaupt der französischen Missionen, wohnt seit vierzig Jahren in Peking und hat lange die Gunst der Kaiser genossen; er war der erste, der die Boxergefahr voraussah und vor ihr warnte. Trotz des augenblicklichen Zusammenbruches seines Werkes ist er noch eine Macht in China, denn ein kaiserliches Dekret hat ihm vor längerer Zeit den Rang eines Vizekönigs verliehen.

Der Empfangssaal, in dessen weißen Wänden ein frischgeflicktes Granatloch zu sehen ist, enthält kostbare chinesische Kunstgegenstände, über die man in dieser Priesterwohnung zunächst erstaunt ist. Er hat sie früher gesammelt und verkauft sie heute wieder, um die paar tausend Hungernden zu unterstützen, die der Krieg in seiner Kirche zurückgelassen hat.

Der Bischof ist ein stattlicher Mann, mit schönen regelmäßigen Zügen und schlauen, energischen Augen. Jene Bischöfe des Mittelalters, welche die Kreuzfahrer ins Heilige Land begleiteten, müssen ihm geglichen haben, im Äußeren wie in ihrem zähen Willen. Erst seit dem Beginn der Feindseligkeiten gegen die Christen hat er die Soutane der französischen Priester wieder angelegt und seinen langen chinesischen Zopf abgeschnitten. (Bekanntlich war das Tragen des Zopfes und des Mandarinengewandes einer der größten und grundstürzendsten Gunstbeweise, welche die Kaiser des Himmlischen Reiches den Lazaristen gewährt hatten.)

Er gewährt mir eine Unterredung von über einer Stunde, und während ein seidengekleideter Chinese uns den Tee reicht, schildert er mir die große Tragödie, die sich soeben hier abgespielt hat. Eine Mauer von vierzehnhundert Meter Länge war zu verteidigen, und ein junger Fähnrich mit dreißig Matrosen hat diesen über zwei Monate dauernden Widerstand gegen Tausende wutschnaubender Peiniger inmitten der brennenden Riesenstadt aus dem Nichts organisiert. Er erzählt das alles in diesem weißen, halb kirchlichen Saale mit ganz leiser Stimme, aber seine Worte werden wärmer und wärmer; sie beben gedämpft, mit einer gewissen soldatischen Rauheit, und von Zeit zu Zeit schnürt ihm die Erregung die Kehle zu, – besonders wenn vom Fähnrich Henry die Rede ist.

Der fiel, von zwei Kugeln durchbohrt, schon gegen Ende des letzten großes Kampfes, und seine dreißig Matrosen waren stark gelichtet und fast alle verwundet! . . . In goldenen Lettern müßte man diese Geschichte ihres Sommers erzählen, damit sie nicht zu schnell vergessen wird, müßte sie für ewig festhalten, denn sonst würde man sie bald nicht mehr glauben.

Und diese Matrosen unter der Führung ihres blutjungen Offiziers waren keine ausgesuchten Leute; es waren die ersten besten, die man eilig und wahllos vom Bord unserer Schiffe nahm. Einige bewunderungswürdige Priester teilten sich mit ihnen in den Wachtdienst, ein paar tapfere Seminaristen feuerten unter ihrem Befehl, ebenso ein Schwarm mit alten elenden Flinten bewaffneter Chinesen. Sie aber waren die Seele der zähen Verteidigung, und nicht ein einziger ist im Anblick des Todes, der ihnen die ganze Zeit lang in der Verschiedenheit seiner gräßlichsten Formen vor Augen stand, schwach geworden oder hat gemurrt.

Ein Offizier und zehn italienische Matrosen, die der Zufall hierher verschlug, haben ebenfalls bis zum Ende wie Helden gekämpft, und sechs von ihnen sind gefallen.

Aber auch eines anderen Heldenmutes muß man gedenken, des demütigen Heldenmutes dieser armen katholischen oder protestantischen chinesischen Christen, die sich wahllos unter den Schutz des Bischofs geflüchtet hatten und die wohl wußten, daß ein einziges Wort der Abschwörung, eine einzige Verneigung vor einem Buddhabild ihnen das Leben sicherte, und die dennoch treu ausharrten, trotz des Hungers, der in ihren Eingeweiden wühlte, und des fast sicheren Martyriums! Zugleich wurden außerhalb dieser schützenden Mauern etwa fünfzehntausend ihrer Brüder verbrannt, lebendig zerhackt und stückweise in den Fluß geworfen, weil sie den neuen Glauben nicht verleugnen wollten.

Unerhörte Dinge trugen sich während dieser Belagerung zu: ein Bischof[1], mit Streifschüssen am Kopfe, entriß mit einem Schiffsfähnrich und vier Matrosen dem Feind ein Geschütz; Seminaristen stellten Pulver aus den verkohlten Zweigen der Bäume ihres Schulhofes und aus Salpeter her, den sie in der Nacht stahlen, indem sie die Mauern eines chinesischen Zeughauses überstiegen.

Man lebte in unausgesetztem Lärm, in fortwährendem Regen von Steinen und Kugeln; alle marmornen Glockentürme der Kathedrale waren von Granaten zerschossen, wankten und fielen stückweise auf die Häupter der Verteidiger herab. Zu allen Stunden trafen unablässig Kugeln in die Höfe, schlugen durch die Dächer, spalteten die Mauern. Besonders aber bei Nacht prasselten die Kugeln wie Hagel nieder, und man hörte die Hörner der Boxer erschallen oder die scheußlichen Gongs dröhnen, und aus voller Kehle ertönte die ganze Zeit ihr Mordgeschrei: Cha! cha! (Tod! Tod!) oder: Chao! chao! (Verbrennen! Verbrennen!) und erfüllte die Stadt wie das Geheul einer riesigen Meute von Jagdhunden.

Das war im Juli und August, in erstickender Glut, und man lebte mitten im Feuer: Brandleger gossen Petroleum an die Tore oder spritzten es auf die Dächer und warfen brennendes Werg darauf. Man mußte von hier oder dort herbeilaufen, Leitern schleppen und mit feuchten Decken hinaufklettern, um diese Brände zu ersticken. Laufen, ja laufen mußte man während der ganzen Zeit, wenn man auch völlig erschöpft war, und der Kopf so schwer, die Beine so schwach waren, weil man niemals genug hatte, sich satt zu essen.

Laufen! . . . Es gab eine Art von traurigem Wettlauf, den die barmherzigen Schwestern zu veranstalten hatten, den Wettlauf der Frauen und kleinen Kinder, die durch Leiden und Furcht schon verblödet waren. Diese edlen Frauen hatten zu bestimmen, wann, je nach der

1 Monsignor Jarlin, Coadjutor des Monsignor Favier.

Schußrichtung der Granaten, der Platz gewechselt werden sollte. Sie wählten den am wenigsten gefährlichen Augenblick, um gebückten Hauptes in raschem Lauf einen Hof zu durchqueren und anderswo ein Versteck zu suchen. Gegen tausend Frauen, jetzt kopflos und willenlos, mit armen sterbenden Säuglingen am Hals, folgten den Schwestern wie ein menschliches Kielwasser, gingen vor oder wichen zurück und drängten sich gegenseitig, um die weißen Hauben ihrer Beschützerinnen nicht aus den Augen zu verlieren . . . Laufen, wenn man sich vor Hunger kaum mehr auf den Beinen halten konnte und vor äußerster Erschöpfung sich am liebsten zu Boden geworfen hätte, um den Tod zu erwarten! Das unaufhörliche Krachen der Schüsse, der ewige Lärm, die Kugeln, der Steinhagel, und jeden Augenblick einen Tapferen in seinem Blute sich wälzen zu sehen, daran gewöhnte man sich noch. Aber der Hunger war unerträglicher als alles. Man bereitete Suppen aus den Blättern und jungen Schößlingen der Bäume, aus den Wurzeln der Dahlien des Gartens und den Zwiebeln der Lilien. Arme Chinesen kamen und baten demütig:

»Das wenige, was noch an Hirse da ist, soll für die Matrosen aufgehoben werden, die uns verteidigen und ihre Kräfte nötiger brauchen als wir.«

Zu den Füßen des Bischofs jammerte flehend ein Weib, das am Abend vorher ein Kind geboren:

»O Bischof! Bischof! nur eine Handvoll Körner gib mir, damit ich Milch bekomme und mein Kind am Leben bleibt!«

Die ganze Nacht hindurch ertönte die Kirche von dem Jammern von zwei- bis dreihundert Kindern, die zu essen verlangten. Nach dem Ausdruck des Monsignor Favier klang es wie das Geblöke einer Herde junger Lämmer, die zum Opfer bestimmt sind. Ihr Geschrei ließ übrigens nach, denn täglich wurden etwa fünfzehn beerdigt.

Man wußte wohl, daß nicht weitab, in den europäischen Gesandtschaften, ein gleiches Drama sich abspielen mußte, aber selbstverständlich war jede Verbindung abgeschnitten, und wenn irgendein junger christlicher Chinese sich opferte, um eine Nachricht des Bischofs dorthin zu bringen, um Hilfe oder wenigstens Mitteilungen zu erlangen, sah man alsbald seinen Kopf, den Brief des Bischofs an die

Wange gespießt, über der Mauer auf einer Stange erscheinen, um die seine Gedärme gewickelt waren.

Alles war voll Blut, voll Gehirn, das aus zerschmetterten Schädeln spritzte. Nicht allein, daß hunderte von Kugeln täglich über sie niederhagelten, die Boxer luden ihre Kanonen auch noch mit Kieselsteinen und Ziegeln, mit Eisenstücken, Bruchteilen von Kochtöpfen, mit allem, was in ihre rasenden Hände fiel. Ärzte waren nicht vorhanden; man verband die großen schrecklichen Wunden, die weiten Löcher in der Brust, so gut es ging, aber ohne Hoffnung. Die Arme der freiwilligen Totengräber erlahmten beim Aufscharren des Bodens, der den Toten oder Teilen von Toten als Grab dienen sollte. Und immer ertönten die Schreie der wütenden Horde: Cha! cha! (Tod! Tod!). Und immerfort erklang das unheimliche Rasseln der Gongs und das Brüllen der Hörner . . .

Minen explodierten an verschiedenen Stellen und rissen Menschen und Mauern in die Tiefe. In dem Schlund, den eine von ihnen aufriß, verschwanden die fünfzig kleinen Säuglinge der Krippe, deren Leiden damit wenigstens zu Ende waren. Jedesmal aber öffnete sich dann den Boxern eine neue große Bresche, in die sie sich stürzten – ein klaffendes Tor für Marter und Tod.

Doch jedesmal eilte der Fähnrich Henry mit den überlebenden Matrosen herbei; immer sah man ihn da auftauchen, wo es nötig war, von wo man am besten schießen konnte, auf einem Dach, einem Mauerrand – und sie säten Tod in die Reihen der Feinde, ohne eine Kugel ihrer Mehrlader zu verschwenden, denn jeder Schuß traf sein Ziel. Auf der Erde kauerten in aufgeregten Haufen fünfzig bis hundert Priester; Chinesen und Chinesinnen schleppten Steine und Ziegeln herbei, Marmor von der Kathedrale, einerlei was, um mit bereitgehaltenem Mörtel die Bresche zu schließen, und so war man noch einmal bis zur nächsten Mine geschützt!

Aber endlich gings nicht weiter; die magere Suppenration wurde immer kleiner, man war am Ende der Kräfte . . .

Die Leichen der Boxer, die sich längs des weiten, so verzweifelt verteidigten Mauerrings häuften, erfüllten die Luft mit Pestgeruch und lockten die Hunde an, die in Kampfpausen zusammenliefen, um ihre

Bäuche auszufressen. Dann erschoß man diese Hunde in der letzten Zeit von der Mauer herab und angelte nach ihnen mit einem Haken, der an einem Strick befestigt war – und das war die Nahrung für die Kranken und die säugenden Mütter.

Am Tage endlich, als unsere Soldaten, dem Zeichen des weißhaarigen Bischofs folgend, der von der Mauer herab die französische Fahne schwang, zum Ersatz einrückten –, an dem Tage, wo man sich mit Freudentränen einander in die Arme warf – da war gerade für jeden noch eine einzige und letzte Mahlzeit mit Zuhilfenahme vieler Baumblätter vorhanden.

»Es war,« sagte Monsignor Favier, »als hätte die Vorsehung unsere Reiskörner gezählt!«

Und dann erzählt er wieder vom Fähnrich Henry:

»Das einzige Mal während der ganzen Belagerung, wo wir geweint haben,« sagt er, »war bei seinem Tode. Trotz seiner beiden tödlichen Verwundungen hatte er sich noch lange aufrecht gehalten, gab immer noch Befehle und regelte das Schießen seiner Leute. Am Ende des Kampfes stieg er langsam von der Bresche herunter und sank in die Arme zweier unserer Priester. Da weinten wir alle, und mit uns alle seine Matrosen, die herantraten und ihn umringten. – War er doch auch ein liebenswürdiger, einfacher, guter Mensch, freundlich gegen den Letzten ... Solch ein Soldat sein und geliebt werden wie ein Kind – gibt es etwas Schöneres?«

Und nach einer Pause fügte er hinzu:

»Und er war gläubig, dieser Brave! Jeden Morgen kam er zu uns, um zu beten oder zu kommunizieren, und dabei sagte er lächelnd:

›Man muß sich bereit halten.‹«

Es ist schon finstere Nacht, als ich den Bischof verlasse, dem ich nur einen kurzen Besuch abstatten wollte. Rund umher ist alles trostlose Öde, Einsturz, Trümmer; nichts gleicht mehr einem Hause, keine Spuren von Straßen mehr. Ich gehe mit meinen beiden Burschen, unseren Revolvern und unserer kleinen Laterne; ich gehe im Gedanken an den Fähnrich Henry, an seinen Ruhm, an seine Erlösung, an alles andere, als an die nebensächlichen Einzelheiten des Weges, den ich durch diese Ruinen nehmen muß ... Übrigens ist es ja gar nicht weit, kaum einen Kilometer ...

Ein jäher Stoß des mongolischen Windes, der unser Licht in seinem Papierfutteral ausbläst, hüllt uns in eine solche Staubwolke, daß man keine zwei Schritt weit sieht, wie im dichtesten Nebel. Und da wir nie in dies Viertel gekommen waren, sind wir plötzlich verirrt, mitten zwischen Hindernissen und Löchern. Wir stolpern über Steine, über Trümmer, über zerbrochenes Porzellan oder Stücke von Schädeln.

Der Staub umwölkt uns so dicht, daß wir uns kaum nach den Sternen richten können, und wirklich, wir wissen nicht mehr ein und aus ...

Plötzlich Leichengeruch ... Ach! unsere Entdeckung von gestern morgen, der Schützengraben der Skalpierten! Wir erkennen ihn an gewissen Randsteinen wieder, gerade noch rechtzeitig, um nicht hineinzufallen. Jetzt ist alles gut, die Richtung stimmte; noch zweihundert Meter, und wir werden vor unserem Glaspalaste stehen, werden zu Hause sein ...

Freitag, 26. Oktober

Fast zu spät verlasse ich meinen Nordpalast und eile zum Stelldichein, das mir Li-Hung-Tschang für neun Uhr morgens gegeben hat.

Ein Chasseur d'Afrique begleitet mich. Wir folgen einem chinesischen Reiter, der uns als Führer geschickt wurde. Zuerst reiten wir eine Weile in raschem Trab unter den blassen Sonnenstrahlen durch Stille und Staub längs der großen stummen Mauern und der Sumpfgräben des Kaiserpalastes.

Dann, beim Verlassen der »Gelben Stadt«, beginnt Leben und Lärm. Nach dieser herrlichen Einsamkeit, in der zu wohnen man schon gewöhnt ist, fühlt man sich beim Betreten des gewöhnlichen Peking stets überrascht, das Gewimmel Chinas und seines armseligen Volkes wiederzufinden. Man kann sich gar nicht vorstellen, daß diese Gehölze, diese Seen und Horizonte, die uns die wirkliche Landschaft vorspiegeln, künstliche Dinge sind, ringsum von der ameisenartigsten aller Städte umgeben.

Unstreitig kehren die Leute in Massen nach Peking zurück. (Wie Monsignor Favier sagt, sind es hauptsächlich Boxer in allen möglichen Verkleidungen und Gestalten.) Von Tag zu Tag nimmt die Menge der Seidengewänder und blauen Kattunkleider, der geschlitzten Augen und Zöpfe zu.

Trotzdem wir uns mitten in diesem ganzen Treiben befinden, müssen wir unseren Trab beschleunigen, denn wir sind offenbar noch weit, und die Zeit vergeht. Unser Führer scheint jetzt zu galoppieren; ihn selbst sehen wir nicht mehr, denn die Straßen sind hier noch staubiger als die Wege der »Gelben Stadt«; nur die schwarze Staubwolke bleibt sichtbar, die ihn und sein kleines mongolisches Pferd einhüllt – und dieser Wolke folgen wir.

Nach einem halbstündigen raschen Ritte hält diese Wolke endlich in einer traurigen Gasse ohne Ausblick vor einem alten verfallenen Hause . . . Ist es möglich, daß er da wohnt, dieser Li-Hung-Tschang, reich wie Aladin, der Besitzer von Palästen und Herrlichkeiten, der einer der dauerndsten Günstlinge der Kaiserin und ein Ruhmestitel Chinas war? . . .

Ich weiß nicht, aus welchen gewiß mannigfachen Gründen ein Kosakenposten mit schmutzigen Uniformen und naiven roten Gesichtern den Eingang bewacht. Der Saal, in den man mich führt, liegt am Ende eines Hofes; er ist verfallen und in größter Unordnung; in der Mitte ein Tisch und zwei oder drei etwas feiner in Ebenholz geschnittene Lehnstühle – sonst nichts. Im Hintergrund ein Chaos von Koffern, Reisetaschen, Paketen und zusammengerollten Decken; das sieht aus wie die Vorbereitungen zu einer Flucht. Der Chinese, der mich an der Schwelle der Straßentür empfangen hatte, trägt ein schönes Kleid von pflaumenblauer Seide. Er bietet mir einen Stuhl an und dann Tee; er ist der Dolmetsch des Hauses und spricht ein korrektes, ja elegantes Französisch. Wie er sagt, bin ich Seiner Hoheit soeben gemeldet worden.

Auf das Zeichen eines anderen Chinesen führt er mich alsbald in einen zweiten Hof, und dort erscheint in der Türe eines Empfangssaales ein Greis von hoher Gestalt, der mir entgegenkommt. Rechts und links stützt er sich auf die Schultern seidengekleideter Diener, die er um Haupteslänge überragt. Er ist ein Riese. Seine Backenknochen springen unter kleinen Augen hervor, ganz kleinen, lebhaften, forschenden Augen. Es ist der ausgeprägte mongolische Typus, doch nicht ohne eine gewisse Schönheit und mit dem Ansehen eines Grandseigneurs, obgleich sein Pelzrock von unbestimmter Farbe, fleckig und abgenutzt ist. (Man hatte es mir übrigens im voraus gesagt: Seine Hoheit glaubt in diesen Tagen des Elends sich arm stellen zu müssen.)

Der große verfallene Saal, in dem er mich empfängt, ist wie der erste mit Koffern und verschnürten Paketen angefüllt. Wir nehmen in Lehnsesseln Platz, einer gegenüber dem andern, ein Tisch zwischen uns, auf den Diener Zigaretten, Tee und Champagner stellen. Zunächst mustern wir uns gegenseitig wie zwei Wesen, die eine Welt trennt.

Nachdem er mich nach meinem Alter und der Höhe meines Einkommens gefragt hat (das ist eine chinesische Höflichkeitsformel), verbeugt er sich abermals und die Unterhaltung beginnt.

Als wir die brennenden Tagesfragen besprochen hatten, klagt Li-Hung-Tschang über China und die Ruinen von Peking.

»Ich habe ganz Europa bereist,« sagt er, »und die Museen aller Ihrer Hauptstädte gesehen. Auch Peking hatte das seinige, denn die ganze »Gelbe Stadt« war ein Museum, das schon seit Jahrhunderten angelegt ist und den Vergleich mit den schönsten europäischen aushielt ... Und jetzt ist es zerstört ...«

Dann fragt er mich, was wir eigentlich in unserem »Nordpalast« treiben, und forscht mich mit liebenswürdiger Vorsicht aus, ob wir dort auch nichts verderben.

Er weiß so gut wie ich, was wir dort machen, denn er hat überall seine Spione, selbst unter unseren Lastträgern; indes heuchelt sein rätselhaftes Gesicht Genugtuung bei meiner Versicherung, daß wir nichts zerstören.

Nachdem die Audienz beendigt ist und wir uns die Hände gedrückt haben, geleitet mich Li-Hung-Tschang, stets auf seine Diener gestützt, die er mit seiner hohen Gestalt überragt, bis in die Mitte des Hofes zurück. Als ich mich dann auf der Schwelle umwende, um ihn noch einmal zu grüßen, erinnert er mich verbindlich an mein Versprechen, ihm den Bericht über meine Reise nach Peking zu senden – falls ich überhaupt je Zeit fände, ihn zu schreiben. Trotz der vollendeten Liebenswürdigkeit des Empfanges, den ich hauptsächlich meinem Titel als Mandarin der Literatur verdanke, hat dieser alte Fürst aus der chinesischen »Tausend und eine Nacht« mir in seinem abgetragenen Kleide in einer Umgebung der Armut immerfort einen beunruhigenden, verstellten Eindruck gemacht. Er blieb undurchdringlich und war vielleicht im Stillen voll Verachtung oder Ironie.

Mitten durch Ruinen und Trümmer schlage ich den zwei Kilometer weiten Weg zum Gesandtschaftsviertel ein, um mich von unserem Gesandten zu verabschieden, der noch immer krank und bettlägerig ist, und seine Aufträge für den Admiral entgegenzunehmen, denn längstens übermorgen muß ich Peking verlassen und an Bord zurückkehren.

Nach Beendigung dieses Besuches will ich soeben wieder zu Pferde steigen, um nach der »Gelben Stadt« zurück zu reiten – da kommt ein Mitglied der Gesandtschaft auf mich zu und macht mir liebenswürdig eine bestimmte, ganz merkwürdige Angabe, dank der ich ohne Zweifel heute abend zwei kleine Schuhe der Kaiserin von China ergattern werde, um sie als Beuteanteil zu behalten. Auf einer schattigen Insel im südlichen Teil des Lotossees befindet sich nämlich fast verborgen ein zierlicher Palast, worin die Herrscherin die letzte bange Nacht zubrachte, bevor sie ihre tolle Flucht in einem Karren wie eine arme Frau antrat. Nun, das zweite Zimmer links im Hintergrunde des zweiten Hofes dieses Palastes war das ihre. Und dort sollen unter einem geschnitzten Bette zwei kleine Schuhe aus roter Seide mit eingestickten Schmetterlingen und Blumen zurückgeblieben sein, die nur ihr gehört haben können.

Ich kehre also flugs in die »Gelbe Stadt« zurück und frühstücke rasch in der Glasgalerie, aus der leider schon die wunderbaren Kunstgegenstände in ihren neuen Aufbewahrungsort weggetragen werden, damit die Zimmerleute mit den Einbauten beginnen können. Und schnell gehe ich jetzt zu Fuß mit meinen beiden treuen

Burschen auf die Suche nach dieser Insel, diesem Palast und diesen kleinen Schuhen.

Die Mittagssonne brennt heiß auf die ausgetrockneten Wege und die alten, von Staub grau gefärbten Zedern hernieder.

Ungefähr zwei Kilometer südlich von unserer Wohnung finden wir unschwer die Insel; sie liegt an einem Teile des Sees, wo dieser sich in verschiedene kleine Arme verzweigt, über die Marmorbrücken führen, die von grün bekränzten Marmorbalustraden eingefaßt sind. Der halb unter den Bäumen verborgene Palast, reizend und zierlich, steht auf einer Terrasse aus weißem Marmor. Seine Dächer aus grüner, goldgetönter Fayence, seine durchbrochenen, bemalten und vergoldeten Mauern leuchten durch das staubige Grün uralter Zedern mit dem Glanz kostbarer, ganz neuer Gegenstände. Er war ein kleines Wunder von Anmut und Feinheit, und in dieser Verlassenheit und Stille ist er reizend.

Durch die geöffneten Tore, über die schneeweißen Stufen rieseln Bruchstücke von allen möglichen entzückenden Dingen wie ein Wasserfall herab: Scherben von kaiserlichem Porzellan, von Arbeiten in Goldlack, kleine Drachen aus Bronze, mit den Krallen nach oben, Fetzen von rosa Seide und künstliche Blumensträuße. Die Barbaren sind hier gewesen, aber welche? Gewiß nicht die Franzosen, gewiß nicht unsere Soldaten, denn niemals ist ihnen dieser Teil der »Gelben Stadt« übergeben worden, niemals sind sie hierher gekommen.

In den inneren Höfen, in denen bei unserem Eintritt eine Wolke von Raben auffliegt, herrscht die gleiche Verwüstung. Der Boden ist mit eleganten, zierlichen, etwas frauenhaft anmutenden Gegenständen bedeckt, die mutwillig zerstört sind, und zwar erst ganz vor kurzem. So haben denn die leichten Stoffe, die seidenen Blumen, die Schmuckfetzen ihre Frische noch nicht verloren.

»Im Hintergrund des zweiten Hofes das zweite Zimmer links! . . .« Da ist's . . . Ein Thron ist noch da, Lehnsessel, ein großes, sehr niedriges Bett, von Künstlerhand geschnitzt. Aber alles ist verwüstet. Offenbar mit Kolbenstößen sind die Spiegelscheiben zertrümmert, durch welche die Kaiserin die Reflexe des Sees und die rosa Lotosblumen, die Marmorbrücken und Inselchen, kurz, die ganze für ihre

Augen erfundene und geschaffene Landschaft betrachten konnte. In Fetzen hängt von der Wand ein Stück feinster weißer Seidentapete, auf die ein hervorragender Künstler in blassen Tönen Lotosblumen gemalt hatte, viel größer als die natürlichen, schmachtender, vom Herbstwind niedergebeugt und halb entblättert, ihre Blütenblätter verstreuend ...

Unter diesem Bett, unter das ich sofort blicke, liegen Haufen von beschriebenem Papier, Seidenkleider, entzückende Lumpen. Meine beiden Diener, die mit Stöcken darin herumstöbern wie Lumpensammler, haben bald gefunden, was ich suche: ein paar kleine rote Schuhe, erstaunlich und drollig.

Es sind keine von den lächerlichen Puppenschuhen chinesischer Damen mit verkrüppelten Zehen; als tartarische Prinzessin hat die Kaiserin ihre Füße nicht verunstaltet, aber sie sind, wie es scheint, von Natur sehr klein. Nein, das sind gestickte Pantoffel von ganz normaler Form; das Außergewöhnliche an ihnen liegt nur in den Absätzen, die wenigstens dreißig Zentimeter hoch sind, die ganze Sohle einnehmen und sich nach unten wie die Sockel von Statuen verbreitern, weil ihre Trägerin sonst fallen müßte. Kurz, es sind ganz unwahrscheinliche Klötze aus weißem Leder.

Ich habe nie gedacht, daß Frauenschuhe einen solchen Umfang haben könnten. Und wie sie jetzt wegbringen, ohne den Schildwachen oder den Patrouillen, die wir unterwegs treffen können, als Plünderer zu erscheinen?

Da kommt Osman auf den Einfall, sie mit Bindfäden an Renauds Gürtel zu befestigen, wo sie unter den Zipfeln seines langen Wintermantels nicht zu sehen sein werden. Ein prächtiges Taschenspielerstückchen; selbst beim Gehen – denn wir lassen ihn vor uns auf- und abschreiten, um eine Probe zu machen – könnte man nichts erraten ... Übrigens habe ich auch gar keine Gewissensbisse und stelle mir vor, daß die noch immer schöne Kaiserin, wenn sie die Szene von weitem sehen könnte, zuerst daüber lachte ...

Jetzt kehren wir in der brennenden Sonne, im kargen Schatten der alten staubigen Zedern, raschen Schrittes in meinen Palast der Rotunde zurück, wo mir in meinem gläsernen Gartenhaus kaum noch zwei

Stunden Licht und Wärme bleiben, um vor Einbruch der Nacht und Kälte zu arbeiten.

Allemal, wenn ich zu diesem Palast hinaufsteige, bin ich entzückt, die hallende Stille meiner Plattform wiederzufinden, die der Zinnenkranz der Wälle umgibt, jene künstlich geschaffene Plattform, von der man ringsum die gleichfalls künstlichen, aber weiten und uralten Landschaften überblickt, – die vor allem verboten sind, verboten, seit sie bestehen, und bis zu diesen Tagen von keinem Europäerauge erschaut wurden.

Alles hier ist so vollkommen chinesisch, daß man sozusagen im Herzen des Gelben Landes ist, in einer Art Quintessenz und Ausbund von China. Diese hängenden Gärten waren der Lieblingsaufenthalt für die ultrachinesischen Phantasien einer starrsinnigen Kaiserin, die vielleicht davon träumte, ihr Land wie in alten Zeiten vor der ganzen übrigen Welt zu verschließen, die aber heute ihr Reich, das durch und durch wurmstichig ist wie seine Myriaden von Tempeln und Götzen aus vergoldetem Holz, zu ihren Füßen zusammenstürzen sieht ...

Zauberhaft ist hier die Stunde, wo die riesige rote Kugel der chinesischen Herbstabendsonne vor ihrem Untergehen die Dächer der »violetten Stadt« mit ihrem Licht übergießt. Dann verlasse ich jedesmal mein Gartenhaus, um immer wieder diesen auf Erden einzigen Anblick zu genießen.

Welch barbarische Häßlichkeit bietet im Vergleich damit eine unserer europäischen Städte, aus der Vogelperspektive gesehen: eine Anhäufung unförmiger Giebel und gemeiner Dachziegel, schmutzige Dächer mit Ofenröhren und Rauchfängen, und das Allerscheußlichste, ein schwarzes Netz sich kreuzender elektrischer Drähte! In China hält man freilich nichts von Pflastern und Straßenreinigung, dafür aber ist alles, was sich nur etwas in die Luft erhebt – das Gebiet der immerfort umherfliegenden Schutzgeister – stets tadellos. Und dieser ungeheuere Schlupfwinkel der Kaiser, heute öde und leer, entfaltet für mich allein zu dieser Abendstunde den verschwenderischen Luxus seiner Glasurdächer.

Trotz ihres Alters funkeln sie noch in der roten Abendsonne, die gelben Fayencepyramiden mit ihren geschweiften Formen von einer uns unbekannten Anmut. An allen Ecken ihrer Firste kommen große flügelartige Zierate vor, und weiter unten folgen die Reihen von Ungeheuern in immer gleichen Stellungen, die sich von Jahrhundert zu Jahrhundert wiederholen, geheiligt und unveränderlich.

Sie funkeln, die gelben Fayencepyramiden. Bis weit hinaus, vom blauen Himmel abgesetzt, wo der ewige Staub zittert, hat man gleichsam eine goldene Stadt vor sich, – und allmählich, je mehr die Sonne sinkt, eine Stadt von rotem Kupfer ...

Zuerst herrscht Stille über alledem; dann erhebt sich überall das krächzende Schlaflied der Raben, und wie ein Leichentuch sinkt plötzlich Grabeskälte über diese glasierte Pracht, sobald die Sonne verlischt ...

Wie vorgestern verlassen wir auch heute abend den Palast der Rotunde und begeben uns zu Monsignor Favier, ohne uns beim Nordpalast aufzuhalten.

Er empfängt mich in dem gleichen weißen Saale, in dem hier und da Koffer und Reisetaschen auf den Möbeln umherliegen. Der Bischof reist morgen nach Europa ab, das er seit zwölf Jahren nicht gesehen hat. Zunächst geht er nach Rom zum Papst, dann nach Frankreich, um für seine in Not geratenen Missionen Geld zu erlangen. Sein vierzigjähriges großes Werk ist vernichtet, fünfzehntausend seiner Christen hingemordet, seine Kirchen, seine Kapellen, Spitäler und Schulen, alles ist zerstört, dem Boden gleichgemacht, die Friedhöfe geschändet. Und doch will er alles von neuem beginnen; er verzweifelt an nichts.

Als er mich durch den schon dunkelnden Garten zurückgeleitet, deutet er auf seine von Granaten durchlöcherte Kathedrale, das einzige, was noch steht und sich mit dem zerbrochenen Kreuze traurig vom Nachthimmel abhebt, und ich bewundere die prächtige Energie, mit der er zu mir sagt:

»Alle Kirchen, die sie mir zerstört haben, werde ich größer und höher wieder aufbauen! Und jede Tat des Hasses und der Gewalt gegen uns soll im Gegenteil einen Fortschritt für das Christentum in diesem Lande bedeuten. Vielleicht werden sie mir meine Kirchen noch einmal zerstören; wer kann es wissen? Wohlan! ich werde sie ein drittes

Mal wieder aufbauen, und wir werden sehen, wer es zuerst satt wird, sie oder ich! . . .«

Da erschien er mir groß in seiner Festigkeit und seinem Glauben, und ich begreife, daß China mit diesem Apostel und Vorkämpfer wird rechnen müssen.

Samstag, 27. Oktober

Vor meinem Abschied wollte ich die »Violette Stadt« mit ihren Thronsälen noch einmal sehen und sie diesmal nicht auf versteckten Umwegen und durch Schlupfpforten betreten, sondern auf der Prunkstraße und durch die großen, seit Jahrhunderten verschlossenen Tore – um mir unter den Trümmern von heute doch eine Vorstellung von der glanzvollen Ankunft der Herrscher zu machen.

Keine unserer abendländischen Großstädte ist so einheitlich und kühn in Entwurf und Anlage, so von dem Gedanken beherrscht, die Pracht der Aufzüge zu steigern und vor allem die Wirkung des kaiserlichen Erscheinens eindrucksvoll zu gestalten. Der Thron hier ist der Mittelpunkt von allem; diese Stadt von der Regelmäßigkeit einer geometrischen Figur scheint nur geschaffen, um den Thron des Sohnes des Himmels, des Herrschers über vierhundert Millionen Seelen, zu umschließen und zu verherrlichen, um seinen Vorhof zu bilden, um den Zugang zu ihm durch Riesenstraßen zu führen, die an Theben oder Babylon gemahnen. Und man versteht jetzt, daß jene chinesischen Gesandtschaften, die in der Blütezeit ihres Riesenreiches zu unseren Königen kamen, nicht übermäßig geblendet waren, als sie das Paris von damals, das Louvre oder Versailles sahen! . . .

Das Südtor von Peking, durch das die Züge die Stadt betraten, liegt genau in der Achse dieses einst schreckensvollen Thrones, auf den in gerader Linie sechs Kilometer lange Straßen mit Torbauten und Ungeheuern münden. Hat man durch dies Südtor die Mauern der »Chinesischen Stadt« durchschritten und ist man zunächst zwischen den beiden Riesentempeln des Ackerbaus und des Himmels vorbeigekommen, so folgt man eine halbe Stunde lang der großen Verkehrsader mit ihrer goldspitzenartigen Häusereinfassung. Sie führt zu einer zweiten Umfassungsmauer – derjenigen der »Tartarenstadt« – die noch höher und beherrschender ist als die erste. Dort öffnet sich ein noch riesenhafteres Tor, von einem schwarzen Wartturm überragt, und weiter läuft die Straße, stets gleich grade und tadellos, bis zu einem dritten Tor in einem dritten blutrot gefärbten Wall – dem der »Kaiserlichen Stadt«.

Selbst nach Betreten der »Kaiserlichen Stadt« ist man noch immer weit von diesem Thron, auf den man in gerader Linie zuschreitet, der alles beherrscht und der ehemals unsichtbar war. Aber durch den Anblick der Umgebung ist man gleichsam auf seine Nähe vorbereitet; von hier ab mehren sich die marmornen Ungeheuer, die riesigen Löwen, die von ihren Sockeln höhnisch herabgrinsen; rechts und links stehen marmorne Obelisken, von Drachen umwundene Monolithe, auf deren Spitze stets das gleiche heraldische Tier sitzt, eine Art hagerer Schakal mit Hängeohren und todfletschendem Maule, der zu bellen und vor Schreck zu heulen scheint vor dem überirdischen Ding, das dort steht: dem Thron des Kaisers. Auch die Mauern vervielfältigen sich und schneiden den Weg, blutrote, dreißig Meter hohe Mauern, von geschweiften Dächern überragt und von dreifachen Toren durchbrochen, die immer unheimlicher, niedriger und enger werden, wie Mausefallen. Die Verteidigungsgräben am Fuß dieser Mauern haben weiße Marmorbrücken, dreifach wie die Tore. Und jetzt ist der Weg mit großen, prachtvollen Platten gepflastert, die sich schräg kreuzen wie ein Parkettboden.

Dann dringt diese schon meilenlange Straße in die »Kaiserliche Stadt« ein und wird plötzlich menschenleer, aber noch großartiger und breiter führt sie zwischen langen, regelmäßigen, düsteren Gebäuden hin: Wohnungen der Leibwachen und Soldaten. Keine vergoldeten Häuschen mehr, keine kleinen Läden, kein Menschengewimmel; hinter diesem letzten Mauerring macht das Leben des Volkes Halt vor der erdrückenden Wucht des Thrones. Und ganz im Hintergrunde dieser Einsamkeit, auf die von der Spitze der Obelisken magere Marmortiere als Wächter herabschauen, erblickt man endlich den ängstlich gehüteten Mittelpunkt Pekings, den Wohnsitz der Söhne des Himmels.

Die letzte Umwallung, die dort erscheint – die der »Violetten Stadt«, des Palastes – hat wie die vorhergehenden die Farbe gestillten Blutes;

sie ist mit Warttürmen besetzt, deren dunkle Glanzziegeldächer an den Ecken zurückgebogen sind und in dräuende Spitzen auslaufen. Die dreifachen Tore, stets in der Achse der Riesenstadt liegend, sind zu klein, zu niedrig im Verhältnis zur Höhe der Mauer, zu tief und beängstigend, wie die Eingänge von Tunnels. Oh! wie schwer und riesenhaft ist das alles, wie fremdartig die Linie dieser Dächer, wie kennzeichnend für den Geist des »gelben Kolosses«! . . .

Der Verfall hat hier jedenfalls schon vor Jahrhunderten begonnen; der rote Bewurf der Mauern ist stellenweise abgefallen oder mit schwarzen Flecken bedeckt; der Marmor der dräuenden Obelisken und der plumpen, schielenden Löwen konnte nur unter dem Regen zahlloser Jahreszeiten so vergilben, und das grüne Gras, das überall in den Granitfugen sprießt, umzieht wie mit einer Sammetlinie das Muster der Marmorplatten.

Diese dreifachen Tore, die letzten, früher die unzugänglichsten der Welt, sind seit der Niederlage der Chinesen einer Abteilung amerikanischer Soldaten anvertraut und öffnen sich heute dem oder jenem Barbaren, wie mir, wenn er einen richtig unterzeichneten Erlaubnisschein vorweist.

Hat man die Tunnels durchschritten, so steht man in einer Weite aus weißem Marmor – ein Weiß, das allerdings ein wenig in das Gelb des Elfenbeins spielt und stark gefleckt ist vom Rostbraun der gefallenen Blätter, der herbstlichen Gräser und des wilden Gesträuchs, das diesen verlassenen Ort überwuchert. Man steht auf einem marmorgepflasterten Platz und hat vor sich eine erdrückende Plattform aus Marmor, die sich im Hintergrunde wie eine Mauer erhebt. Auf dieser Plattform steht der eigentliche Thronsaal mit gedrungenen blutroten Säulen und monumentalem Dache aus alten Glanzziegeln. Dieser weiße Platz ist wie ein Kirchhof: so viel Gestrüpp ist zwischen den gehobenen Steinplatten hervorgewachsen, und in der Stille hört man nichts, als das Krächzen der Elstern und Raben.

Am Boden liegen Reihen von Bronzeblöcken, einer wie der andere, eine Art von Kegeln, auf denen Tiergestalten angedeutet sind; sie stehen zwischen dem braunen Gras und den entlaubten Zweigen umher, und man könnte sie verstellen wie ein Spiel riesiger schwerer Kegel.

Seinerzeit dienten sie bei feierlichen Aufzügen dazu, die Standplätze der Fahnen und die Punkte zu kennzeichnen, wo die höchsten Besucher sich niederwerfen mußten, wenn der Sohn des Himmels geruhte, im Hintergrunde auf der Höhe der Marmorterrassen wie ein Gott zu erscheinen, von Bannern umgeben, in goldnem Panzer, mit Köpfen von Ungeheuern auf den Schultern und goldenen Flügeln als Kopfschmuck, – eine Tracht, deren überirdischen Glanz uns die im Ahnentempel aufbewahrten Bilder überliefern.

Zu diesen Terrassen, die den Thronsaal tragen, steigt man auf Rampen von babylonischen Verhältnissen empor. Die dem Kaiser allein vorbehaltene ist der »Kaiserliche Pfad«, das heißt eine schiefe Ebene aus einem einzigen Stück Marmor, einer jener unverschiebbaren Blöcke, die von der Stelle zu bringen das Geheimnis der einstigen Menschheit war. Ein fünfkralliger Drache ringelt sich im Relief von oben bis unten über diesen Stein, der die breiten, weißen Treppen mitten durchteilt und zu Füßen des Thrones führt. Kein Chinese würde wagen, diesen »Pfad« zu betreten, den die Kaiser herabstiegen, ihre hohen Sohlen auf die Schuppen des heraldischen Tieres drückend, um nicht auszugleiten.

Diese Marmorrampen von einem durch die Jahrhunderte unberührten Weiß sind mit hunderten von Geländersteinen bedeckt, auf deren Spitze das Licht fällt und die, aus der Nähe gesehen, eine Art kleiner, von Reptilen umschlungener Zwerge darstellen.

Der Saal dort oben, der heute allen Winden und allen Vögeln des Himmels preisgegeben ist, trägt auf dem Dache die größte Menge gelber Fayence, die es in Peking gibt, und das stachligste Ungeheuer. Seine Eckzierate haben die Form großer ausgebreiteter Flügel. Im Innern ist natürlich alles Glanz, eine Feuersbrunst von rotem Gold, das einen in den chinesischen Palästen stets verfolgt. In der Wölbung mit ihrer unentwirrbaren Zeichnung winden sich Drachen nach allen Richtungen, ineinander verschlungen und verwickelt; ihre Krallen und Hörner erscheinen überall zwischen Wolken, – und einer löst sich von der Menge und scheint von diesem schrecklichen Himmel herabfallen zu wollen, in seiner hängenden Kralle eine goldene Weltkugel gerade über dem Throne haltend. Dieser Thron aus rotem und goldenen Lack ragt inmitten des dämmerigen Raumes auf einer Estrade; hinter ihm auf hohen Schäften zwei breite Federschirme, das Sinnbild der Herrschaft, und längs der Stufen, die zum Throne führen, Räuchergefäße wie in den Pagoden zu Füßen der Götter.

Wie die Straßen, auf denen ich gekommen bin, wie die Reihen von Brücken und die dreifachen Tore, liegt dieser Thron genau in der Achse von Peking, dessen Seele er darstellt; wären nicht alle diese Mauern und alle diese Umwallungen, so hätte der Kaiser, der auf diesem Sockel aus Marmor und Lack thronte, seinen Blick bis in die äußersten Tiefen der Stadt tauchen können, bis zu dem letzten Durchbruch der Mauern, die Peking umschließen. Die tributpflichtigen Herrscher, die ihm nahten, die Gesandtschaften, die Heere, waren von dem Augenblick, wo sie Peking durch das Südtor betraten, sozusagen unter dem Feuer seiner unsichtbaren Blicke.

Auf dem Boden liegt ein dicker Teppich von der goldgelben kaiserlichen Farbe, der in verblaßter Zeichnung den Kampf der Fabelwesen, den Alptraum des Schnitzwerks der Decke wiederholt. Es ist ein riesenhafter Teppich aus einem einzigen Stück und von so hochstehender, dichter Wolle, daß die Schritte darin ersticken, wie auf dem Gras einer Wiese; aber er ist ganz zerrissen, von Motten zerfressen und hier und dort mit grauem Vogelmist bedeckt, – denn Elstern, Tauben und Raben nisten hier in dem Schnitzwerk der Wölbung, und sobald ich eintrete, erfüllt sich die unheimliche Stille mit einem Schwirren erschreckt auffliegender Vögel, oben, hoch oben, bei den im Halbdunkel schimmernden Balken, unter dem Golde der Drachen und Wolken.

Für uns uneingeweihte Barbaren ist das Unverständliche an diesem Palaste, daß er drei solcher ganz gleicher Säle mit den gleichen Thronen, den gleichen Teppichen, den gleichen Zieraten an den gleichen Stellen enthält; sie bilden eine Flucht hintereinander, stets genau in der Achse der vier ummauerten Städte, die alle zusammen Peking bilden; auch liegt vor jedem der gleiche große marmorne Hof, und jeder von ihnen steht auf der gleichen Marmorterrasse, zu der man auf den gleichen Treppen, den gleichen kaiserlichen Pfaden emporsteigt. Überall die gleiche Verlassenheit, das gleiche Wuchern der Gräser und Sträucher, der gleiche Verfall eines alten Friedhofes, die gleiche hallende Stille, die nur das Krächzen der Raben unterbricht.

Warum drei? da doch notwendigerweise der eine die beiden anderen verdecken muß und man, um vom ersten in den zweiten oder vom zweiten in den dritten zu gelangen, jedesmal in einen weiten, traurigen Hof ohne jede Aussicht hinabgehen und dann zwischen den prunkhaften, aber so eintönigen und bedrückenden Massen des elfenbeinfarbigen Marmors wieder hinaufsteigen muß!

Diese Dreizahl muß irgendeine geheimnisvolle Bedeutung haben, und auf unsere schon verwirrte Einbildungskraft macht diese Wiederholung den gleichen Eindruck wie die drei gleichen Heiligtümer und die drei gleichen Höfe im großen Tempel der Lamas . . .

Die Privatgemächer des jungen Kaisers hatte ich schon gesehen. Die der Kaiserin – denn sie hatte ihre Gemächer hier in der »Violetten Stadt« neben denen in den zierlichen Palästen, die ihre Herrscherlaune über die Parks der »Gelben Stadt« verstreut hatte – die der Kaiserin sind weniger melancholisch und vor allem weniger dunkel. Säle und Säle sind es, einer dem anderen gleich, mit großen Spiegelscheiben in den Fenstern und stets mit einer kostbaren Bedachung aus gelben Glanzziegeln; jeder hat seine marmorne Freitreppe, die von zwei goldfunkelnden Löwen bewacht ist, und die kleinen, dazwischen liegenden Gärtchen sind angefüllt mit Kunstgegenständen aus Bronze, großen heraldischen Tieren, schlanken Phönixen oder kauernden Ungeheuern.

Im Innern gelbe Seidenstoffe und viereckige Lehnstühle von der durch die Jahrhunderte geheiligten und wie ganz China unveränderlichen Form. Auf den Truhen und Tischen steht eine Menge kostbarer Gegenstände in kleinen Glaskästen, um sie vor dem ewigen Staube von Peking zu schützen. Das gibt diesen Dingen die Schwermut von Mumien und verbreitet in den Gemächern die Kälte eines Museums. Viele künstliche Blumensträuße, phantastische Blumen in blassen Tönen aus Bernstein, Nephrit, Achat oder Mondstein . . .

Der große unnachahmliche Luxus der Säle dieses Palastes ist immer eine Reihe ebenholzgeschnitzter, durchbrochener Bögen, die wie dichte Buchenhecken mit schwarzem Blattwerk aussehen. In welchen fernen Wäldern ist dies Ebenholz gewachsen, aus dem jede dieser Trauerbuchen in einem einzigen Stücke geschnitzt ist? Und mit welchen Meißeln und welcher Geduld konnte man derart im vollen Holze bis zum Kern des Baumes jeden Stengel und jedes Blatt dieser leichten Bambusse oder jede feine Nadel dieser Zedern schnitzen – und dazwischen noch Schmetterlinge und Vögel verteilen?

Hinter dem Schlafgemach der Kaiserin befindet sich eine Art von dunklem Betraum voll buddhistischer Gottheiten auf den Altären. Noch schwebt hier ein köstlicher Duft, den die elegante und galante, noch im Alter schöne Herrscherin zurückließ. Zwischen diesen Götterfiguren steht eine kleine, ganz verblichene, abgenutzte Figur aus uraltem Holz, deren Gold nicht mehr glänzt, mit einem Halsschmuck echter Perlen, und vor ihr ein welkender Blumenstrauß, die letzte Gabe, sagt mir einer der Eunuchen und Palastführer, welche die Kaiserin im Augenblick vor ihrer Flucht aus der »Violetten Stadt« diesem kleinen alten Buddha, ihrem Lieblingsfetisch, dargebracht hat.

Ich werde heute zum letzten Male diese Residenz durchwandern, und zwar in umgekehrter Richtung wie am ersten Tage.

Um hinauszukommen, muß ich jetzt also in jenes Viertel, wo alles ummauert und wieder ummauert ist, die Tore verbarrikadiert und von immer schrecklicheren Ungeheuern bewacht sind . . . Die versteckten Prinzessinnen, die Schätze, sind sie hier? . . . Stets die gleiche Blutfarbe der Mauern, die gleichen gelben Fayencen auf den Dächern und zahlreicher denn je Hörner, Klauen, grausame Gestalten, Hyänenlachen, fletschende Zähne und schielende Augen; die kleinsten Dinge bis zu den Riegeln und Klopfern nehmen Gesichtszüge an, die Haß und Tod grinsen.

Alles verfällt vor Alter; die Fliesen auf dem Boden sind abgewetzt, das Holz dieser fest verriegelten Tore zerfällt in Staub. Es gibt alte dunkle Höfe, die man hundertjährigen Dienern mit weißen Bärten überlassen hat. Die haben dort ärmliche Hütten errichtet und leben wie Klausner, ziehen gelehrige Elstern auf oder züchten angesichts der ewig grinsenden Marmor- oder Bronzetiere kranke Blumen in Porzellanvasen. Kein Klosterhof, kein Gefängnisgang reicht an die Traurigkeit dieser allzu engen und dumpfen Höfe hinan, auf denen Jahrhunderte lang unumschränkt die finstere Laune der chinesischen Kaiser lastete. Hier wäre die Stelle für den unerbittlichen Satz: »Laßt, die ihr eingeht, jede Hoffnung schwinden!«

Je weiter man dringt, desto verwickelter und enger werden die Gänge; man sagt sich, daß man nie mehr hinausgelangen wird, daß die schweren Schlösser so vieler Türen nicht mehr aufgehen werden, oder daß die Wände aneinanderrücken, bis sie uns zerquetschen . . .

Trotzdem bin ich schon fast draußen, denn ich habe die innere Umfassungsmauer durch zwei massive Torflügel verlassen, die sich rasch hinter mir schließen. Jetzt bin ich zwischen dem ersten und zweiten Wall eingeschlossen, einer so dräuend als der andere; ich befinde mich auf dem Rondenweg, der um die ganze Stadt läuft, ein Weg der Angst, endlos lang zwischen den beiden dunkelroten Mauern, die in der Ferne zusammenzulaufen scheinen; ein paar menschliche Überreste liegen umher, Fetzen von Soldatenkleidern; auch zwei oder drei Raben sieht man hüpfen und einen leichenfressenden Hund umherschnuppern.

Als endlich vor mir die Eichenbohlen fallen, die das äußere Tor (das von den Japanern bewachte) verrammeln, finde ich, wie beim Erwachen aus einem Alptraum, den Park der »Gelben Stadt«, den freien Raum unter den großen Zedern . . .

Sonntag, 28. Oktober

Die Nephritinsel im Lotossee ist ein Felsen – vielleicht künstlich, obgleich so groß wie ein Berg –, der inmitten der Haine der »Gelben Stadt« aufragt. An seine Flanken klammern sich alte Bäume und alte, emporgestufte Tempel, und das Ganze krönend strebt ein Turm empor, ein Wachtturm von gewaltiger Größe und seltsamer, geheimnisvoller Gestalt. Man sieht ihn von überall; sein Umriß von wahrhaft übertrieben chinesischer Form beherrscht ganz Peking, und in seiner luftigen Höhe birgt er ein entsetzliches Götzenbild, dessen drohende Gebärde und Todesgrinsen über der Stadt schweben. Unsere Soldaten haben dieses Idol den »großen chinesischen Teufel« genannt.

Ich steige heute morgen hinauf, diesem »großen Teufel« meinen Besuch abzustatten.

Ein Brückenbogen aus weißem Marmor, der sich über das Schilf und die Lotospflanzen spannt, bildet den Zugang zur Nephritinsel.

Die beiden Köpfe dieser Brücke sind selbstverständlich von marmornen Ungeheuern bewacht, die jeden, der die Kühnheit hätte, über die Brücke zu gehen, wild angrinsen und anschielen. Die Ufer der Insel erheben sich steil unter den Zweigen der Zedernbäume, und sofort beginnt das Klettern über Treppen oder in den Felsen gehauene Wege. Nun stößt man auf eine ganze Reihe von Marmorterrassen, die sich stufenweise unter den dunklen Bäumen erheben, mit bronzenen Räuchergefäßen und dunklen Pagoden, in deren finsterem Hintergrunde riesige vergoldete Götzen funkeln.

Diese Nephritinsel ist ein wichtiger strategischer Punkt, denn sie beherrscht die ganze Umgebung, und so ist sie auch von einer Kompanie unserer Marine-Infanterie besetzt.

Unsere Soldaten haben hier kein anderes Obdach als die Pagoden und kein anderes Feldbett als die heiligen Tische. Um sich etwas Platz zu schaffen und sich nachts auf diese schönen roten Tische ausstrecken zu können, haben sie das Volk der kleinen Götzen zweiten Ranges, die seit Jahrhunderten darauf standen, vorsichtig vor die Türe gesetzt, die großen, feierlichen Götzenbilder aber auf ihren Thronen gelassen. So stehen sie draußen zu Hunderten, zu Tausenden, wie Spielzeug auf den weißen Terrassen aufgereiht, die armen kleinen, noch immer blinkenden Götzen, auf die jetzt Sonne und Staub herniederfällt. Und im Innern der Tempel, um die großen verschont gebliebenen Idole sind – ein rauher Anblick – die Gewehre unserer Soldaten zusammengestellt, ihre grauen Decken und Uniformen aufgehängt! Und wie haben unsere braven Leute schon mit ihrem Kasernengeruch diese verschlossenen Heiligtümer bis unter die lackierten Wölbungen erfüllt, die an den Duft von Sandelholz und Weihrauchstäben gewöhnt waren!

Zwischen den krummen Ästen der alten Zedern schimmert nach und nach ein grüner Horizont mit den rötlichen Tinten des Herbstes hervor: ein endloser Wald, aus dem nur hier und da gelbe Fayencedächer emportauchen. Dieser Wald ist Peking, das man sich gewiß nicht so vorgestellt hat – Peking von der Höhe der heiligsten Stätte aus gesehen, die nach aller Wahrscheinlichkeit der Fuß eines Europäers niemals betreten hatte.

Der Felsboden, der uns trägt, wird immer schmäler, je näher man dem »großen chinesischen Teufel« und der Spitze dieses isolierten Kegels kommt, der die Nephritinsel bildet.

Heute morgen kreuze ich beim Hinaufsteigen ein Häuflein merkwürdiger Pilger, die mir entgegenkommen: Lazaristen-Missionare in Mandarinentracht mit langem Zopfe, gefolgt von ein paar jungen chinesischen katholischen Priestern, die über ihr Hiersein bestürzt scheinen, als hätten sie trotz ihres auf den Väterglauben aufgepfropften Christentums noch das Gefühl, einen so lange verbotenen Ort durch ihre bloße Gegenwart zu entweihen.

Dicht am Fuße des großen Turmes, der diese Felsen krönt, liegt der Kiosk aus Fayence und Marmor, der den »großen Teufel« beherbergt. Man ist da in großer Höhe, in frischer reiner Luft, auf einer engen Terrasse über den breiten Wipfeln der Bäume, die heute kaum durch den gewöhnlichen Staub und Sonnendunst verschleiert sind.

Ich betrete die Wohnung des »großen Teufels«, des einzigen Bewohners dieser luftigen Region . . . Oh! welch scheußlicher Kerl! Er ist etwas über lebensgroß, in Bronze gegossen. Wie Shiva, der Gott des Todes, tanzt er über Leichen. Er hat fünf bis sechs gräßliche Gesichter, deren grinsende Fratzen fast unerträglich sind. Er trägt ein Halsband aus Totenschädeln und gestikuliert mit ungefähr vierzig Armen umher, die Marterwerkzeuge oder abgeschnittene Köpfe halten.

Das ist die Schutzgottheit, welche die Chinesen über ihrer Hauptstadt thronen lassen, höher als alle ihre pyramidenförmigen Fayencedächer, als ihre Türme und Pagoden – wie man bei uns einen Christus oder eine weiße heilige Jungfrau aufgerichtet hätte. Und dies ist gleichsam das greifbare Symbol ihrer tiefen Grausamkeit, das Wahrzeichen für den unerklärlichen Spalt im Gehirn dieser Menschen, die gewöhnlich so fügsam und sanft sind und so viel Sinn für den Reiz der Kinder und der Blumen haben, aber plötzlich mit wahnwitziger Freude zu Folterknechten werden können und Nägel und Eingeweide aus lebendigen Leibern reißen . . .

Was mich in der Luft trägt, die Felsen und Marmorterrassen, fällt unter mir zwischen den alten Zedernwipfeln in jähem, schwindelndem Sturz ab. Das Licht ist wunderbar, und die Stille vollkommen.

Peking zu meinen Füßen gleicht einem Walde! . . .

Ich war auf diesen unbegreiflichen Eindruck vorbereitet, aber meine Erwartung wird noch übertroffen. Ich hatte keine Ahnung, daß es außerhalb der Parks der »Kaiserlichen Stadt« so viel Bäume in den Höfen der Häuser, den Gärten und Straßen gibt. Alles ist wie mit Grün überflutet. Selbst jenseits der Wälle, die in der weiten Ferne ihren schwarzen Rahmen am Himmel abzeichnen, setzt sich der Wald schier endlos fort. Nur nach Westen liegt die graue Steppe, durch die ich an einem Schneemorgen gekommen bin, und nach Norden heben sich die Berge der Mongolei durchsichtig und schimmernd vom blassen Himmel reizvoll ab.

Die großen geraden Verkehrsadern dieser Stadt, nach einem einheitlichen Plan in einer Regelmäßigkeit und Breite gezogen, wie man sie in keiner unserer europäischen Hauptstädte findet, sehen von meinem Standpunkt wie Straßen im Walde aus, eingefaßt von drolligen, verschnörkelten, zierlichen Häuschen aus grauer Pappe oder fein ausgeschnittenem Goldpapier. Viele dieser Verkehrsadern sind ausgestorben; von hier oben betrachtet, erscheint das Treiben in den noch belebten wie eine Prozession kleiner brauner, auf den Boden gedrückter Tiere, etwa so wie ein Wanderzug von Ameisen; es sind die ewigen Karawanen, die langsam und still dahinziehen und sich in die vier Windrichtungen des gewaltigen Chinas zerstreuen.

Die Gegend unmittelbar zu meinen Füßen ist die entvölkerteste und stillste von ganz Peking. Nur Schweigen dringt herauf zu dem schrecklichen Götzen und zu mir, und wir beide berauschen uns gemeinsam an dem Licht und der frischen, eisigen Luft. Kaum ein Krächzen, verloren und unklar im weiten Raum, wenn unter uns ein Zug schwarzer Vögel vorbeiwirbelt . . .

Ein Gefühl des Bedauerns beschleicht mich heute nachmittag bei der Arbeit in meinem einsamen hohen Palaste: das Bedauern des Abschieds, denn ich stehe dicht vor meiner Abreise. Übrigens wird es ein Abschied für immer sein, denn käme ich später nach Peking zurück, so würde dieser Palast mir verschlossen sein, und jedenfalls fände ich nie meine reizende Einsamkeit wieder.

Dieser so entlegene, so unnahbare Punkt, den mir als Wohnung zu denken früher wie Wahnwitz erschienen wäre, ist mir schon so vertraut geworden wie alles, was sich darin befindet und was darin vorgeht! Die große Göttin aus Alabaster im dunklen Tempel, der tägliche Besuch der Katze, die Stille der Umgebung, der trübe Glanz der Oktobersonne, das Sterben der letzten Schmetterlinge an den Fensterscheiben, das Treiben der unter den glasierten Dächern nistenden Spatzen, das Wirbeln des welken Laubes und der Fall der kleinen balsamischen Zedernnadeln auf die Steinfliesen des Platzes, wenn der Wind sich regt . . . Welch merkwürdiges Geschick, wenn ich es bedenke, hat mich hier zum Herrn für wenige Tage gemacht! . . .

Im Nordpalast ist es mit der Herrlichkeit unserer langen Galerie bald vorbei. Schon ist sie in Zwischenräumen von leichten Holzwänden durchzogen, die rasch entfernt werden können, wenn die Kaiserin je an die Rückkehr denken sollte, die aber für den Augenblick Büros und Zimmer abteilen. In dem Teil, der den Salon des Generals bilden soll, stehen noch einige prächtige Kunstgegenstände; im übrigen ist alles vereinfacht, und die Seidenstoffe, die Porzellane, die Wandschirme und Bronzen sind heute ordnungsmäßig katalogisiert und in den Möbelspeicher gewandert. Unsere Soldaten haben sogar, um diese künftigen Räume des Generalstabes wohnlicher zu gestalten, europäische Sessel hergebracht, die sie hier und da in den Vorratsräumen des Palastes gefunden – Sophas und Lehnstühle in unklarem Renaissancestil mit altgoldenem Plüschbezug, wie in der guten Stube einer möblierten Provinzwohnung.

Ich werde jedenfalls morgen früh abreisen. Als Kapitän C. und ich noch ein letztes Mal zum Essen an unserem Ebenholztisch sitzen, stimmt uns beide der Anblick der großen Veränderung ringsum etwas schwermütig. Wie schnell ist unser chinesischer Kaisertraum ausgeträumt! . . .

Montag, 29. Oktober

Ich habe meine Abreise um vierundzwanzig Stunden verschoben, um den General Voyron, der heute abend nach Peking zurückkehrt, noch zu sehen und seine Mitteilungen für den Admiral entgegenzunehmen.

So bleibt mir denn ganz unversehens ein letzter Nachmittag, den ich in meiner hohen Warte verbringen kann, und ein letzter Besuch meines Kätzleins, das mich nicht morgen und niemals mehr an meinem gewohnten Platze wiederfinden wird. Übrigens wird es auch von Tag zu Tag kälter, und meine Arbeitsstätte wäre bald nicht mehr zu benützen.

Bevor sich das Tor dieses Palastes auf ewig hinter mir schließt, mache ich noch einen Abschiedsrundgang in alle entlegenen Winkel der Terrassen und alle verschnörkelten, reizenden Kioske, in denen die Kaiserin ohne Zweifel ihre Träume und ihre Liebschaften verbarg.

Als ich von der großen Alabastergöttin Abschied nehme, neigt sich die Sonne schon zum Untergang, und die Dächer der »Violetten Stadt« baden sich im Goldrot des Abends. Ich finde ihre ganze Umgebung verändert; die Soldaten, die unten die Pforte bewachen, sind heraufgekommen, um in ihrer Wohnung Ordnung zu machen; dabei haben sie die tausend Scherben von Porzellan und Armleuchtern, die tausend Reste von Vasen und Blumensträußen entfernt und den Platz sorgfältig ausgekehrt, und die alabasterne Göttin, so reizend blaß in ihrem Goldkleide, lächelt einsamer denn je im Hintergrunde ihres leeren Tempels.

Die Sonne dieses letzten Abends versinkt in den kleinen eisigen Winterwolken, deren bloßer Anblick mich frösteln läßt. Und während ich über die Marmorbrücke zurückgehe, um in den Nordpalast zu gelangen, läßt der Wind der Mongolei mich unter meinem Mantel erschauern. Der General ist mit einer Bedeckung von Kavallerie eben angekommen.

Dienstag, 30. Oktober

Um sieben Uhr früh, bei unveränderlich schöner Sonne und eisigem Winde, reite ich ab mit meinen zwei Burschen und dem jungen Chinesen Tum, unter Bedeckung von zwei Chasseurs d'Afrique, die mich bis zu meiner Dschunke begleiten sollen. Es sind ungefähr sechs Kilometer, bis wir die traurige Landschaft erreichen. Zunächst müssen wir natürlich über die Marmorbrücke durch den großen kaiserlichen Hain. Dann führt unser Weg in einer schwarzen Staubwolke durch das Peking der Ruinen, der Trümmer und der Armut, in dem morgendliches Gewimmel herrscht.

Endlich, nach den tiefen Toren, die in die hohen Wälle gebrochen sind, finden wir draußen die graue Steppe, über die ein furchtbarer Wind streicht, und sehen die riesigen mongolischen Kamele mit ihren Löwenmähnen, die in endlosem Zuge daherschreiten und unsere Pferde scheu machen.

Nachmittags sind wir in Tung-Tschau, der Stadt der Ruinen und Leichen, deren Stille man durchreiten muß, um an das Ufer des Peiho zu gelangen. Dort finde ich meine Dschunke am Ufer liegend, bewacht von einem Trainreiter; die gleiche Dschunke, die mich von Tientsin hierhergeführt hat, die gleiche chinesische Bemannung und vollkommen unversehrt all die kleinen Vorräte meines Wassertierlebens. Während meiner Abwesenheit wurde nur mein Vorrat an reinem Wasser geplündert, recht unangenehm für uns, aber wohl entschuldbar in dieser Zeit, wo das Flußwasser unseren armen Soldaten Entsetzen einflößt! Um so schlimmer! So werden wir siedenden Tee trinken.

Unterwegs bringe ich beim Etappenkommando meine Papiere in Ordnung, empfange unsere Feldration in dem in den Ruinen eingerichteten Lebensmitteldepot, und flugs machen wir die Dschunke von dem vergifteten Ufer los, das nach Pest und Tod stinkt, und beginnen mit der Strömung zum Meer hinabzuschwimmen.

Wenn es auch empfindlich kälter ist, als bei der Herfahrt, so ist es doch beinahe lustig, das Nomadenleben wieder aufzunehmen, in dem kleinen Sarkophag mit seinem Mattendach zu hausen und sich bei sinkender Nacht in die ungeheure Einsamkeit der Gräser zu vertiefen, während wir zwischen den schwarzen Ufern dahingleiten.

Mittwoch, 31. Oktober

Die Morgensonne glänzt über der von einer Eisdecke überzogenen Brücke der Dschunke. Das Thermometer zeigt 8° unter Null, und der mongolische Wind bläst heftig, scharf und grausam, aber großartig gesund.

Der schnelle Lauf des Flusses kommt uns zu statten, und viel rascher als bei der Bergfahrt ziehen die traurigen Ufer mit den gleichen Ruinen und den gleichen Leichen an den nämlichen Stellen vor unseren Augen vorüber. Von früh bis spät marschieren wir, um uns zu erwärmen, auf dem Leinpfad beinahe im Laufschritt neben den treidelnden Chinesen. Und es ist ein Hochgefühl physischen Lebens; in diesem Wind fühlt man sich unermüdlich und leicht.

Donnerstag, 1. November

Unsere Fahrt flußabwärts wird diesmal nur achtundvierzig Stunden währen, denn gegen Abend kommen wir in Tientsin an, und so haben wir nur zwei eisige Nächte unter dem dünnen Mattendach zugebracht, durch dessen Maschen die Sterne schimmern.

Tientsin, wo wir uns zunächst eine Unterkunft für die Nacht suchen müssen, hat sich seit unserer letzten Durchfahrt mächtig bevölkert. Wir brauchen beinahe zwei Stunden, um durch die riesige Stadt zu rudern, mitten unter Scharen von Kähnen und Dschunken, während die beiden Flußufer voll von chinesischem Volk sind, das schreit und herumläuft, kauft und verkauft, unbekümmert um den Einsturz der Mauern und Dächer.

Freitag, 2. November

Unter dem Frostwind, der unausgesetzt erbarmungslos weht und den Staub aufwirbelt, langen wir zu Mittag in dem gräßlichen Taku, an der Mündung des Flusses an. Aber leider ist es unmöglich, heute zum Geschwader zu kommen; die Flutverhältnisse sind ungünstig, die Sandbank schwierig, der Wasserstand niedrig. Vielleicht morgen oder noch später? . . .

Ich hatte fast Zeit genug gehabt, das ungewisse unerquickliche Leben zu vergessen, das man hier führen muß: ewige Sorge, wie das Wetter sein wird, Fürsorge für irgendeine mit Soldaten oder Kriegsmaterial gefüllte Barke, die draußen vielleicht überrascht wird oder an der Sandbank scheitern könnte, Schwierigkeiten und Gefahren aller Art bei dem fortwährenden Hin und Her zwischen dem Land und Schiffen bei der Ausschiffung des Expeditionskorps – was vielleicht dem Fernstehenden äußerst einfach erscheinen mag, an einer solchen Küste aber eine Welt von Schwierigkeiten birgt . . .

Samstag, 3. November

Seit dem Morgen bei hoher Flut unterwegs zum Geschwader. Nach einer halben Stunde ist das düstere Ufer Chinas hinter uns verschwunden, und der Rauch der Panzerschiffe beginnt seine schwarze Wolke am Horizont zu ziehen. Aber wir fürchten umkehren zu müssen, denn das Wetter ist allzu schlecht . . .

Ganz vom Sprühregen durchnäßt, komme ich schließlich an und springe zwischen zwei Wellen an Bord des »Redoutable«, wo meine Kameraden, die nicht wie ich ein hochchinesisches Zwischenspiel gehabt, schon seit vierzig Tagen unausgesetzt Dienst tun.

Rückkehr nach Ning-hai

Etwa sechs Wochen später. Es ist noch Morgen, aber dunkel und kalt. Nach dem Besuch Tientsins, Pekings und anderer Orte, wo so viele fremdartige oder düstere Bilder an unseren Augen vorüberzogen, liegen wir wieder vor Ning-hai, das wir in der Zwischenzeit ganz vergessen hatten; unser Schiff hat bei Tagesanbruch seinen früheren Ankerplatz wieder eingenommen, und wir kehren in das Fort der Franzosen zurück.

Es ist dunkel und kalt; der Herbst, der in diesen Gegenden sehr plötzlich kommt, hat mit einem Male Frost gebracht, und die Birken und Weiden verlieren ihre letzten Blätter unter einem tief herabhängenden, eisigen Himmel von trüber Färbung.

Die Zuaven, die dieses Fort besetzt halten und vor einem Monat so heiter hier einzogen, um unsere Matrosen abzulösen, haben in der chinesischen Erde schon einige der Ihren zurückgelassen, die vom Typhus hinweggerafft oder durch Minenexplosionen und Schüsse gefallen sind. Heute morgen kommen wir mit dem Admiral und Marinetruppen her, um zweien von ihnen die letzte Ehre zu erweisen. Die sind auf besonders tragische Weise durch einen bedauernswerten Irrtum unter russischen Kugeln gefallen.

Die sandigen, mit gelben Blättern bedeckten Straßen sind noch einsamer als vorher. Die Kosaken in der Ebene haben ihre Lager abgebrochen und sind jenseits der Großen Mauer nach der Mandschurei zu verschwunden. Zu Ende ist das Treiben der ersten Tage, die Verwirrung und das heitere Durcheinander; es hat »sich gelegt«, wie man in der Marinesprache sagt. Ein jeder hat das ihm angewiesene Winterquartier bezogen; aber die Bauern der Umgegend sind nicht zurückgekehrt, die Dörfer öd und verlassen geblieben.

Das noch immer mit seinen chinesischen Sinnbildern, seiner Steinplatte und seinem Ungeheuer verzierte Fort trägt jetzt einen ganz französischen Namen: es heißt »Fort Admiral Pottier«. Sobald wir eintreten, ruft die Trompete für den Admiral ins Gewehr. Die in Reih und Glied stehenden Zuaven, blicken mit zärtlicher Ehrerbietung auf den hohen Offizier, der die Bestattung zweier der Ihrigen mit seiner Anwesenheit beehrt.

Sofort nach Durchschreiten des Tores hat man den unerwarteten Eindruck, französischen Boden zu betreten –, und wirklich kann man sich kaum erklären, wie es die Zuaven zuwege gebracht haben, in Monatsfrist wie mit einem Zauberschlage aus diesem Ort und seiner nächsten Umgebung etwas herzustellen, das einem Stückchen Vaterland gleicht.

Und doch ist nicht viel geändert; sie haben sich begnügt, den chinesischen Schmutz wegzuräumen, das Kriegsmaterial in Ordnung zu bringen, die Zimmer zu tünchen, eine Bäckerei einzurichten, in der das Brot angenehm riecht – und ein Spital, in dem leider viele Verwundete liegen und Kranke auf kleinen, sehr sauberen Feldbetten schlafen. Das alles macht sofort, ohne daß man wüßte, warum, den Eindruck, Frankreich wiederzufinden . . .

Mitten im Fort, in dem Ehrenhofe, vor der Türe des Saales, in dem der Mandarin thronte, stehen unter dem traurigen Herbsthimmel zwei Lafetten ohne Bespannung. Ihre Räder sind mit Blattwerk umwunden und mit weißen Tüchern umhüllt, auf die kümmerliche kleine Sträußchen gesteckt sind: die letzten Blumen aus den chinesischen Gärten der Umgegend, magere Chrysanthemen und kümmerliche halberfrorene Rosen. Das alles ist mit rührender Sorgfalt und der reizenden Naivität der Soldaten zur Ehre ihrer toten Kameraden hergerichtet, die hier in Särgen, welche die Flagge Frankreichs deckt, auf diesen Lafetten liegen.

Überrascht ist man beim Betreten des großen, von den Zuaven zu einer Kapelle umgewandelten Mandarinensaales.

Freilich eine etwas sonderbare Kapelle. An den weiß getünchten Wänden sind Uniformen chinesischer Soldaten in Sternform aufgenagelt, und dazwischen hängen Waffen, Säbel, Dolche, und auf dem weißen Tuch des mit chinesischem Porzellan geschmückten Altars brennen Kerzen auf Leuchtern, die aus Granaten und Bajonetten hergestellt sind; lauter naive, reizende Dinge, wie sie Soldaten in der Fremde herrichten.

Die Messe beginnt höchst militärisch mit einer Abteilung unter Gewehr und Trompetenklängen, bei denen die Zuaven ins Knie sinken. Der Geistliche des Geschwaders liest im Trauerornat die Seelenmesse für die beiden, die draußen vor der Türe im eisigen Wind auf den mit späten Blumen geschmückten Wagen schlafen. Und im Hofe stimmen die Blechinstrumente in gedämpften Tönen langsam das »Präludium« von Bach an, das wie ein Gebet zum Himmel steigt und diese Mischung von Vaterland und ferner Erde, von Trauerfeier und grauem Morgen beherrscht . . .

Endlich kommt der Aufbruch nach einer ganz nahen chinesischen Einfriedung mit festen Mauern aus gestampftem Lehm, die wir zu unserem Friedhof gemacht haben. Die zwei schweren Lafetten werden mit Maultieren bespannt, und der Admiral selber schreitet an der Spitze des Trauerzuges über die sandige Straße, wo die Zuaven mit präsentiertem Gewehr Spalier bilden.

Die Sonne wird diesen Morgen die Herbstwolken nicht durchdringen, um dieses Begräbnis von Kindern Frankreichs zu bescheinen. Es ist noch immer kalt und düster, und die Weiden und Birken in der traurigen Landschaft lassen unausgesetzt ihre Blätter auf uns fallen.

Der improvisierte Friedhof hat trotz aller ihn umgebenden Fremdartigkeit schon ein französisches Gepräge gewonnen – ohne Zweifel wegen der braven heimischen Namen, die auf den Holzkreuzen der frischen Gräber geschrieben stehen, wegen der Töpfe mit Chrysanthemen, die die Kameraden vor den traurigen Erdhaufen aufgestellt haben. Und doch, über der Mauer, die unsere Toten schützt, erhebt sich in nächster Nähe jener große Wall, der unter den Novemberwolken endlos ins Land hineinzieht: die große chinesische Mauer – und wir fühlen uns fern, entsetzlich fern, so weit verschlagen.

Jetzt sind die Särge hinabgelassen, und die neuen Gräber setzen die schon lange Reihe dieser jungen Grabstätten fort; alle Zuaven sind in Reih und Glied herangetreten und ihr Kommandeur erinnert in einigen Worten daran, wie diese beiden gefallen sind:

Es war in der Umgegend. Die Kompanie marschierte arglos in der Richtung auf ein Fort, auf dem die russische Fahne gehißt war, als die Kugeln plötzlich hageldicht herabfielen. Die Russen hinter ihren Schießscharten waren Neulinge, die niemals Zuaven gesehen hatten und deren roten Fez für Boxermützen hielten. Bevor der Irrtum erkannt wurde, lagen schon mehrere der Unserigen am Boden, sieben

Verwundete, darunter ein Hauptmann, und diese beiden Toten; der eine war der Sergeant, der unsere Fahne schwang, um dem Feuer Einhalt zu tun.

Endlich spricht auch der Admiral zu den Zuaven, deren Blicke sich bald mit treuen Tränen füllen – und als er auf den traurigen Erdhaufen tritt, um seinen Degen vor den Gräbern zu senken, spricht er zu den darin Ruhenden: »Ich sende euch den letzten Soldatengruß!« Da hört man ein aufrichtiges, ganz naives und nicht verhaltenes Schluchzen aus der Brust eines großen gebräunten Burschen, der doch im Gliede nicht weniger tapfer aussieht als andere . . .

Was ist daneben die klägliche, ironische Leere so vieler pomphafter Zeremonien an offiziellen Gräbern und so vieler schöner Reden!

Oh, in unserer nüchternen, greisenhaften Zeit, die alles ins Lächerliche zieht, wo sich jeder vor dem Morgen fürchtet, sind die glücklich, die stehenden Fußes niedergemäht werden, glücklich, die jung und ohne Falsch für die alten bewunderungswerten Ideale von Vaterland und Ehre fallen, die man hinausträgt, in eine schlichte Trikolore gehüllt – und die man mit einfachen Worten, die zu Tränen rühren, als Soldat grüßt!

Peking im Frühling

Donnerstag, 18. April 1901

Der fürchterliche chinesische Winter, der uns für vier Monate aus dem vereisten Golf von Peking vertrieben hat, ist vorüber, und nun sind wir wieder auf unserm elenden Posten, mit dem Frühling zu den gelben schlammigen Fluten vor der Mündung des Pei-ho zurückgekehrt.

Heute teilt uns der drahtlose Telegraph durch eine im Mastwerk unseres »Redoutable« aufgefangene Reihe elektrischer Wellen mit, daß es in dem Palast der Kaiserin, den der Feldmarschall Graf Waldersee bewohnt, in der Nacht gebrannt hat und daß der deutsche Generalstabschef in den Flammen umgekommen ist.

Vom ganzen alliierten Geschwader sind wir die einzigen, welche diese Nachricht erhalten, und der Admiral gibt mir sofort Befehl, mich eiligst nach Peking zu begeben, um dem Marschall seine Teilnahme auszudrücken und ihn bei der deutschen Trauerfeierlichkeit zu vertreten.

Nur fünfundzwanzig Minuten habe ich für meine Vorbereitungen, für das Einpacken meiner großen und kleinen Uniform; das Boot, das mich ans Land bringen soll, würde bei längerem Warten in Gefahr kommen, die Flut zu verpassen und heute abend nicht mehr über die Sandbank zu kommen.

Der Frühling ist noch ungewiß, der Wind kalt, das Meer bewegt. Nach halbstündiger Fahrt betrete ich das Ufer des schrecklichen Taku vor dem französischen Viertel, wo ich die Nacht zubringen muß.

Freitag, 19. April

Die von den Boxern zerstörte Eisenbahn ist wieder hergestellt, und der Zug, den ich heute früh besteige, wird mich bis Peking bringen, wo er um vier Uhr nachmittags ankommen soll.

Eine gleichgültige Fahrt, grundverschieden von der, die ich zu Beginn des Winters in der Dschunke und zu Pferd gemacht habe!

Die Frühjahrsregen haben noch nicht begonnen; das gegen Kälte empfindliche Grün des Mais, des Sorgho und der Weiden, das im Verhältnis zu unserem Klima noch weit zurück ist und kaum aus dem dürren Boden sprießt, wirft einen zaghaften Schimmer über die chinesischen Ebenen, die mit grauem Staub bedeckt und schon von sengender Sonne verbrannt sind.

Und wie anders erscheint Peking jetzt als beim ersten Male! Vor allem kommen wir nicht mehr vor den übermenschlichen Wällen der »Tartarenstadt« an, sondern vor denen der »Chinesischen Stadt«, die weniger imposant und düster sind.

Und zu meiner großen Überraschung fährt der Zug durch eine ganz neue Bresche in dieser Mauer mitten in die Stadt hinein, und ich steige vor dem Tore des »Tempels des Himmels« aus! – Ebenso steht es anscheinend mit der Linie Pao-ting-fu: die babylonische Umwallung ist durchbrochen, die Bahn fährt nach Peking hinein und endet beim Tor des Kaiserlichen Viertels. – Welch unerhörten Umsturz wird dieser Himmlische Kaiser finden, wenn er jemals zurückkehrt: die Lokomotiven, die pfeifend durch die alte Hauptstadt der Unbeweglichkeit und Asche fahren! . . .

Auf dem Bahnsteig dieses improvisierten Bahnhofes herrscht ein fast fröhliches Leben; viele Europäer erwarten die aussteigenden Reisenden.

Unter den zahlreich versammelten Offizieren ist einer, den ich erkenne, ohne ihn je gesehen zu haben; unwillkürlich gehe ich auf ihn zu: Oberst Marchand, der bekannte Held, der im vergangenen November in Peking ankam, als ich es bereits verlassen. Gemeinsam fahren wir in einem Wagen nach dem französischen Hauptquartier, wo mir Gastfreundschaft geboten wird.

Dies Hauptquartier liegt aber eine französische Meile entfernt, immer noch in dem kleinen Nordpalast, den ich noch in der Zeit seines chinesischen Glanzes gekannt und dessen erste Umgestaltung ich mitgemacht habe. Der Oberst selbst wohnt ganz nahebei im Palast der Rotunde – und im Plaudern stellen wir fest, daß er sich unwissentlich genau das gleiche Gartenhaus erkoren hat, das mir in jenen Tagen des Lichtes und der Stille im Spätherbst als Arbeitszimmer diente.

Wir fahren auf der breiten Prunkstraße der Aufzüge und der Kaiser durch die dreifachen, in die roten Riesenmauern gebrochenen Tore mit ihren Warttürmen und Schießscharten über die Marmorbrücken, zwischen den großen Marmorlöwen mit ihrem scheußlichen Grinsen, zwischen den alten elfenbeinfarbigen Obelisken, auf denen phantastische Tiere hocken.

Und als unser Wagen nach den holperigen Wegen, dem Lärm und dem Getriebe endlich unbehindert über die breiten Steinfliesen in der verhältnismäßigen Einsamkeit der »Gelben Stadt« hinrollt, erscheint mir alle diese Pracht, die ich heute abend wiedersehe, mehr denn je überlebt: und ihre Zeit für immer abgelaufen. Das kaiserliche Peking mit seinem ewigen Staube erwärmt sich unter den Strahlen der Aprilsonne, ohne zu erwachen, ohne neues Leben nach dem langen eisigen Winter zu gewinnen. Kein Regentropfen ist noch gefallen: Staub am Boden, Staub in den Parks.

Die alten schwarzen bestaubten Zedern sind wie Mumien von Bäumen, während das Grün der eintönigen Weiden in der wie mit weißer Asche erfüllten Luft, unter der schrecklichen grellen Sonne kaum schüchtern zu sprießen beginnt. Und zu dem aus Licht und Wärme gewobenen Himmel steigen die stolzen Dächer und die goldgelben Fayence-Pyramiden empor, deren Alter und Verfall unter den Grasbüscheln und Vogelnestern immer mehr hervortritt. Die mit dem Frühling zurückgekehrten chinesischen Störche sitzen alle dort reihenweise auf den prächtigen Firsten der Paläste und den kostbaren Dachziegeln zwischen den Krallen und Hörnern glasierter Ungeheuer: kleine unbewegliche weiße Gestalten, halb verloren im blendenden Glänze des Himmels, wie in tiefes Sinnen versunken über die Zerstörung der Stadt, auf deren viele verödete Wohnungen zu ihren Füßen sie herabblicken ... Wirklich, ich finde, daß Peking seit meiner Herbstreise noch gealtert ist, aber um ein bis zwei Jahrhunderte; der Sonnenglanz des Aprils drückt es noch mehr nieder und wirft es unwiederbringlich zu den endgültigen Ruinen; man fühlt das Ende ohne jede Möglichkeit einer Auferstehung.

Samstag, 20. April

Heute morgen um neun Uhr unter brennender Sonne wird das Leichenbegängnis des General Schwarzhof, eines der größten Feinde Frankreichs, stattfinden, der hier in diesem chinesischen Palast einen so plötzlichen Tod fand, während es seine Bestimmung schien, Chef des Großen Generalstabes der deutschen Armee zu werden.

Nicht der ganze Palast ist abgebrannt, sondern nur jener prachtvolle Teil, den der Marschall und er bewohnten, die Räume mit den unvergleichlichen Schnitzereien aus Ebenholz, und der mit Meisterwerken alter Kunst erfüllte Thronsaal.

Der Sarg ist in einem großen, vom Feuer verschont gebliebenen Saal aufgebahrt. Vor der Tür, unter der gefährlichen Sonne, steht der weißhaarige Feldmarschall; etwas niedergebeugt, bewahrt er doch seine außerordentliche Liebenswürdigkeit als Edelmann und Soldat und empfängt die Offiziere, die man ihm vorstellt: Offiziere aller Länder und aller Uniformen, die zu Pferd, zu Fuß, zu Wagen, in Schlapphüten, in roßhaargeschmückten Helmen oder Federhüten herankommen. Schüchtern nähern sich auch chinesische Würdenträger, Menschen aus einer anderen Welt und man möchte sagen aus einem anderen Zeitalter menschlicher Geschichte. Auch die Herren der Diplomatie im Zylinderhut fehlen nicht; wie ein Anachronismus wirkt es, daß sie in den alten asiatischen Sänften ankommen.

Alles Chinesische in diesem Saale ist völlig verdeckt durch Zypressen- und Zedernzweige, die deutsche und französische Soldaten aus dem kaiserlichen Park geholt haben; sie verhüllen die Decke und die Wände, bilden eine grüne Streu am Boden und verbreiten Waldesduft um den Sarg, der unter weißem Flieder aus den Gärten der Kaiserin verschwindet.

Nach der Predigt eines lutherischen Geistlichen stimmen junge deutsche Soldaten hinter dem Grün einen Chor von Händel mit so frischen und klangvollen Stimmen an, daß man wie von himmlischer Musik gewiegt wird. Durch den großen Saal fliegen trauliche Tauben, die der Einbruch der Barbaren in ihren Gewohnheiten nicht gestört hat, ruhig über unsere Federbüsche und vergoldeten Helme hin.

Dann setzt sich der Zug unter den Klängen der Militärmusik längs des Lotossees in Bewegung. Zu beiden Seiten bilden Soldaten aller Nationen ein noch nie dagewesenes Spalier; Bayern folgen auf Kosaken, Italiener auf Japaner, usw. Unter allen diesen meist dunklen Uniformen stechen die roten Röcke der kleinen englischen Abteilung besonders hervor und spiegeln sich im See mit blutroten Streifen. Es ist nur eine ganz kleine Abteilung, neben den Abordnungen aller anderen Nationen beinahe komisch wirkend. Denn England war in China hauptsächlich durch indische Horden vertreten, und ein jeder weiß leider, mit welcher Art von Aufgabe seine Truppen jetzt anderswo beschäftigt sind[1] . . .

Unter dem ermüdenden Widerschein der Vormittagssonne spiegelt das Wasser, das die Bilder dieser Soldaten umgekehrt zurückwirft, auch die großen verödeten Paläste, die marmornen Ufereinfassungen und die ganz am Rande im Grün verstreuten Fayencekioske wider, und hier und da anschließend die Lotospflanzen, die mit dem Frühling aus dem tiefen leichengedüngten Schlamm hervorsprießen und deren erste Blätter von rosig schimmerndem Grün aus dem Wasserspiegel emportauchen.

Der Zug hält vor einer dämmerigen Pagode, in welcher der Sarg vorläufig beigesetzt werden soll. Sie ist derart mit Blattwerk angefüllt, daß man anfangs in einen Garten von Zedern, Weiden und weißem Flieder zu treten glaubt. Bald aber unterscheiden die Augen hinter und über diesem Grün anderes, selteneres, prächtiges, schimmerndes Laubwerk, das die Chinesen einst in Form von Ahorn- und Bambusbüscheln für ihre Götter geschnitzt haben und das wie eine hohe goldene Hecke zu der goldenen Decke hinanstrebt.

Damit ist dieses seltsame Leichenbegängnis zu Ende. Die Gruppen teilen sich, nach Nationen gesondert, und verlieren sich bald in den heißen Alleen des Parkes, um zu den verschiedenen Palästen zu gehen.

In der Aprilsonne erscheint das Bild der »Gelben Stadt« tiefer und großartiger als je, und vor aller dieser gigantischen Künstlichkeit fühlt man sich wirklich verwirrt. Wie bewunderungswürdig war doch der

1 Im Burenkrieg.

Geist des chinesischen Volkes in den alten Zeiten! Inmitten einer dürren Ebene, einer Steppe ohne Leben, hat es diese Stadt von zwanzig Wegstunden im Umkreis mit ihren Wasserleitungen, Gehölzen und Bächen, ihren Bergen und großen Seen mit einem Schlage aus dem Nichts geschaffen, Waldestiefen und Seen am Horizont hervorgezaubert, um den Herrschern das Trugbild frischer Natur zu bieten! Und all das – so groß, daß man sein Ende nicht sieht – ist mit einer Mauer umgeben, von der übrigen Welt abgeschlossen, gewissermaßen hinter gewaltigen Wällen abgeschieden!

Was aber weder die kühnsten Baumeister noch die prunkliebendsten Kaiser schaffen konnten, das ist ein wirklicher Frühling in ihrem dürren Lande, ein Frühling wie bei uns, mit lauen Regen, mit dem üppigen Sprießen der Gräser, der Farren und Blumen. Keine Wiesen, kein Moos, kein duftendes Heu. Die Erneuerung der Natur zeigt sich hier kaum in mageren Weidenblättern, hier und da in Grasbüscheln oder in der Blüte einer Art violetter Levkoie im staubigen Erdreich. Erst im Juni wird Regen kommen, und dann ist es eine Sintflut, die alles überschwemmt . . .

Arme »Gelbe Stadt«, in der wir unter bleierner Sonne gehen und so vielen Menschen, so vielen bewaffneten Abteilungen, so vielen Uniformen begegnen, arme »Gelbe Stadt«, durch Jahrhunderte vor der Welt verschlossen, unverletzlicher Zufluchtsort der Bräuche und Heiligtümer der Vergangenheit, Ort des Glanzes, der Bedrückung und Stille! Als ich sie im Herbst sah, hatte sie noch das Aussehen der Verlassenheit, das zu ihr paßte; heute aber finde ich sie voll vom übersprudelnden Leben der Soldaten ganz Europas! Überall, in den Palästen, in den goldenen Pagoden, striegeln »barbarische« Reiter ihre Pferde oder lassen unter den Augen der großen träumenden Buddhas ihre Säbel klirren . . .

Heute sah ich in chinesischen Geschäften ein Lager jener geistreichen Tonfiguren, die eine Spezialität von Tientsin bilden. Bis zu diesem Jahre stellten sie stets Leute des Himmlischen Reiches aus allen Ständen und in allen Lebenslagen dar; jetzt aber sind sie von der Besatzung beeinflußt und geben die verschiedenen »Krieger des Abendlandes« wieder, deren Typen und Kleidung sie mit erstaunlichster Genauigkeit nachahmen. So haben diese scharf beobachtenden Künstler den Soldaten gewisser europäischer Nationen, die ich lieber nicht nennen will, den Ausdruck wilden Zornes verliehen und ihnen gezogene Säbel oder Knüttel, auch zum Hieb ausgeholte Peitschen in die Hand gedrückt.

Unsere Soldaten sind in ihren Feldmützen und mit ganz französischem Gesichtsausdruck, mit Bärten aus gelber oder schwarzer Seide dargestellt und tragen sämtlich chinesische Säuglinge zärtlich in den Armen. Die Stellungen sind verschieden, aber der Grundgedanke bleibt stets der gleiche; zuweilen umhalst ein kleiner Chinese den Soldaten und küßt ihn; oder der Soldat macht sich den Spaß, das lautlachende Kind in seinen Armen hüpfen zu lassen; oder er wickelt es sorgfältig in seinen Wintermantel . . . So ist also in den Augen dieser geduldigen Beobachter unser Soldat derjenige, der nach der Schlacht zum großen Bruder der kleinen Feindeskinder wird, während andere Soldaten die Bevölkerung nach wie vor mißhandeln und schlagen. Das also haben die Chinesen nach einigen Monaten engsten Zusammenlebens ganz allein herausgefunden, um die Franzosen zu kennzeichnen.

Man müßte in Europa diese verschiedenartigen Figürchen verbreiten: das wäre für uns im Vergleich zu anderen eine wirklich glorreiche, aus diesem Kriege heimgebrachte Trophäe –, und in Frankreich selbst würde das einer großen Zahl von Schwachköpfen den Mund stopfen[1].

Im Laufe des Nachmittags besucht der Feldmarschall Graf Waldersee das französische Hauptquartier. Zuvorkommend wiederholt er – was übrigens wahr ist –, daß die Feuersbrunst beinahe ausschließlich durch unsere Soldaten gelöscht wurde – unter Führung meines neuen Freundes, des Obersten Marchand.

In der Tat stand der Oberst gegen elf Uhr abends sinnend auf der hohen Terrasse seines Palastes der Rotunde, von wo er gut sehen konnte, wie eine ungeheure, im Wasser sich spiegelnde rote Feuergarbe

1 Wenige Tage danach wurden auf Befehl des Oberkommandos diese kleinen anklägerischen Statuetten aus dem Verkehr gezogen und die Modellformen vernichtet. Nur die Figuren der Franzosen blieben im Handel, und auch diese sind seitdem sehr selten geworden.

machtvoll aus diesen Massen von geschnitztem Ebenholz und feinem Goldlack emporschlug. Als erster langte er mit einer Abteilung unserer Soldaten an, und bis zum Morgen konnte er zehn französische Spritzen in Tätigkeit halten, während unsere Marine-Infanterie auf seinen Befehl den Feuerherd mit Beilhieben abtrennte. Außerdem ist es sein Verdienst, daß die Leiche des General Schwarzhof gefunden wurde, denn gerade auf den Platz, wo sie liegen mußte, ließ er fortwährend Wasserstrahlen richten, ohne die der Körper völlig verkohlt wäre.

Am Abend suche ich Monsignor Favier auf, der gerade von seiner Europareise zurückgekehrt ist, voller Vertrauen und Pläne.

Wie anders ist es seit dem Herbste in der »katholischen Konzession« geworden! An Stelle von Niedergeschlagenheit und Stille ist Leben und volle Tätigkeit getreten. Achthundert Arbeiter – fast ausschließlich Boxer, sagt mir der Bischof mit trotzigem Lächeln – arbeiten an der Wiederherstellung der Kathedrale, die von oben bis unten mit einem Gerüst aus Bambus umkleidet ist. Ringsum sind breitere Straßen angelegt, mit jungen Akazien bepflanzt und tausend Dinge in Angriff genommen, als hätte eine Ära ewigen Friedens begonnen und die Verfolgungen wären auf immer zu Ende.

Während ich mit dem Bischof in dem weißen Sprechzimmer plaudere, kommt der Feldmarschall. Natürlich spricht er von dem Brand seines Palastes, und mit seiner feinen Courtoisie sagt er zu uns, daß er von allen bei dieser Katastrophe verloren gegangenen Erinnerungen sein Kreuz der französischen Ehrenlegion am meisten bedauere.

Sonntag, 21. April

Nach Beendigung meines leichten Auftrages blieb mir nichts übrig, als auf den »Redoutable« zurückzukehren.

Doch gestern abend hatte der General die Freundlichkeit, mir anzubieten, noch einige Tage bei ihm zu verweilen. Er schlägt mir einen Besuch der Kaisergräber der herrschenden Dynastie vor, die ungefähr fünfzig französische Meilen südöstlich von Peking in einem heiligen

Haine liegen und die vor diesem Krieg kein fremdes Auge erblickt hat und auch später gewiß nie mehr erblicken wird. Zu diesem Zwecke muß man vorher hinschreiben, um die Mandarine in Kenntnis zu setzen, vor allem aber die Kommandanten der auf dem Wege verteilten französischen Posten, so daß fast eine kleine Expedition zu organisieren ist. Ich habe daher den Admiral um zehn Tage Urlaub gebeten, den er mir freundlichst telegraphisch erteilt, und so bin ich denn wieder der Gast in diesem Palaste auf viel längere Zeit, als ich gedacht hatte.

Heute am Sonntag werde ich dem chinesischen Hochamte in der im Neubau begriffenen Kathedrale des Monsignor Favier beiwohnen.

Ich betrete die Kirche durch das linke Schiff, die Männerseite, während die ganze rechte Seite den Frauen vorbehalten ist.

Bei meinem Eintritt ist die Kirche schon überfüllt von knienden Chinesen und Chinesinnen, die gemeinsam und halblaut eine Art ununterbrochene Liturgie murmeln, die an das Summen eines riesigen Bienenstockes mahnt. Alle baumwollenen und seidenen Kleider hauchen einen starken Moschusduft aus und daneben den unerträglichen, undefinierbaren Geruch der gelben Rasse. Vor mir knien bis ans Ende der Kirche Männer gesenkten Hauptes, und ich blicke auf hunderte von Rücken, von denen lange Zöpfe herabhängen. Auf der Frauenseite sieht man Seidenstoffe in lebhaften Farben, eine grelle Buntscheckigkeit, und glatte schwarze Frisuren, glänzend wie poliertes Ebenholz, mit Blumen und Goldnadeln besteckt. – Und alle diese Menschen singen mit beinahe geschlossenem Munde wie im Traum. Ihre Andacht ist sichtlich und rührend, trotz des komischen Eindruckes der Gestalten. Diese Leute beten wirklich und scheinen es mit Demut und Inbrunst zu tun.

Und nun kommt das Schauspiel, dessentwegen ich mich offen gesagt hierher begeben hatte: das Verlassen der Kirche –, die einzige Gelegenheit, um einige der schönen Damen Pekings zu erblicken, denn sie zeigen sich nicht auf der Straße, wo nur die Frauen des niederen Volkes gehen.

Es waren wenigstens zwei- bis dreihundert elegante Damen, die jetzt langsam eine nach der anderen auf ihren zu kleinen Füßen und zu hohen Absätzen die Kirche zu verlassen beginnen. Was für sonderbar geschminkte Gesichtchen, welch eigentümlicher Staat tritt da durch die enge Pforte ins Freie. Dieser Schnitt der Hosen und der Überwürfe, diese gesuchten Formen und Farben, alles das muß tausend Jahre alt sein wie China selbst – und wie fern liegt uns das alles! Man glaubt Puppen aus früheren Jahrhunderten, aus einer anderen Welt zu sehen, die von alten Wandschirmen oder alten Porzellanvasen herabgestiegen sind, um Wirklichkeit und Leben in der schönen Sonne dieses Aprilmorgens anzunehmen. Man sieht chinesische Damen mit verkrüppelten Zehen in unglaublich kleinen spitzen Schuhen; ebenso spitz sind auch ihre steifen, gestärkten Zöpfe, die sich in ihrem Nacken wie Vogelschwänze erheben. Da sind tartarische Damen von jener eigenen Aristokratie, die man »die acht Banner« nennt; sie haben unverkünstelte Füße, aber ihre gestickten Pantoffel stehen auf stelzenhohen Absätzen; ihre Haare sind aufgelöst und wie ein Gesträhn schwarzer Seide auf ein langes Brettchen aufgehaspelt, das sie quer über dem Hinterhaupte tragen und das sie mit zwei wagrechten Hörnern schmückt, mit einer künstlichen Blume an jedem Ende.

Bemalt sind sie wie die Wachsköpfe bei den Friseuren, schneeweiß mit einem kleinen roten Fleck mitten auf jeder Wange. Man merkt, daß sie sich nur aus Etikette und Konvenienz so herrichten, ohne im mindesten auf die Illusion Rücksicht zu nehmen.

Sie plaudern und lachen leise; an der Hand führen sie reizende kleine Kinder, die in der Messe so artig waren wie Kätzchen von Porzellan, und die kunstvoll und höchst komisch frisiert und herausgeputzt sind. Viele sind hübsch, sogar sehr hübsch; beinahe alle haben ein zurückhaltendes, bescheidenes, vornehmes Wesen.

Dieser Ausgang aus der Kirche vollzieht sich ruhig, mit dem Anschein von Frieden und Freude, in der vollen Sicherheit der Umgebung, die noch vor so kurzer Zeit ein Ort des Mordens und Schreckens war. Die Tore der Einfriedungen stehen weit offen, und eine ganz neue, mit jungen Bäumen bepflanzte Straße zieht sich durch diese Ruinen, die noch vor kurzem die Stätte von Leichen gewesen sind. Vor dem Portal wartet eine Menge chinesischer Wägelchen mit schönen Überzügen aus Seide oder blauem Kattun auf schweren kupferverzierten Rädern, und alle diese Püppchen nehmen unter tausend

Zeremonien darin Platz und fahren davon, wie von einem Feste ... Wieder einmal haben die Christen Chinas gewonnenes Spiel und freuen sich dessen ganz offen – bis zur nächsten Schlächterei.

Heute um zwei Uhr spielt wie gewöhnlich an Sonntagen die Musik der Marineinfanterie im Hofe des Hauptquartiers –, im Hofe jenes Nordpalastes, den ich im eisigen Herbstwind mit seltsamen und prächtigen Trümmern angefüllt sah und der jetzt so gut ausgeräumt und gereinigt ist, mit dem ersten Aprilgrün auf den Zweigen seiner kleinen Bäume.

Dies Schattenbild eines französischen Sonntags stimmt mich eher traurig. Das Gefühl des Verbanntseins, das man hier niemals verliert, wird noch durch die armselige Musik erhöht, die beinahe ohne Zuhörer bleibt, zu der weder geputzte Frauen noch fröhliche Kinder kommen, sondern nur zwei bis drei Trupps herumschlendernder Soldaten oder ein paar Kranke oder Verwundete aus unserem Lazarett mit jungen blassen Gesichtern, die ein Bein nachziehen oder auf Krücken humpeln.

Trotzdem hat man bisweilen ein gewisses Heimatsgefühl bei dieser Musik; dies Kommen und Gehen von Zuaven, Marinesoldaten und Krankenschwestern bildet schließlich ein Stückchen Frankreich. Und dann erhebt sich über die mit Glas verschlossenen Galerien, die mit ihren Säulchen und ihrer Fremdartigkeit den Hof des Hauptquartiers umrahmen, der gotische Turm der nahen Kirche. Auf seiner Spitze weht die Trikolore hoch oben im blauen Himmel, alles beherrschend und unser kleines improvisiertes Vaterland mitten in dieser Heimstätte der chinesischen Kaiser beschützend.

Welche Veränderung in diesem Nordpalaste, seit ich ihn im letzten Herbst verlassen!

Mit Ausnahme des für den General und seine Offiziere vorbehaltenen Teiles sind alle Galerien und alle Nebengebäude in Lazarettsäle für unsere Soldaten verwandelt. Dazu eignete sich alles vorzüglich durch die von Höfen getrennten, auf hohen Granitsockeln stehenden Gebäude. Jetzt sind über zweihundert Betten für unsere armen Kranken darin aufgeschlagen, die hier herrlich untergebracht sind und dank den Glaswänden dieser phantastischen Paläste Licht und Luft in Fülle haben. Und die guten Schwestern in der weißen Haube trippeln hier- und dorthin, bringen Arzneitränke und weißes Leinen – und das freundliche Lächeln.

Das kleine Sprechzimmer der Oberin – eines alten Fräuleins mit feinem vertrockneten Gesicht, die erst kürzlich für ihre stets wunderbare Haltung während der Belagerung das Kreuz der Ehrenlegion vor der Front unserer aufgestellten Truppen erhalten hat –, dies kleine weißgetünchte Sprechzimmer ist typisch und reizend mit seinen sechs chinesischen Sesseln, dem chinesischen Tisch, den zwei chinesischen Aquarellen von Blumen und Früchten an der Wand – den bescheidensten und einfachsten Gegenständen aus den sardanapalischen Vorräten der Kaiserin. Und am Ehrenplatze thronend, steht eine große Madonna aus Gips zwischen zwei chinesischen Vasen voll weißen Flieders.

Der weiße Flieder! In all den ummauerten Gärten dieses Palastes sieht man prächtig blühende Büsche; der Flieder allein deutet hier fröhlich den April an, den wirklichen Frühling unter der schon brennenden Sonne, – man kann sich denken, welche Freude es für die guten Schwestern ist, ihren Muttergottesbildern und ihren Heiligen auf den kleinen naiven Altären ganze Sträucher davon zu weihen.

Alle diese Wohnungen von Mandarinen oder Gärtnern, die sich bis weithin unter die Bäume ziehen, habe ich in größtem Durcheinander mit sonderbarem Krimskrams und scheußlichem Unflat angefüllt und von Leichengeruch verpestet erlebt: jetzt finde ich sie sehr sauber, schneeweiß getüncht, ohne jede Spur von etwas Unheimlichem. Die Nonnen haben sich hier niedergelassen, da eine Waschküche, dort eine Küche für kräftige Krankensuppen, anderswo eine Wäschekammer eingerichtet, wo Stöße von Bettüchern und Hemden für die Kranken, die neuen frischen Wäschegeruch ausströmen, wohlgeordnet in Gestellen auf reinem weißen Papier liegen . . .

Übrigens bin ich ja wie der einfachste unserer Matrosen oder Soldaten sehr geneigt, mich durch den bloßen Anblick der Haube einer Krankenschwester anheimeln und erfreuen zu lassen. Das ist ohne Zweifel eine bedauernswerte Lücke in meiner Einbildungskraft – aber ich würde vor der Frisur einer Laienschwester gewiß weniger Respekt haben.

Außerhalb unseres Hauptquartiers ist der Sonntag an diesen für Peking unerhörten Tagen auch durch die Menge von Soldaten aller Armeen gekennzeichnet, die sich auf den Straßen bewegen.

Die Stadt ist in Zonen eingeteilt, deren jede einer der Besatzungsmächte zugewiesen ist, und zwischen den verschiedenen Zonen herrscht gar kein Verkehr; höchstens unter den Offizieren, bei den Soldaten fast nie. Eine Ausnahme bilden nur die Deutschen, die hin und wieder zu uns und umgekehrt kommen; und sicher wird es einer der unleugbarsten Erfolge dieses Krieges sein, zwischen den Angehörigen zweier Heere eine gewisse Sympathie hergestellt zu haben; darauf aber beschränken sich die internationalen Beziehungen unserer Truppen.

Der Frankreich zugewiesene Teil Pekings, der mehrere Kilometer im Umkreis hat, ist von den Boxern während der Belagerung am stärksten zerstört. Er enthält die meisten Ruinen und verödeten Stadtteile, aber auch die, wo Leben und Vertrauen sich zuerst wieder zeigten. Es sind unsere Soldaten, die sich am nettesten mit den Chinesen und den Chinesinnen, selbst den Kindern, befreunden. Unter all diesen Leuten haben sie sich Freunde gemacht; das sieht man gleich an der vertraulichen Art, wie man ihnen entgegenkommt, anstatt vor ihnen zu fliehen.

In diesem französischen Peking hat auch das kleinste Häuschen jetzt eine kleine Trikolore als Schutz auf seine Mauern aufgepflanzt. An den Türen vieler Häuser sieht man sogar ein Plakat von weißem Papier, das der Gefälligkeit irgendeines unserer Soldaten zu danken ist und auf dem in großen kindlichen Lettern geschrieben steht: »Hier sind Chinesen unter französischem Schutze«, oder auch: »Hier sind lauter chinesische Christen«.

Und das kleinste Kind, ob angezogen oder ganz nackt und nur mit einem Band und einem Zopf bekleidet, hat gelernt, uns, wenn wir vorübergehen, freundlich lächelnd den militärischen Gruß zu erweisen.

Bei Sonnenuntergang kehren die Soldaten nach Hause zurück, und die Kasernen werden geschlossen. Stille und Finsternis überall.

Heute ist die Nacht besonders dunkel. Gegen zehn Uhr verlasse ich mit einem meiner Kameraden von der Landarmee das Hauptquartier. Eine Laterne in der Hand, gehen wir durch das finstere Labyrinth. Anfangs werden wir bisweilen von Schildwachen angerufen; später begegnen wir nur noch verängstigten Hunden und schreiten durch Trümmer, Kloaken und elende Gäßchen mit scheußlichem Leichengeruch.

Ein Haus von höchst verdächtigem Aussehen ist das Ziel unseres Ganges ... Die am Auslug stehenden Torwächter zeigen unser Kommen durch einen langen, unheimlichen Schrei an, und wir treten durch gewundene dunkle Gänge ein. Mehrere kleine Zimmer, eng und niedrig, von qualmenden Lampen spärlich erhellt, sind jedes nur mit einem Diwan und einem Lehnstuhl ausgestattet; die erstickende Luft ist mit Opium und Moschus durchtränkt. Der Wirt und die Wirtin haben die Körperfülle und die patriarchalische Freundlichkeit, die zu solcher Behausung passen.

Ich bitte aber, sich nicht zu täuschen: dies ist ein Gesanghaus (eine der ältesten chinesischen Einrichtungen, die schon zu verschwinden beginnt), und man kommt nur hierher, um in Wolken einschläfernden Rauches Musik zu hören.

Zaudernd lassen wir uns in einem der engen Zimmer auf einer roten Matratze mit roten Kissen nieder, deren Stickerei natürlich scheußliche Tiere darstellt. Die Reinlichkeit ist zweifelhaft, und der allzustarke Geruch belästigt uns. An den mit Tapeten beklebten Wänden hängen Aquarelle mit Bildern seliger Weiser zwischen Wolken. In einem Winkel tickt scharf eine alte deutsche Wanduhr, die wenigstens hundert Jahre in Peking hängen mag. Schon beim Eintreten ist es uns, als umnebelte sich unser Geist inmitten so vieler schwerer Opiumträume, die auf diesem Diwan geträumt wurden und unter den Balken der bedrückenden schwarzen Decke gefangen geblieben sind. Und das ist ein Ort eleganter Feste für Chinesen, eine verbotene Stätte, zu der vor dem Kriege kein Europäer um schweres Gold Zutritt gefunden hätte.

Wir lehnen die großen giftgefüllten Pfeifen ab, die man uns anbietet, und zünden uns türkische Zigaretten an. Die Musik beginnt.

Zuerst tritt ein ausgezeichneter Guitarrespieler auf, wie man ihn nur in Granada oder Sevilla wiederfinden würde. Auf seinen Saiten läßt er unendlich traurige Lieder erschallen.

Dann ahmt er zu unsrer Kurzweil auf der gleichen Guitarre den Lärm eines vorübermarschierenden französischen Regimentes nach: den gedämpften Trommelklang und unsern »Zuaven-Marsch«, als würde er in der Ferne von Trompeten geblasen.

Endlich erscheinen drei kleine Weiblein, blaß und dick, die uns klagende Terzette im Mollton vorsingen, deren Traurigkeit zu den Träumen des schwarzen Rauches paßt. Doch bevor sie zu singen beginnen, tritt die eine der drei, der Stern, eine wunderliche, kleine, aufgeputzte Gestalt mit einer Blumenkrone aus Reispapier, wie die Göttinnen sie tragen, auf den Spitzen ihrer verkrüppelten Füße auf mich zu, reicht mir auf europäische Weise die Hand und sagt auf französisch mit einem etwas kreolischen Akzent und nicht ohne eine gewisse vornehme Sicherheit: »Bonsoir, colonel! . . .«

Das war gewiß das letzte, was ich erwartet hatte! Wirklich, die Besetzung Pekings durch unsere französischen Truppen wird ungeahnte Früchte tragen . . .

Montag, 22. April

Die Vorbereitungen meiner Reise zu den Kaisergräbern ziehen sich in die Länge. Nach den ins Hauptquartier gelangten Antworten ist das Land seit einigen Tagen weniger sicher; Boxerbanden sind in der Provinz wieder aufgetaucht, und man erwartet neue Nachrichten, bevor man mich abreisen läßt.

So bin ich denn in der heutigen brennenden Frühjahrssonne ausgegangen, um mir die von den Chinesen geschändeten christlichen Friedhöfe noch einmal anzusehen.

Die Verwüstung ist die gleiche geblieben. Es ist noch immer das gleiche Chaos von marmornen Grabplatten, verstümmelten Sinnbildern und umgestürzten Grabsteinen. Die wenigen menschlichen Überreste, zu deren Vernichtung die Boxer vor ihrem Abzug keine Zeit fanden, liegen noch an der gleichen Stelle; keine fromme Hand hat gewagt, sie von neuem zu bestatten, denn nach chinesischer Anschauung hieße es, die erlittene Schmach anerkennen, wenn man sie wieder in die Erde bettete: bis zur Stunde völliger Genugtuung müssen sie hier liegen, um nach Rache zu schreien. Nichts an diesem Orte des Greuels ist verändert, außer daß es nicht mehr friert, daß die Sonne brennt und daß hier und da auf dem staubigen Boden gelber Löwenzahn oder violette Levkoien blühen.

Bei den großen Brunnen, die mit den Leichen der Gemarterten angefüllt waren, hat die Zeit ihr Werk begonnen: die Märtyrer sind ausgedörrt; der Wind hat Erde und Staub über sie gebreitet; sie bilden nur noch eine einzige kompakte graue Masse, aus der indes noch Hände, Füße oder Schädel hervorragen.

Aber in einem dieser Brunnen, auf dieser Art Kruste aus Leichen, die etwa einen Meter hoch über den Boden ragt, liegt der Leichnam eines armen kleinen chinesischen Kindes, mit einem armseligen zerrissenen Hemdchen bekleidet und in einen Fetzen roter Wolle eingewickelt; – eine ganz frische Leiche, vielleicht kaum erstarrt. Offenbar ein kleines Mädchen, denn nur für die Töchter haben die Chinesen diese schreckliche Verachtung. Unsere Krankenschwestern lesen alle Tage längs der Straßen kleine Mädchen auf, die auf Düngerhaufen geworfen sind und noch atmen. Dies arme Kind wurde wahrscheinlich noch lebend hierher geworfen, vielleicht weil es krank oder mißraten oder ein Zuviel in der Familie war. Es liegt auf dem Bauche mit gekreuzten Armen und Puppenhändchen. Die Nase, aus der Blut geronnen ist, liegt auf schrecklichen Leichenresten; ein Flaum wie bei jungen Spatzen klebt an seinem Nacken, auf dem Fliegen herumkriechen.

Armes kleines Geschöpf in seinen roten Wollfetzen, mit den kleinen ausgestreckten Händchen! Armes kleines verdecktes Gesicht, das niemand mehr umdrehen wird, um es vor der Verwesung noch einmal zu betrachten! . . .

Zu den Kaisergräbern

Freitag, 26. April

Endlich kann ich heute nach dem heiligen Hain aufbrechen, der die Grabstätten der Kaiser enthält.

Um sieben Uhr früh verlasse ich den Nordpalast mit meinen beiden Burschen vom vergangenen Herbst, Osman und Renaud, nebst vier Chasseurs d'Afrique und einem chinesischen Dolmetsch. Wir sind zu Pferd, auf eigens für diese Reise ausgewählten Tieren, die mit uns auf der Bahn befördert werden sollen.

Vorerst reiten wir zwei bis drei Kilometer durch Peking im schönen Morgenlicht durch breite, wunderbar einsame Straßen, die Prachtstraßen der Aufzüge und der Kaiser, durch die dreifachen roten Tore zwischen den marmornen Löwen und Obelisken, die vergilbt sind wie altes Elfenbein.

Jetzt sind wir am Bahnhof – mitten in der Stadt, am Fuß der zweiten Umfassungsmauer, denn die Barbaren des Abendlandes sind nicht vor der Schändlichkeit zurückgeschreckt, die Wälle zu durchbrechen, um ihre umstürzlerischen Maschinen hindurchzuführen.

Zunächst verlade ich meine Leute und Pferde. Dann fährt der Zug durch die verwüstete »Chinesische Stadt« und folgt drei bis vier Kilometer der ungeheuren grauen Mauer der »Tartarenstadt«, die sich endlos und ewig gleich weiterzieht, stets mit den gleichen Bastionen, den gleichen Zinnen, ohne Tor, ohne irgend etwas, das ihre Eintönigkeit und Riesengröße unterbricht.

Eine Bresche in der äußersten Umwallung bringt uns endlich mitten in die traurige Landschaft.

Drei und eine halbe Stunde lang geht die Fahrt durch den Staub der Ebene, an zerstörten Bahnhöfen, Trümmern und Ruinen vorbei. Nach den großen Plänen der Alliierten soll diese Linie, die jetzt bis Pao-ting-fu führt, um einige hundert französische Meilen verlängert werden, um Peking und Hankau, die beiden Riesenstädte, zu verbinden; so wird sie eine der großen Verkehrsadern des neuen China werden und auf ihrem Wege die Wohltaten europäischer Zivilisation im Überfluß aussäen . . .

Zu Mittag steigen wir vor Tschu-tschau aus, einer großen ummauerten Stadt, deren hohe Zinnenmauern mit zwei zwölf Stock hohen Türmen wie durch eine Aschenwolke aufragen. Man sieht kaum zwanzig Schritte weit, wie bei nordischem Nebelwetter, so viel Staub hängt überall in der Luft unter einer fahlen gelblichen Sonne, deren Strahlung dennoch bedrückend ist.

Der Kommandant und die Offiziere des Postens, der Tschu-tschau seit dem Herbste besetzt hält, kommen mir freundlich entgegen und laden mich zu ihrem Frühstück in der Kühle der großen dämmerigen Pagoden ein, in denen sie mit ihrer Mannschaft untergebracht sind. Tatsächlich bestätigen sie mir, daß die Straße zu den Gräbern[1], die bisher ganz sicher schien, es seit einigen Tagen nicht mehr ist; eine Bande von zweihundert räubernden Boxern hat erst gestern eines der großen Dörfer angegriffen, die auf meinem Wege liegen, und es wurde den ganzen Vormittag gekämpft, bis die den Dorfbewohnern zu Hilfe gesandte französische Abteilung herankam. Da entflohen die Boxer wie ein Schwarm Spatzen.

»Zweihundert Boxer,« sagt der Kommandant des Postens und rechnet dabei im Kopf, »na, zweihundert Boxer: da brauchen Sie mindestens zehn Mann. Sie haben schon sechs Reiter; wenn Sie wollen, gebe ich Ihnen noch vier dazu.«

Ich glaube darauf einige Redensarten machen zu sollen, ihm zu antworten, daß das viel zu viel sei, daß er mir zu viel des Guten tue. Und plötzlich beginnen wir beide hier angesichts der unser Frühstück beobachtenden Buddhas zu lachen, denn wir werden uns mit einem Male der argen Prahlerei unserer Redensarten bewußt.

Und doch genügen zehn Mann vollkommen gegen zweihundert Boxer; diese Leute sind nur zäh und gefährlich hinter Mauern, nicht aber in offenem Felde! . . . Übrigens ist es auch wahrscheinlich, daß

1 Es handelt sich hier nicht um die Gräber der Ming-Dynastie, die schon seit langen Jahren von allen Europäern, die sich in China aufgehalten, untersucht worden sind, sondern um die Kaisergräber der jetzigen Dynastie, denen, sich zu nähern, stets verboten war.

ich nicht den Zopf eines einzigen sehen werde, doch nehme ich die Verstärkung von vier braven Soldaten an, die gewiß sehr gerne mit mir hinziehen. Ich nehme das Anbot um so lieber an, als dadurch meine Reise in den Augen der Chinesen den Charakter einer militärischen Erkundung annimmt, was in diesem Augenblick anscheinend einen günstigen Eindruck machen wird.

Um zwei Uhr besteigen wir unsere Pferde, um fünfundzwanzig Kilometer weiter in einer alten ummauerten Stadt Lai-tschau-tschin zu nächtigen. (Die chinesischen Städte haben das Vorrecht solcher Namen; bekanntlich heißt eine Schu-ma-miau und eine andere sehr große alte Hauptstadt Tschin-tschin.)

Wir verschwinden sofort in der Staubwolke, die der Wind über die endlose, erstickende Ebene treibt. Man darf sich keiner Täuschung hingeben: der Wind, der sich da erhoben hat, ist der »gelbe Wind«; ein Wind, der insgemein in Perioden von drei Tagen bläst und den chinesischen Staub mit dem der mongolischen Wüste vermengt.

Keine Straßen, nur tiefe Geleise, mehrere Fuß tiefe Pfade, die sich derart nur im Laufe von Jahrhunderten eintiefen konnten. Eine schreckliche Landschaft, die seit dem Anfang der Zeiten dörrende Glut und fast sibirische Kälte ertragen muß. Wie kann nur in diesem ausgedörrten, zerbröckelten Erdreich die junge Saat wachsen, die hier und da recht frische grüne Vierecke mitten im endlosen Grau bildet? Von Zeit zu Zeit trifft man auf armselige Gruppen von Ulmen und Weiden, die von den unsrigen etwas verschieden, aber doch erkennbar sind und kaum die ersten jungen Blätter tragen. Eintönigkeit und Trauer; man glaubt fast, armselige Landschaften des äußersten Nordens vor sich zu haben, doch von einer afrikanischen Sonne beleuchtet, die sich in der geographischen Breite geirrt hat.

An einer Windung des Hohlweges schrickt eine Schaar Bauern, die uns plötzlich auftauchen sieht, zusammen und wirft die Spaten weg, um zu fliehen. Einer aber unter ihnen hält sie zurück und ruft: »Fanko pink! (Französische Soldaten!) Es sind Franzosen, Ihr braucht keine Angst zu haben!« Da beugen sie sich wieder über die glühende Erde und setzen ihre Arbeit ruhig fort, während sie uns scheel von der Seite nachblicken. – Ihr Vertrauen sagt schon sehr viel über die eigentümliche Gattung »Barbaren«, die unsere braven Soldaten während der europäischen Invasion gewesen sind.

Die paar in der Ebene verstreuten Weidengruppen beschirmen unter ihrem leichten Schatten fast sämtlich Bauerndörfer: Hütten aus Lehm und grauen Ziegeln und alte kleine, gehörnte Pagoden, die in der Sonne zerbröckeln. Durch die Wächter benachrichtigt, kommt Alt und Jung heraus, wenn wir durchreiten, um uns stillschweigend mit naiver Neugier zu betrachten; nackte Oberkörper, tiefgelb, sehr mager und muskulös, die Hosen stets aus derselben dunkelblauen Baumwolle. Aus Höflichkeit läßt jeder seinen langen Zopf über den Rücken herunterfallen; ihn um den Kopf gewickelt zu behalten, hieße mir eine Ungezogenheit antun. Keine Frauen: die bleiben verborgen. Abgesehen von ihrem Schrecken, müssen diese Leute die gleichen Empfindungen haben wie einst die gallischen Bauern, wenn irgendein Häuptling von Attilas Horden mit seinem Gefolge daherritt. Alles an uns setzt sie in Erstaunen, die Kleidung, die Waffen, die Gesichter. Selbst mein Pferd, ein arabischer Hengst, muß ihnen neben ihren kleinen Pferden mit den großen struppigen Köpfen als ein seltenes, elegantes Tier erscheinen. – Und die kümmerlichen Weiden, die das Licht auf diese Hütten, diese winzigen Pagoden und diese ursprünglichen Menschen durchsickern lassen, bestreuen uns mit dem weißen Flaum ihrer Blüten, die wie ein Regen kleiner Federn oder kleiner Wattestücke niederfallen und sich mit dem unaufhörlichen Staub mischen.

In der Ebene, die dann eintönig und gleichförmig weitergeht, reite ich zwei- bis dreihundert Meter meinem kleinen bewaffneten Trupp voraus, um den Staub zu vermeiden, den der Trab ihrer Pferde aufwirbelt; wenn ich mich umwende, sehe ich eine graue Wolke, die mir anzeigt, daß meine Leute mir folgen. Der gelbe Wind bläst immerfort; wir sind derart mit Staub bedeckt, daß unsere Pferde, unsere Schnurrbärte und Uniformen aschfarbig geworden sind.

Gegen fünf Uhr taucht vor uns die alte ummauerte Stadt auf, in der wir die Nacht verbringen sollen. Von weitem und mitten in der Ebene wirkt sie fast imposant mit ihren hohen Zinnenmauern von düsterer Farbe. In der Nähe wird sie gewiß nichts anderes bergen als Trümmer und Verfall, wie ganz China.

Ein Reiter, der seine unvermeidliche Staubwolke nach sich zieht, kommt mir entgegen: es ist der Offizier, der die fünfzig Mann Marine-Infanterie kommandiert, die seit dem Oktober Lai-tschau-tschin besetzt halten. Von ihm erfahre ich, daß der General den besonders liebenswürdigen Gedanken hatte, mich als einen großen Mandarin der abendländischen Literatur anzukündigen. So wird mir denn der Mandarin der Stadt mit einem Aufzug entgegenkommen, und er hat ein Fest vorbereitet, zu dem auch die benachbarten Dörfer geladen sind.

In der Tat kommt dieser Aufzug schon aus den alten verfallenen Toren hervor und schreitet mit roten Sinnbildern und Musik durch die öden Felder auf mich zu, Jetzt macht er Halt, um mich zu erwarten, und stellt sich zu beiden Seiten der Straße in Reihen auf. Und nach, tausendjährigem Brauche tritt ein Diener des Mandarins, der mich vorstellen soll, fünfzig Schritte vor, kommt mir entgegen und übergibt mir ein großes rotes Papier: die Visitenkarte seines Herrn. Der furchtsame Mandarin selbst ist aus Ehrerbietung von seinem Tragsessel abgestiegen und erwartet mich stehend mit den Leuten seines Hauses. Wie man mir geraten, reiche ich ihm die Hand, ohne vom Pferde zu steigen, und darauf setzen wir in den grauen Staubwirbeln den Weg zu den großen Mauern gemeinsam fort, hinter mir meine Reiter und vor mir der ganze Ehrenaufzug mit seiner Musik und seinen Sinnbildern.

Voran zwei große rote Sonnenschirme mit herabhängender Seide wie die Traghimmel einer Prozession; dann ein phantastischer schwarzer Schmetterling in der Größe eines Uhus mit ausgebreiteten Flügeln, von einem Knaben an einer Stange getragen; dann in zwei Reihen die Banner, dann die Schilder aus rotlackiertem Holze mit goldenen Inschriften. Sobald wir uns in Bewegung gesetzt haben, ertönt der dumpfe Klang der Gongs mit Pausen wie bei einem Trauerzuge, während Herolde den Bewohnern der Stadt meine Ankunft mit langgezogenen Rufen verkünden.

Nun sind wir am Tore, das wie der Eingang zu einer Höhle aussieht; zu beiden Seiten hängen fünf bis sechs kleine hölzerne Käfige, und in jedem sitzt regungslos eine Art von schwarzem Tier inmitten eines Fliegenschwarmes; sein Schwanz hängt wie tot durch die Gitterstangen heraus. Was kann das sein, das so kugelrund ist und einen so langen Schwanz hat? Affen? . . . Ah! gräßlich! Es sind abgeschnittene Köpfe! Jeder dieser netten Käfige enthält ein Menschenhaupt, das in der Sonne schwarz zu werden beginnt, und dessen langes geflochtenes Haar man mit Absicht herunterhängen läßt.

Wir tauchen in das tiefe Tor ein, begrüßt von dem Grinsen der unvermeidlichen alten Granitungeheuer, die rechts und links ihre plumpen Köpfe mit den schielenden Augen erheben. Um mich einziehen zu sehen, stehen die Leute unbeweglich gegen die Wände dieses Tunnels gepreßt, einer dicht neben dem andern oder übereinander geklettert: nackte gelbe Körper mit Lumpen von blauem Kattun und häßliche Gesichter. Der Staub erfüllt und verdunkelt den gewölbten Durchgang, durch den wir uns, Mann und Pferd, in der gleichen dicken Staubwolke hindurchzwängen.

Nun sind wir in der alten, völlig zurückgebliebenen und unbekannten chinesischen Provinzstadt.

Ruinen und Trümmer innerhalb dieser Mauern, wie ich es erwartet! Nicht durch Schuld der Boxer oder der Alliierten, denn der Krieg ist ja nicht bis hierher gedrungen, sondern infolge des Verfalles von ganz China, das um dreißig Jahrhunderte älter ist als wir und zu Staub zerfällt.

Und der Gong vor mir läßt fortwährend in Pausen seinen dumpfen Schall ertönen, und die Herolde verkünden dem Volke noch immer mein Nahen mit langgezogenen Rufen in den kleinen staubigen Gassen unter der noch brennenden Abendsonne. Man erblickt wüste Stellen, angesäte Felder mitten in der Stadt. Hier und dort deuten verwitterte, unförmige, halb in den Boden gesunkene Granitungeheuer, deren Fratzen durch Alter unkenntlich geworden sind, die Stelle früherer Palasteingänge an.

Vor einem Tore, über dem eine Trikolore flattert, macht der Aufzug Halt, und ich steige ab. Hier sind seit sieben oder acht Monaten unsere fünfzig Marine-Infanteristen kaserniert: hier haben sie einen ganzen langen Winter zugebracht, von der übrigen Welt durch Schnee und eisige Steppen getrennt, und in einer für sie so bedrückenden Umgebung das Leben eines Robinson geführt.

Es ist eine freudige Überraschung, sie hier zu finden, die braven heimatlichen Gesichter nach allen diesen gelben Burschen, die sich auf der Straße drängten und mich mit ihren kleinen rätselhaften Augen durchbohrten. Dies französische Quartier ist wie ein Winkel von Leben, Heiterkeit und Jugend inmitten des alten mumienhaften China.

Man sieht, daß der Winter unsern Soldaten wohl bekommen ist, denn sie haben ein gesundes Aussehen. Übrigens haben sie sich mit einer drolligen und verwunderlichen Geschicklichkeit eingerichtet, Waschräume, Duschbäder und einen Schulsaal hergestellt, um die kleinen Chinesen Französisch zu lehren, sogar ein Theater. Sie leben im besten Einvernehmen mit den Einwohnern, die sie bald nicht mehr werden ziehen lassen wollen, bestellen Gemüsegärten, treiben Hühner- und Schafzucht und füttern kleine Raben, – ja sogar kleine Waisenkinder.

Es ist abgemacht, daß ich bei dem Mandarin wohnen, vorher aber im französischen Posten zur Nacht essen soll. Und um neun Uhr kommen faßgroße Paradelaternen mit höchst chinesischer Bemalung, um mich abzuholen und in den »Yamen« zu führen.

So ein chinesischer »Yamen« hat stets eine endlose Tiefe. In der kühlen Nacht schreite ich zwischen steinernen Ungeheuern und Spalier bildenden Dienern bei Laternenschein durch eine zweihundert Meter lange Flucht von Höfen, durch Gott weiß wie viel verfallene Tore und Vorhallen mit wackeligen Stufen, bevor ich die staubige, morsche Wohnung betrete, die mir der Mandarin zuweist: ein gesondertes Gebäude in einer Art Klosterhof mit alten verkrüppelten Bäumen. Hier finde ich unter rauchgeschwärzten Balken einen großen weißgetünchten Saal und in seiner Mitte ein Podium mit thronartigen Sockeln, ringsum schwere Lehnstühle aus Ebenholz und als Wandschmuck einige Streifen aufgehängter Seide mit aufgemalten Gedichten in mandschurischen Buchstaben. Im linken Flügel befindet sich ein Stübchen für meine beiden Burschen, im rechten eines für mich mit Fensterscheiben aus Reispapier und ein sehr hartes Lager mit roten Seidendecken auf einem Podium, endlich eine Räucherpfanne, auf der Weihrauchstäbchen glühen. Das alles ist ländlich, naiv und veraltet, selbst nach chinesischen Begriffen.

Mein schüchterner Gastfreund erwartet mich im Festgewande vor der Türe und läßt mich auf den Thronsesseln in der Mitte neben sich Platz nehmen, um mir den obligaten Tee in hundertjährigem Porzellan anzubieten; dann hebt er bald unsere Sitzung bescheiden auf und wünscht mir gute Nacht. Als er sich zurückzieht, bittet er mich noch, mich nicht zu beunruhigen, wenn ich über meiner Zimmerdecke ein fortwährendes Hin- und Herlaufen hören sollte: dort trieben Ratten ihr Unwesen. Ich möchte mich auch nicht beunruhigen, wenn ich hinter meinen Papierfenstern Leute im Hofe mit Holzklappern schlagen hörte: das seien die Nachtwächter, die mir auf diese Weise kund gäben, daß sie nicht schlafen und gut Wache halten.

»Es sind viele Räuber in der Gegend«, fügt er hinzu; »indessen schließt die hochummauerte Stadt ihre Tore bei Sonnenuntergang; aber die Landarbeiter haben, um vor Tagesanbruch auf die Felder zu gehen, ein Loch in die Wälle gebrochen, und die Räuber, die das leider erfahren haben, versäumen nicht, durch dies Loch einzudringen.«

Als der Mandarin sich unter langen Verbeugungen entfernt und mich in der Dunkelheit dieser Gemächer im Herzen dieser abgelegenen Stadt alleingelassen hat, deren Tore mit Menschenköpfen in Käfigen geziert sind, fühle ich mich unendlich vereinsamt und von der Welt, welche die meine ist, durch ungeheure Räume getrennt, auch durch die Zeiten, durch Jahrhunderte; mich dünkt, daß ich inmitten einer Menschheit einschlafen werde, die hinter der unsern um wenigstens ein Jahrtausend zurückgeblieben ist.

Samstag, 27. April

Das Krähen der Hähne und das Vogelgezwitscher auf meinem Dache wecken mich in dem alten fremdartigen Zimmer, und durch das Sieb der Papierfenster errate ich, daß draußen warme Sonne scheint.

Osman und Renaud, die früher aufgestanden sind als ich, kommen und teilen mir mit, daß man eiligst große Zurüstungen in den Höfen des Yamen macht, um mir ein Fest zu geben, – ein Vormittagsfest, denn ich muß nach dem Mittagmahl weiterreiten, meinen Weg zu den Kaisergräbern gleich fortsetzen.

Gegen neun Uhr geht es los. Im Schatten eines Torbaus, dessen Getäfel fratzenschneidende Gesichter andeutet, sitze ich in einem Lehnstuhl neben meinem Mandarin, der unter seinen Seidenkleidern zusammenzubrechen scheint. Vor mir in der funkelnden Sonne zieht sich die Flucht der Höfe und der Torbauten in wunderlichen Umrissen, mit alten Ungeheuern auf ihren Sockeln. Die chinesische Menge – wohlverstanden stets nur die Männer – ist hier in ihren ewigen Lumpen von blauer Baumwolle versammelt. Der »gelbe Wind«, der sich wie gewöhnlich in der Nacht gelegt hatte, beginnt von neuem zu blasen und den Himmel mit weißem Staub zu erfüllen. Und die Akazien und eintönigen Weiden, fast die einzigen Bäume Nordchinas, stehen hier und dort mit ihrem alten kümmerlichen Astwerk, an dem kleine blaßgrüne Blätter knospen.

Zuerst kommt der langsame, sehr langsame Aufzug einer Musikkapelle: viele Gongs, Zimbeln und Glöckchen mit gedämpftem Klang; die Melodie ist wie von einem Melancholiker gesungen, weich mit einem Unisono von Flöten, – großen Flöten mit tiefem Ton, einige aus mehrfachen Röhren bestehend und Schilfgarben gleichend, eine einlullende, ferne Musik, köstlich zu hören.

Die Musikanten setzen sich jetzt im Kreis neben uns, um das Fest zu leiten. Der Rhythmus wechselt plötzlich, beschleunigt sich, die Glöckchen klingen lebhafter, die Gongs schlagen stärker, und eine Tanzmusik beginnt. Und siehe, aus dem Hintergrund der Höfe und der alten Torbauten naht in dem sich verdichtenden Staube über die Köpfe der Menge hinweg eine Truppe von Tänzern in doppelter Lebensgröße. Sie wiegen sich im Takt und schwingen Klappern, fächeln sich Luft zu und zappeln in aufgeregten epileptischen Bewegungen . . . Sind das Riesen? Hampelmänner? Was kann das sein? . . . Doch mit langen hüpfenden Schritten kommen sie sehr rasch näher und stehen schon vor uns . . . Ah! Stelzenläufer! Wunderbare Stelzenkünstler, die auf ihren hölzernen Beinen höher ragen, als die Schäfer der *Landes*[1] und umherspringen wie große Heuschrecken. Sie sind verkleidet, geschminkt, mit Altersfalten bemalt, tragen Perücken und falsche Bärte und stellen Götter oder Geister dar, wie man sie in alten Pagoden sieht; auch Prinzessinnen mit schön gestickten Seidenröcken, übermäßig weißen und roten Wangen und künstlichen Blumen im Haar, Prinzessinnen vom Kopf bis zum Fuß, die sich mit heftigen Bewegungen fächeln und sich immerfort hin und her wiegen, in der gleichen regelmäßigen Bewegung wie die ganze Truppe, unaufhörlich und beklemmend, wie der Pendelschlag einer Wanduhr.

Nun, diese Stelzenläufer sind ganz einfach junge Burschen eines Nachbardorfes, brave kleine Landbuben, die einen Turnverein bilden und diesen Tanz zu ihrem Vergnügen aufführen. In den kleinsten Dörfern des inneren China haben sich die Burschen von Geschlecht zu Geschlecht seit Jahrhunderten, ja seit Jahrtausenden, bevor diese Sitte bei uns aufkam, leidenschaftlich mit Übungen der Kraft und Gewandtheit befaßt und wetteifernde Vereine gebildet, die einen als Akrobaten, die andern als Seiltänzer oder Jongleure, und öffentliche Schaustellungen veranstaltet. Sie üben sich namentlich während der langen Winter, wenn alles vereist ist und inmitten der Schneewüste jede kleine menschliche Ansiedlung auf sich angewiesen ist.

In der Tat bemerkt man trotz der weißen Perücken und der Bärte von Hundertjährigen, daß all diese Leute jung sind, ganz jung, mit kindlichem Lächeln. Die reizenden, drolligen Prinzessinnen mit ihren zu langen Beinen und den exzentrischen Fächerbewegungen lächeln naiv und tanzen immer ausgelassener, wiegen sich in den Hüften, biegen sich rückwärts und zappeln frenetisch mit Kopf und Körper. Auch die Greise mit den Kindergesichtern lächelnd naiv und schlagen die Klapper oder das Tamburin wie Besessene. Das fortwährende Unisono der Flöten scheint sie auf die Dauer zu behexen, sie in einen eigentümlichen Zustand von Raserei zu versetzen, der dem unaufhörlichen Hin und Her der Bären gleicht . . .

Auf ein Zeichen steht jeder auf einem Bein, auf einer Stelze, das andere Bein hochgezogen, die andere Stelze über die Schulter geworfen, und dennoch halten sie wunderbar das Gleichgewicht, tanzen bei

---

1 südwest-französisches Departement

alledem und wiegen sich noch stärker, wie Marionetten mit toll gewordenen Federn, deren Mechanismus gewiß zerspringen wird. Dann werden im Laufschritt zwei Meter hohe Schranken herbeigeschleppt, und alle springen sie auf einem Bein, alle, die Prinzessinnen, Greise und Geister, ohne im Fächerspiel oder Tamburinschlagen innezuhalten.

Wenn sie dann nicht mehr weiter können, lehnen sie sich mit dem Rücken an die Torbauten, die alten Akazien und Weiden, und ein anderer, ganz gleicher Schwarm mit ebenso hohen Stelzen (Burschen eines anderen Dorfes) erscheint im Hintergrund der Höfe in wiegendem Tanzschritt und beginnt nach der gleichen Melodie den gleichen Tanz. Sie stellen die gleichen Personen, die gleichen Geister, die gleichen langbärtigen Götter, die gleichen schönen Zierdamen dar. In ihrem uns so fremdartigen Putz, mit ihren so seltsam gerunzelten Gesichtern verkörpern diese Tänzer uralte mythologische Träume, die einst, in der Nacht der Vorzeit, eine von uns so unendlich verschiedene Menschheit ersonnen hat. Das alles überliefert sich von Geschlecht zu Geschlecht in unveränderlicher Art durch das ganze Land, wie sich in China Bräuche, Formen und Dinge ewig vererben.

Übrigens behält dieses Fest und dieser Tanz trotz seiner äußersten Fremdartigkeit einen ganz ländlichen, naiven Charakter, wie eine Kurzweil von Bauern.

Jetzt sind sie mit dem Überspringen der Schranken fertig. Und nun sieht man aus demselben Hintergrund zwei schreckliche Tiere auftauchen und nebeneinander nahen, eines rot, das andere grün. Es sind zwei große heraldische Drachen, wenigstens zwanzig Meter lang, mit aufgerichtetem Kopf, aufgerissenem Rachen und den scheußlichen schielenden Augen, den Hörnern und Krallen, die man schon kennt. Sie kommen sehr schnell heran, als ob sie liefen, und winden sich in Schlangenlinien über den Schultern der Menge ... Aber sie sind ganz leicht, aus Pappe und Stoffen, die über Reifen gespannt sind, jedes Tier von einem Dutzend äußerst geschickter junger Leute auf Stöcken in der Luft gehalten; durch gewandte Griffe wissen sie den Eindruck von Schlangen hervorzurufen.

Vor ihnen schreitet eine Art Ballettmeister, eine Kugel in der Hand, welche die Träger nicht aus den Augen verlieren, und mit denen er wie ein Kapellmeister mit seinem Stabe die Windungen der beiden Ungeheuer dirigiert.

Zunächst begnügen sich die beiden Untiere mit einem Tanze vor mir beim Klang der Flöten und Gongs in dem von der chinesischen Menge gebildeten Kreis, der sich erweitert und ihnen Platz macht. Dann aber wird das Schauspiel ganz schrecklich: sie kämpfen miteinander, während die Gongs und Zimbeln rasen. Sie verschlingen sich ineinander, umklammern sich, als wollten sie sich erdrücken; man sieht sie ihre langen Ringe durch den Staub schleifen, und dann richten sie sich urplötzlich mit einem Satze auf, bäumen sich, und die zwei riesigen Köpfe stehen sich gegenüber und zittern vor Wut. Und der Ballettmeister schwingt seine Kugel, tobt und rollt wild die Augen.

Der Staub fällt immer dichter auf die Menge und auf die Träger, die man gar nicht mehr sieht; er erhebt sich in Wolken und gestaltet diesen Kampf zwischen dem roten und dem grünen Tier noch phantastischer. Die Sonne brennt wie in den Tropen hernieder, und doch zeigt sich der traurige chinesische April, mit seiner blutleeren Dürre nach dem eisigen Winter, kaum im blassen Grün der spärlichen Blättchen der alten Weiden und Akazien des Hofes . . .

Nach dem Frühstück erscheinen unter Vorantritt von Musikanten Mandarine aus den Dörfern der Umgebung und bringen mir ländliche Geschenke dar, Körbe mit getrockneten Trauben und Birnen, lebende Hühner in Käfigen und Reiswein in einem Tongefäß. Sie tragen die offizielle Winterkappe mit der Rabenfeder und schwarze Seidengewänder, die nur am Rücken und auf der Brust ein goldgesticktes Viereck zeigen, in dessen Mitte zwischen Wolken der stets unveränderliche, gegen den Mond fliegende Storch eingestickt ist. Fast alle sind dürre Greise mit grauem Kinn- und Schnurrbart, der lang herabhängt. Wieder erfolgen große Tschintschins, tiefe Verbeugungen, endlose Komplimente; Händedrücke, bei denen man krallenartige, zu lange Nägel fühlt, die aus alten mageren Fingern hervorstehen.

Um zwei Uhr steige ich mit meinen Leuten wieder zu Pferde und verlasse die Stadt durch die verfallenen Straßen, unter Vorantritt desselben Aufzuges wie bei der Ankunft; die Gongs schallen wie bei einem Leichenzug, und die Herolde stoßen ihre Rufe aus. Hinter mir folgt der Mandarin des Ortes in seiner Sänfte, dahinter die Vereine der Stelzenkünstler, nebst den beiden ungeheuerlichen Drachen.

Beim Stadtausgang, wo das Volk schon versammelt ist, um mich zu sehen, stürzt sich das alles mit uns in den tiefen Tunnel, die Prinzessinnen mit drei Meter langen Sprüngen, die Götter, welche die Klapper oder das Tamburin schlagen, und das rote und grüne Ungeheuer. Und im Halbdunkel der Wölbung, bei dem Getöse all der Klappern und Gongs, unter den schwarzen Wolken des blendenden Staubes herrscht ein dichtes Gewühl, in dem unsre von dem Lärm erschreckten Pferde Seitensprünge machen und bäumen oder vor den beiden scheußlichen Untieren scheuen, die über unsern Köpfen hin und her schwanken.

Dieser Aufzug begleitet uns ungefähr eine Viertelstunde vor die Mauern, um uns dann endlich zu verlassen.

Wir finden wieder Ruhe in der brennend heißen Ebene, in der wir ungefähr zwanzig Kilometer durch den Staub und den »gelben Wind« bis nach Ytschau zurückzulegen haben, einer andern ummauerten Stadt, die unser Nachtquartier sein wird.

Erst morgen werden wir zu den Gräbern gelangen.

Die Ebene gleicht der gestrigen, doch ist sie grüner und etwas bewaldeter. Das wie bei uns in Furchen gesäte Korn sprießt wunderbar auf diesem Boden, der eine Mischung aus Sand und Asche scheint. Übrigens wird alles weniger trostlos, je mehr man sich von der Gegend von Peking entfernt, um über unmerkliche Abhänge zu den großen Bergen des Westens hinanzusteigen, die vor uns immer klarer auftauchen. Auch der »gelbe Wind« bläst weniger heftig, und in den Augenblicken, wo er sich legt und der blendende Staub sich setzt, möchte man glauben, eine Landschaft aus Nordfrankreich mit ihren Ackerfurchen, ihren kleinen Gehölzen von Ulmen und Weiden zu sehen. Man vergißt, daß man sich im Innern Chinas, auf der anderen Seite der Erdkugel befindet, und erwartet, auf den Feldwegen heimische Landleute vorbeiziehen zu sehen . . . Aber die wenigen gebückten Feldarbeiter tragen lange, um den Kopf gewickelte Zöpfe, und ihre nackten Rücken sind wie mit Safran bemalt.

Alles ist friedlich in der sonnenüberfluteten Landschaft und in den Dörfern, die unter dem leichten Weidenschatten liegen. Alles in allem lebten die Leute hier glücklich im Banne fünftausendjähriger Gewohnheiten und bebauten den alten Nährboden nach Urväterart. Von den Erpressungen einiger Mandarine abgesehen – und es gibt noch viele gutmütige Mandarine – lebt dies chinesische Landvolk fast noch im goldenen Zeitalter, und ich kann mir nicht vorstellen, was für sie die Freuden dieses »neuen China« sein werden, von dem die Reformatoren des Abendlandes träumen. Allerdings hat die fremde Besetzung sie bis heute gar nicht berührt; in dieser Gegend, die wir Franzosen allein besetzt halten, haben unsere Truppen nie eine andere Aufgabe gehabt, als die Dorfbewohner gegen die plündernden Boxerbanden zu verteidigen; Ackerbau, Aussaat, kurz alle Feldarbeit wurde ruhig zur rechten Zeit besorgt, – und unweigerlich fällt einem der Unterschied mit gewissen anderen Gegenden auf, die ich nicht gerade nennen will, wo der Schrecken herrscht und die brachliegenden Felder wieder zu wüsten Steppen geworden sind.

Gegen halb fünf Uhr abends erscheint auf dem scharf geschnittenen Hintergrund der Berge, die vor unseren Augen mehr und mehr in die Höhe wachsen, eine Stadt wie gestern, beim ersten Anblick imposant durch ihre hohen Zinnenmauern. Auch wie gestern nähert sich uns ein Reiter: der Hauptmann, der den seit dem Herbst hier liegenden Posten der Marine-Infanterie befehligt.

Wächter hatten uns von der Höhe der Mauern bereits von weitem an der Staubwolke erkannt, die unsre Pferde in der Ebene aufwirbelten. Und sobald wir näherkommen, sehen wir aus den alten Toren den offiziellen Aufzug auf uns zukommen: die gleichen Sinnbilder wie in Lai-tschau-tschin, den gleichen großen schwarzen Schmetterling, die gleichen roten Sonnenschirme, die gleichen Schilder und Banner; denn alles Zeremoniell in China ist seit Jahrhunderten durch eine unveränderliche Etikette geregelt.

Aber die Leute, die mich heute empfangen, sind viel eleganter und ohne Zweifel reicher als die von gestern. Der Mandarin, der aus seiner Sänfte gestiegen ist, um mich am Straßenrand zu empfangen, läßt mir auf hundert Schritte Entfernung seine Visitenkarte auf scharlachrotem Papier überbringen. Eine Gruppe von Leuten in reichen Seidenkleidern umgibt ihn; er selbst ist ein großer, vornehm aussehender Greis, der am Hute die Pfauenfeder und den Saphirknopf trägt. Eine gewaltige Menge ist gekommen, um mich unter dem düsteren Klang der Gongs und den langgezogenen Schreien der Ausrufer einziehen zu sehen. Gestalten erscheinen auf dem First der Wälle und blicken zwischen den Zinnen hindurch mit ihren kleinen Schlitzaugen, und bis in die Tiefe der Tore stehen Kerle mit gelben Rücken, in doppelter Reihe gegen die Wand gedrückt. Mein Dolmetscher gesteht mir indessen, daß man allgemein enttäuscht ist: »Wenn das ein Gelehrter ist,« fragen die Leute, »warum zieht er sich dann wie ein Oberst an?« (Man kennt die chinesische Verachtung für das Kriegshandwerk.) Mein Pferd allein rettet ein wenig mein Ansehen; obgleich durch den Marsch recht ermüdet, versteht das arme algerische Tier noch immer, Kopf und Schweif zu tragen, wenn es sich beobachtet sieht, besonders wenn der Klang der Gongs an seine Ohren dringt.

Ytschau, die Stadt, wo wir jetzt hinter Mauern von dreißig Fuß Höhe eingeschlossen sind, hat noch ungefähr fünfzehntausend Einwohner trotz seiner wüsten Flächen und seiner Ruinen. Bei unserm Einzug ist ein großer Menschenauflauf in den engen Gassen vor den kleinen alten Buden, in denen vorsintflutliche Handwerke betrieben werden.

Gerade von hier ist im vergangenen Jahr die schreckliche Bewegung des Fremdenhasses ausgegangen. In einem Bonzenkloster der benachbarten Berge wurde der Ausrottungskrieg zuerst gepredigt, und alle diese Leute, die mich jetzt so gut empfangen, waren die ersten Boxer. Gegenwärtig sind sie der französischen Sache mit Eifer ergeben. Sie enthaupten gerne diejenigen der Ihrigen, die unversöhnlich blieben, und stecken deren Köpfe in jene kleinen Käfige, mit denen die Tore ihrer Stadt geschmückt sind. Wenn aber der Wind sich morgen drehte, würden sie mich unter dem Rasseln dieser selben Gongs und mit dem gleichen Eifer, den sie jetzt bei meinem Empfang zeigen, in Stücke reißen.

Ich ergreife Besitz von der mir bestimmten Wohnung im Hintergrund der Residenz des Mandarins – am Ende einer endlosen Flucht von alten Torbauten und alten wachehaltenden Ungeheuern, die mir mit Tigerlächeln ihre Hakenzähne zeigen. Nun bleibt mir noch eine halbe Stunde Tag, die ich benutze, um einen jungen Prinzen der kaiserlichen Familie zu besuchen, der in Ytschau zur Pflege der ehrwürdigen Gräber eingesetzt ist.

Wie schwermütig ist sein Garten in der Aprildämmerung! Zwischen grauen Ziegelmauern eingeschlossen, mitten in der ohnedem schon so ummauerten Stadt! Grau ist auch das Muschelwerk, das die kleinen viereckigen Beete einfaßt, in denen große rote, violette oder rosa Pfingstrosen blühen, die im Gegensatz zu den unseren stark duften und heute abend die traurige Einfriedigung mit betäubenden Gerüchen erfüllen. Auch kleine Porzellanteiche reihen sich aneinander, von winzigen, fratzenhaften Fischen belebt: rote und schwarze mit riesig langen Flossen und Schwänzen, die sie wie ein Voilekleid umgeben; Fische, denen man durch Gott weiß was für eine geheimnisvolle Zucht riesige, erschreckende Augen gegeben hat, die ihnen aus dem Kopfe quellen wie bei den heraldischen Drachen. Die Chinesen, welche die Füße der Frauen verkrüppeln, verunstalten auch die Bäume, damit sie zwerghaft und krumm bleiben, die Früchte, damit sie wie Tiere aussehen, und die Tiere, damit sie den Fabelwesen ihrer Phantasie ähneln.

Es dunkelt schon in der Wohnung des Prinzen, die auf diesen kleinen Gefängnisgarten geht, und beim Eintreten bemerkt man zunächst nichts als eine Flut von roter Seide: die langen Behänge mehrerer geöffneter, auf Holzschäften ruhender »Ehrenschirme«. Eine schwere Luft, mit Opium und Moschus geschwängert. Tiefe rote Diwans, auf denen silberne Pfeifen zum Rauchen dieses Giftes herumliegen, an dem China im Begriff ist, zugrunde zu gehen. Der Prinz, zwanzig bis zweiundzwanzig Jahre alt, ist von krankhafter Häßlichkeit, mit zwei schielenden Augen, übermäßig parfümiert und in weiche Seide gekleidet, die in Farbentönen zwischen Malven und Flieder spielt.

Heute abend Gastmahl beim Mandarin, zu dem auch der Kommandant des französischen Postens, der Prinz, zwei oder drei Notabeln und einer meiner »Kollegen«, Mitglied der chinesischen Akademie und Mandarin mit Saphirknopf, geladen sind.

In schweren viereckigen Lehnstühlen sitzen wir sechs oder sieben um einen Tisch, der mit seltsamem, erlesenem, uraltem Porzellan besetzt ist, winzig klein, wie für ein Puppendiner. Rote Wachskerzen in hohen kupfernen Leuchtern spenden uns Licht.

Seit heute morgen hat die ganze Provinz auf Befehl die Wintermütze abgelegt, um sie mit dem Sommerhute zu vertauschen, einem kegelförmigen Lampenschirm, an dem Strähnen von rotem Roßhaar oder, je nach der Würde des einzelnen, Pfauen- oder Rabenfedern stecken. Nun gehört es zum guten Ton, mit dem Hut auf dem Kopfe zu speisen, – und diese Hüte erinnern sofort an das China der Wandschirme.

Die Damen des Hauses bleiben leider unsichtbar, und es wäre höchst unanständig, nach ihnen zu fragen oder ihrer nur Erwähnung zu tun. – (Übrigens darf ein Chinese, der von seiner Frau sprechen muß, dies bekanntlich nur in umschriebener Form tun und soweit wie möglich mit einem jeder Galanterie baren Ausdruck, etwa wie: »meine Abscheuerregende«, oder »meine Ekelhafte«.)

Das Mahl beginnt mit eingemachten Pflaumen und einer Menge zierlichen Zuckerwerkes, das man mit kleinen Stäbchen ißt. Der Mandarin entschuldigt sich, mir keine Meerschwalbennester vorsetzen zu können: Ytschau ist ein so verlorener Winkel, so weit von der Küste, es ist so schwer, sich hier das zu verschaffen, was man wünscht! Dafür aber gibt es Haifischflossen, dann Pottfischblasen, weiter die Sehnen einer Hirschkuh, schließlich ein Ragout aus Seerosenwurzeln mit Krabbeneiern.

In dem weißen Saale mit der schwarzen Decke, dessen Wände Aquarelle auf langen kostbaren Papierstreifen zieren, die phantastische Tiere oder Blumen darstellen, vermischt sich der unvermeidliche Geruch des Opiums und Moschus mit dem Duft der sonderbaren Saucen. Um uns tummeln sich zwanzig Diener in denselben Hüten wie ihre Herren und in schönen Seidenkleidern mit samtenem Brustlatz. Zu meiner Rechten sitzt mein »Kollege« von der chinesischen Akademie; er erzählt mir Dinge von der anderen Welt. Er ist alt und vom übermäßigen Genuß des mörderischen Rauches ganz vertrocknet; sein fast bis auf ein Nichts zusammengeschrumpftes kleines Gesicht verschwindet unter dem kegelförmigen Hute und den zwei runden Gläsern seiner großen blauen Brille.

»Ist es wahr,« fragt er mich, »daß das Reich der Mitte den oberen Teil der Erdkugel einnimmt, und daß Europa sich ängstlich an die Seite klammert?«

Er scheint mit seinem Pinsel mehr als vierzigtausend Schriftzeichen zu beherrschen und über jedes beliebige Thema liebliche Stegreifgedichte machen zu können. Von Zeit zu Zeit sehe ich mit Schrecken seinen kleinen skelettartigen Arm aus den schönen Pagodenärmeln hervorkommen und sich nach den Schüsseln recken, um mit seiner eigenen zweizackigen Gabel einige Bissen für mich aufzuspießen, – und das nötigt mich zu fortwährendem schwierigem Verschwindenlassen unter dem Tisch, um dieses Zeug nicht essen zu müssen.

Nach den leichten wunderlichen Speisen kommen Enten, deren Knochen ausgelöst sind, hierauf immer reichlichere Fleischgerichte, bis die Gäste erklären, jetzt sei es wirklich genug. Dann werden Opiumpfeifen und Zigaretten gebracht, – und jetzt ist der Augenblick, um die Sänften zu besteigen und das mir zu Ehren veranstaltete Nachtfest aufzusuchen.

Draußen in der langen Flucht der Torbauten und Ungeheuer, über denen die gestirnte Nacht liegt, erwarten uns alle Diener des Yamen mit großen Papierlaternen, auf denen Fledermäuse und Fabeltiere gemalt sind. Auch etwa hundert liebenswürdige Boxer sind da, mit Fackeln in den Händen, um uns besser zu leuchten. Wir besteigen jeder eine Sänfte, und die Träger entführen uns im Trab, während alle die brennenden Fackeln neben uns her laufen und die Gongs an der Spitze unseres Zuges, ebenfalls im Laufschritt, ihren Schlachtlärm beginnen.

In diesem Laufe fliegen, von all diesen tanzenden Lichtern beleuchtet, die noch offenen Buden an uns vorüber, ebenso die Gesichter der Chinesen, die noch in Scharen dastehen, um uns zu sehen, und die Fratzen aller der steinernen Ungeheuer zu beiden Seiten des Weges.

Im Hintergrunde eines riesigen Hofes steht ein neues Gebäude, an dessen Türe man im Schein der Fackeln folgende überraschende Inschrift liest: »Parisiana aus Ytschau« . . . . »Parisiana« in dieser ultrachinesischen Stadt, die bis zum vergangenen Herbst niemals einen Europäer ihren Mauern sich nähern sah! . . . Hier halten die Träger, und hier ist das von unseren sechzig Mann Marine-Infanterie improvisierte Theater, die Kurzweil ihrer eisigen Abende.

Ich habe versprochen, einer Galavorstellung beizuwohnen, die diese großen Kinder mir zu Ehren heute abend geben. – Und von all den liebenswürdigen Empfängen, die mir hier und dort in der Welt bereitet wurden, hat keiner mich mehr gerührt, als der von unseren in einen verlorenen Winkel Chinas verschlagenen Soldaten. Das bescheidene Lächeln, mit dem sie mich begrüßen, die wenigen Worte, die einer von ihnen für alle spricht, sind rührender als viele Bankette und Ansprachen, und mit vollem Herzen schüttle ich die Hände dieser Braven, die sie mir kaum zu reichen wagen.

Damit ich eine Erinnerung an ihren gastlichen Abend in Ytschau behalte, haben sie eine Sammlung veranstaltet, um mir ein echt chinesisches Geschenk zu machen, einen jener rotseidenen Sonnenschirme mit langem Behang, wie man sie in China vor Leuten von Stand herzutragen pflegt. So hinderlich dieser Gegenstand selbst im geschlossenen Zustand ist, werde ich ihn selbstverständlich wohlbehütet nach Frankreich mitnehmen.

Dann geben sie mir ein illustriertes Programm mit dem Namen jedes einzelnen Darstellers, dem jedesmal ein pomphafter Titel folgt: Der Herr Soldat Soundso von der Comédie Française, oder auch: Der Herr Korporal Soundso vom Theater Sarah Bernhardt.

Wir nehmen Platz. Es ist ein wirkliches Theater, das sie eingerichtet haben, mit erhöhter Bünne, Rampe und Vorhang.

In chinesischen Lehnsesseln, die in die erste Reihe gestellt sind, nimmt ihr Hauptmann neben mir Platz, dann der Mandarin, der Prinz von Geblüt und zwei oder drei Notabeln mit langen Zöpfen. Hinter uns die Unteroffiziere und Soldaten; einige gelbe Kinder im Feiertagskleid schieben sich vertraulich dazwischen oder sitzen gar auf ihren Knien: die Zöglinge ihrer Schule. – Denn wie unsere Leute in Lai-tschau-tschin, haben auch diese eine Schule gegründet, um die Kinder der Umgegend Französisch zu lehren. Ein Sergeant stellt mir ein unbezahlbares Bürschchen von höchstens sechs Jahren vor. Es hat sich für die Gelegenheit in sein schönstes Gewand geworfen, seinen kleinen, kurzen, steifen Zopf mit einem roten Seidenband geknüpft und sagt mir den Anfang von »Maître corbeau sur un arbre perché« mit lauter Stimme unter fortwährendem Augenrollen her.

Drei Schläge, und der Vorhang geht auf. Zuerst kommt eine Posse von ich weiß nicht wem, aber sicher von den Darstellern stark verändert, mit unverhoffter Komik, der man nicht widerstehen kann. Unbeschreiblich sind die Frauen und die Schwiegermütter mit ihren Frisuren aus Werg . . . Dann folgen die komischen Szenen und Lieder des »Chat noir«. Die chinesischen Gäste auf ihren thronartigen Lehnstühlen bleiben unbeweglich wie die Buddhas der Pagoden; wie mag sich wohl diese echt französische Heiterkeit in diesen Hirnen des fernsten Asiens spiegeln? . . .

Noch vor den letzten Darbietungen hört man draußen plötzlich das Dröhnen der Gongs, das Rasseln der Klappern und Zimbeln, kurz all den chinesischen Spektakel. Es ist das Vorspiel des mir vom Mandarin gegebenen Festes, das hier im Hofe stattfinden soll und dem natürlich alle unsere Soldaten beiwohnen werden.

Neben den rauchenden Fackeln von etwa hundert Boxern beleuchten Laternen in Fülle den Hof.

Zuerst kommt unter ernsten Flötenklängen wieder ein Stelzentanz mit den wiegenden Bewegungen von Bären. Dann folgen der Reihe nach die Turnvereine der ganzen Umgegend. Zehnjährige Bauernjungen, als vornehme Herren vergangener Dynastien gekleidet, stellen eine Schlacht dar und vollführen Sprünge wie junge Katzen; alle sind von wunderbarer Gewandtheit und Behendigkeit und lassen ihre großen Säbel wie Windmühlen kreisen. Jetzt kommen die Burschen eines anderen Dorfes, werfen schnell ihre Kleider ab und lassen große Gabeln um ihre Körper kreisen; mit unmerklichen Faustschlägen und Fußstößen geben sie ihnen eine so rasche Drehung, daß es bald in unseren Augen keine Gabeln mehr sind, sondern Schlangen ohne Ende, die wütend ihre Brust umschlingen. Dann wird im Handumdrehen, schneller als im bestgeleiteten Zirkus, ein Barren vor mir aufgestellt, und Akrobaten mit nacktem Oberleib und prachtvollen Muskeln produzieren ihre Kunststücke; es sind die Leute des Mandarins, die uns noch eben in schönen Seidenkleidern bei Tische bedienten.

Dabei stets der Lärm der Gongs, das Girren der Flöten, die qualmenden Flammen der Fackeln.

Zum Schluß ein sehr langes, sehr geräuschvolles Feuerwerk. Wenn die Raketen in der Luft am Ende unsichtbarer Bambusstäbe platzen, erscheinen am gestirnten Himmel Pagoden aus feinem leuchtendem Papier, chinesische Traumschlösser, die federleicht mit leisem Zittern in der Luft schweben, um alsbald aufzuflammen und in Rauch aufzugehen.

Durch finstere Gäßchen, die jetzt in tiefem Schlafe liegen, kehren wir spät zurück, von unseren Trägern im Trab befördert und von tausend tanzenden Lichtern der Fackeln und Laternen begleitet.

So bin ich endlich im Inneren des Yamen um Mitternacht allein in meiner abseits liegenden Wohnung, deren Zugang durch unbeweglich kauernde steinerne Tiere bewacht ist. Auf dem Tisch in der Mitte steht ein Abendessen aus all den verschiedenartigen Kuchen, die es in China gibt. Blühende Obstbäume, doch ohne Blätter, zieren die Konsolen; Zwergbäume, natürlich in Porzellanvasen gewachsen und lange bis zur Unwahrscheinlichkeit gezüchtet: ein kleiner Birnbaum in der regelmäßigen Form einer weißblühenden Lyra, ein Pfirsichbäumchen in Gestalt einer Krone von rosigen Blumen. Mit Ausnahme dieser frischen blühenden Frühlingskinder ist alles in meinem Zimmer alt, verfallen und morsch, und durch die Löcher der einst weißen Decke erscheinen die Mäuler zahlloser Ratten, die mir mit den Augen folgen.

In meinem großen Bett, dessen Schnitzereien scheußliche Tiere darstellen, höre ich, sobald ich das Licht ausgelöscht habe, all diese Ratten herabkommen, das feine Porzellan auf meinem Tisch anstoßen und an den Kuchen knabbern. Und bald höre ich in der immer tieferen Stille auch die schlürfenden Schritte der Nachtwächter, die leise ihre Holzklappern schlagen.

Sonntag, 28. April

Morgenspaziergang zu den Silberarbeitern – eine Spezialität von Ytschau. Dann besichtige ich in dem ganz ausgestorbenen Stadtteil eine alte, halb verfallene Pagode, die auf dem Aschenboden unter gespenstischen, nur noch aus Rinde bestehenden Bäumen steht. In ihren Galerien sind die Martern der buddhistischen Hölle dargestellt: einige hundert Gestalten in natürlicher Größe aus wurmzerfressenem Holze wehren sich gegen Teufel, die ihnen die Eingeweide ausreißen oder sie lebendig verbrennen wollen.

Um neun Uhr steige ich mit meinen Leuten wieder zu Pferd, um noch vor Mittag die fünfzehn bis achtzehn Kilometer zu machen, die mich von den geheimnisvollen Kaisergräbern trennen, denn am Abend will ich noch nach Ytschau zurück und morgen wieder nach Peking aufbrechen.

Wir verlassen die Stadt durch das Tor in der entgegengesetzten Richtung unserer gestrigen Ankunft. Noch nirgends hatten wir so viele Ungeheuer gesehen, als in dieser uralten Stadt; ihre dicken grinsenden Fratzen stehen überall aus dem Boden hervor, in den sie mit der Zeit versunken sind. Auch solche in ganzer Figur tauchen auf, die auf Sockeln kauern, die Zugänge zu den Granitbrücken bewachen oder an den Straßenkreuzungen sich ein Stelldichein geben.

Am Ausgang der Stadt steht eine verdächtig aussehende Pagode, an deren Mauern kleine Käfige mit frisch abgeschlagenen Menschenköpfen hängen. Dann befinden wir uns von neuem in der stillen Landschaft unter der brennenden Sonne.

Der Prinz begleitet uns auf einem mongolischen Füllen, das struppig ist wie ein Pudel; gegen unsere grobe Kleidung und unsere staubigen Stiefel stechen seine rosa Seidengewänder und Samtschuhe ab, und hinter ihm bleibt eine Wolke von Moschusgeruch hängen.

Das Land erhebt sich in sanftem Anstieg zur Kette der mongolischen Berge, die vor uns am Himmel rasch in die Höhe wachsen. Die Bäume werden häufiger, Gras sprießt hier und da, ohne daß es gesät wäre, und bald haben wir den traurigen Aschenboden hinter uns.

Jetzt umgeben uns Hügel mit spitzen Gipfeln und geschweiften Linien, und hin und wieder ragen auf ihren eigentümlich geformten Gipfeln alte Türme, – jene zehn- bis zwölfstöckigen Türme, die der Landschaft sofort ein echt chinesisches Gepräge geben. Ihre übereinanderliegenden Dächer sind an den Ecken wie Hörner zurückgebogen, und an jeder hängt eine Äolsglocke.

Mehr und mehr wird die Luft von der ewigen Staubwolke frei, – je näher man der ohne Zweifel bevorzugten Gegend kommt, die zur Ruhestätte der Kaiser und Kaiserinnen des Himmlischen Reiches auserwählt wurde.

Nach etwa zwölf Kilometern machen wir in einem Dorfe halt, um bei einem Prinzen von viel höherem Rang, als der mit uns reitende, zu frühstücken. Es ist ein richtiger Oheim des Kaisers, doch bei der Regentin, deren Günstling er früher war, in Ungnade gefallen und heute zur Oberaufsicht der Grabstätten eingesetzt. Er ist in tiefer Trauer und in Baumwolle gekleidet wie ein Armer; trotzdem sieht er nicht wie jedermann aus. Er entschuldigt sich, daß er uns in irgendeinem verfallenden Hause empfangen muß, da die Deutschen sein Yamen verbrannt haben, und bietet uns ein echt chinesisches Frühstück an, bei dem die Haifischflossen und Hirschkuhsehnen wieder erscheinen, – während die rohen Plattgesichter der Bauern der Umgegend uns durch die Löcher der überall geplatzten Reispapierfenster betrachten.

Sofort nach der letzten Tasse Tee steigen wir wieder zu Pferde, um endlich die Grabstätten zu sehen, die jetzt ganz nahe sind und auf die wir schon drei Tage lang zureiten. Mein »Kollege« von der Akademie von Peking, der wieder zu uns gestoßen ist, stets mit seinen großen runden Augengläsern, seinem kleinen, in den prachtvollen Seidenkleidern verschwindenen Vogelkörper, begleitet uns mit Müh und Not auf einem Maultier.

Die Landschaft wird immer einsamer. Keine Felder, keine Dörfer mehr. Der Weg verliert sich zwischen Hügeln, die mit Gras und Blumen bewachsen sind, – eine freudige Überraschung für unsere entwöhnten Augen. Das alles erscheint fast paradiesisch nach dem staubigen, grauen China, in dem wir gelebt haben und in dem nichts grünte als das Korn in den Ackerfurchen. Den unaufhörlichen Staub von Petschili haben wir entschieden hinter uns gelassen; über den unter uns liegenden Ebenen sehen wir ihn noch wie einen Nebel liegen, von dem wir endlich befreit sind.

Wir steigen fortwährend und kommen zu den ersten Vorbergen der mongolischen Kette. Da, hinter einer Lehmmauer, ist ein riesiges tartarisches Lager, wenigstens zweitausend Mann, mit Lanzen, Bogen und Pfeilen bewaffnet; die Ehrengarde der verblichenen Kaiser.

Hier finden wir auch den klaren Horizont wieder, der uns fast aus der Erinnerung geschwunden war. Die mongolischen Berge scheinen plötzlich näher zu rücken, als bewegten sie sich vorwärts; sehr felsig, mit seltsamen Steilfällen und Gipfeln, die wie Wacht- oder Pagodentürme aussehen, schweben sie in schönen irisblauen Tönen über unseren Häuptern. Vor uns beginnen sich nach allen Seiten kleine bewaldete Täler mit Zedernhainen zu öffnen.

Allerdings sind das künstliche Wälder, aber schon sehr alt, vor Jahrhunderten angepflanzt, um einen Totenpark im Umkreis von mehr als zwanzig Wegstunden zu bilden, in dem vier tartarische Kaiser ruhen.

Wir betreten diesen Ort des Schweigens und des Schattens und wundern uns, ihn von keiner Mauer umgeben zu sehen, ganz im Gegensatz zu den strengen Gebräuchen Chinas. Gewiß hielt man ihn in dieser einsamen Gegend für hinreichend geschützt durch den Schrecken, den die Manen der Herrscher einflößen, – aber auch durch ein allgemeines Verbot, das im Voraus jeden mit dem Tode bedrohte, der hier das kleinste Stück Erde zu bearbeiten oder auch nur anzusäen wagte.

Dies ist der heilige Hain ohne gleichen mit all seiner geheimnisvollen Abgeschiedenheit . . . Was sind doch die Chinesen für wunderbare Dichter des Todes, daß sie ihm solche Stätten bereiten! . . . Man ist versucht, in diesem Schatten nur leise zu sprechen, wie unter der Wölbung eines Tempels; man empfindet es als Entweihung, über diesen seit Jahrhunderten verehrten Boden zu reiten, dessen feiner Rasenteppich mit seinen Frühlingsblumen noch niemals entheiligt ward. Die hohen Zedern, die hohen hundertjährigen Thujas, die bisweilen nur in kleinen Gruppen auf den Hügeln oder in den Tälern stehen, lassen unbewachsene Lichtungen frei; unter der Säulenhalle ihrer gewaltigen Stämme sprießen nur kurze Gräser, ganz kleine seltene Blumen, Flechten und Moose.

Der Staub, der in der Ebene den Himmel verdunkelte, steigt gewiß nie zu dieser erlesenen Gegend empor, denn das prachtvolle Grün der Bäume ist nirgends von ihm getrübt. Und diese großartige Einsamkeit, die das chinesische Volk den Manen seiner Kaiser geschaffen, bietet, wenn der Weg uns durch eine Lichtung oder über eine Anhöhe führt, Fernblicke von vollkommener Klarheit; paradiesisches Licht fällt dann von dem hohen zartblauen Himmel herab, der von grauroten Wolkenbändern in der Farbe der Turteltauben gestreift wird. In solchen Augenblicken erkennt man auch in der Ferne prunkvolle Dächer von goldgelbem Glanz, die aus dunklem Laubwerk hervorragen wie Dornröschenschlösser . . .

Kein Mensch auf diesen schattigen Wegen. Stille wie in der Wüste. Kaum hin und wieder der Schrei eines Raben, – der zu düster scheint für die zaubervolle Ruhe dieses Ortes, wo der Tod, bevor er ihn betrat, seine Schrecken abtun mußte, um nichts anderes mehr zu sein, als der Zauberer einer ewigen Ruhe.

Stellenweise sind die Bäume schachbrettförmig gepflanzt und bilden unabsehbare Alleen in der grünen Nacht. Anderswo sind sie willkürlich gesetzt und scheinbar wild gewachsen, so daß man sich in einem gewöhnlichen Walde glaubt. Doch die Einzelheiten bringen uns immer wieder zum Bewußtsein, daß wir uns an einer erhabenen, kaiserlichen und heiligen Stätte befinden; die kleinste Brücke über irgendeinen den Weg kreuzenden Bach ist aus weißem Marmor, von erlesener Zeichnung und mit kostbarem Bildwerk bedeckt; oder irgendein im Schatten kauerndes heraldisches Tier droht dem Vorübergehenden mit seinem wilden Lachen; ein Marmorobelisk, von fünf kralligen Drachen umwunden, ragt unversehens auf und hebt sich schneeweiß vom dunklen Grunde der Zedern ab.

In diesem Haine von zwanzig Wegstunden Umfang liegen nur vier Kaiser begraben; hinzukommen sollen noch die Kaiserin-Regentin, deren Mausoleum seit langem begonnen ist, und ihr Sohn, der junge Kaiser, der den von ihm erwählten Platz mit einem Stein aus grauem Marmor bezeichnet hat[1]. Und dabei wird es bleiben. Die anderen Herrscher, die toten und zukünftigen, schlafen oder werden anderswo schlafen, in anderen Paradiesen, – die übrigens ebenso groß, ebenso wundervoll angelegt sein werden. Denn der Platz, dessen die Leiche eines Sohnes des Himmels bedarf, ist riesengroß wie die Stille und Einsamkeit ringsumher.

---

1 Seine Untertanen haben auf diesen Stein eine Inschrift setzen lassen, worin sie ihrem Kaiser zehntausendmal zehntausend Jahre zu leben wünschen.

Die Anordnung dieser Gräber ist durch unveränderliche Pläne festgelegt, die bis zu den alten erloschenen Dynastien hinaufreichen; und so sind sich denn alle gleich und erinnern sogar an die Gräber der Kaiser der Ming-Dynastie vor mehreren Jahrhunderten, deren verlassene Ruinen schon seit lange das Ziel der den Europäern gestatteten Besuche bilden.

Stets gelangt man dorthin auf einem Durchhau von einer halben Meile im dunklen Hochwald, dem die Künstler von ehemals sorgfältig eine Richtung gaben, daß er sich wie die Kulissen einer prachtvollen Theaterdekoration auf irgendeinen unvergleichlichen Hintergrund öffnet, z. B. auf einen besonders hohen, steilen und kühn geformten Berg, oder auf eine Felsenmasse, die eine jener sonderbaren Formen oder Farben hat, welche die Chinesen an allem suchen.

Stets beginnt auch die Straße mit großem Triumphbögen aus weißem Marmor, die selbstverständlich mit Ungeheuern überladen, mit Hörnern und Krallen bespickt sind.

Bei dem Ahn des jetzigen Kaisers, der heute unseren ersten Besuch empfängt, sind die Sockel dieser Zugangsbögen, die unversehens im Walde aufragen, am Sockel von wilden Schlingpflanzen umrankt; sie scheinen wie mit dem Zauberstab mühelos dem Boden entlockt, der so jungfräulich aussieht mit seiner dichten Moosdecke, seinen kleinen zarten seltenen Pflanzen, die ein Nichts vertreibt, die nur an Orten gedeihen, die lange ungestört bleiben und von den Menschen scheu gemieden werden.

Dann kommen halbkreisförmige Brückenbogen aus weißem Marmor, stets drei nebeneinander, denn jedesmal, wenn ein lebender oder toter Kaiser hierherkommt, bleibt die mittlere Brücke ihm allein vorbehalten. Die Erbauer der Gräber haben dafür gesorgt, daß die Allee mehrmals von künstlichen Bächen gekreuzt wird, um Gelegenheit zu reizenden Brückenbögen mit ihrer schier ewigen Weiße zu haben. Jedes Brückengeländer stellt verschlungene kaiserliche Sinnbilder dar. Die langen, durch die Wölbung geneigten Fliesen sind glatt und schneeig und von Friedhofsgräbern umrahmt, die aus allen ihren Fugen sprießen und blühen. Das Hinübergehen ist gefährlich für unsere Pferde, deren Schritt auf dem Marmor dumpf widerhallt. Das plötzliche Geräusch, das wir in dieser Stille hervorrufen, ist uns fast peinlich, als ob wir in ungewöhnlicher Weise die Weltabgeschiedenheit einer Totenstadt stören wollten. Außer uns und einigen Raben auf den Bäumen rührt sich nichts und lebt nichts in der ganzen Weite des Trauerparkes.

Nach der dreibogigen Brücke führt die Straße zu einem ersten Tempel mit gelbem Glanzziegeldach, der ihren Abschluß zu bilden scheint. An den vier Ecken der Lichtung, in der er steht, erheben sich mit Schiffsschnäbeln gezierte Säulen in elfenbeinfarbigem Marmor; staunenswerte Monolithe, deren jeder auf seiner Spitze das gleiche Tier trägt wie die Obelisken der Paläste Pekings, – eine Art von hageren Schakalen mit langen Spitzohren, die gen Himmel blicken und ihn mit geöffnetem Rachen anzuheulen scheinen. Dieser erste Tempel enthält nur drei riesige Denksteine, die auf marmornen Schildkröten von ungeheurer Größe ruhen und den Ruhm des toten Kaisers verkünden, der erste in tartarischer, der zweite in chinesischer, der dritte in mandschurischer Sprache.

Die Straße setzt sich jenseits dieses Denksteintempels in seiner Achse endlos fort, majestätisch eingefaßt von den zwei Wänden schwarzgrüner Zedern und bedeckt von einem Teppich von Gräsern, Blumen und Moosen, als würde sie niemals betreten. Alle Wege dieses Haines sind an die gleiche ewige Verlassenheit, die gleiche ewige Ruhe gewöhnt, denn die Chinesen kamen hierher nur in langen Zwischenräumen, in ehrfurchtsvollen langsamen Aufzügen, um Totenbräuche zu begehen. Und dieser Hauch der Verlassenheit bei allem Glanze ist der große Reiz dieses Ortes, der auf Erden nicht seinesgleichen hat.

Wenn die Alliierten China wieder geräumt haben, wird der Gräberpark, der uns einen Augenblick lang geöffnet war, für Europäer wer weiß wie lange wieder unzugänglich sein, vielleicht bis zu einer neuen Besetzung, die dann dem gelben Koloß ein Ende macht ... wofern er nicht seinen tausendjährigen Schlaf abschüttelt, dieser Koloß, der noch immer fähig ist, die Welt in Schrecken zu setzen, und dann endlich die Waffen ergreift zu einer Rache, die man nicht auszudenken wagt . . . Denn an dem Tage, wo China anstatt seiner elenden Söldnertruppen und Räuberscharen in einem letzten Aufstand seine Millionen junger Bauern aushebt, jener jungen Burschen, wie ich sie dieser Tage sah, mäßig, grausam, mager und muskulös, Meister in allen Leibesübungen und Verächter des Todes, welch erschreckendes Heer würde dieser Koloß dann haben, wenn er jenen Leuten unsere modernen Zerstörungsmittel in die Hand gäbe! . . . Und wirklich, wenn man darüber nachdenkt, so scheint es, daß einige unserer Alliierten unklug genug waren, hier eine reiche Saat des Hasses und der Rachelust zu säen.

Drunten am Ende der einsamen Allee mit ihrem dunklen Grün taucht jetzt das Glanzziegeldach des letzten Tempels auf. Der ihn überragende, seltsam gezackte Berg, der gleichsam als Hintergrundkulisse der düsteren Dekoration gewählt ist, hebt sich heute ganz rosig und violett von einem wolkenfreien Himmelsstück ab, das von seltenem Blau ist, dem Blau verblassender, ins Grüne spielender Türkise. Das Licht bleibt köstlich gedämpft, denn die Sonne ist noch immer von taubengrauen Wolken verschleiert. Auf der dichten Gras- und Moosdecke vernehmen wir den Schritt unserer Pferde nicht mehr.

Jetzt sieht man die großen dreifachen Tore des Heiligtums, blutrot bemalt, mit goldenen Beschlägen.

Noch einmal geht es über eine dreifache weiße Marmorbrücke mit glatten Fliesen, auf denen mein kleiner Trupp wieder so hallenden Lärm macht, als hätten die dichten Zedernwände ringsum die Akustik einer Basilika. Und von hier an stehen als Wächter der immer heiligeren Straße hohe Marmorfiguren zu beiden Seiten der Allee; wir reiten zwischen unbeweglichen Elefanten, Pferden, Löwen und weißen, stummen Kriegern von dreifacher Lebensgröße.

Sobald man die weißen Terrassen des Tempels betritt, gewahrt man die Verheerungen des Krieges. Deutsche Soldaten, die vor den unseren hier waren, haben hier und da mit der Säbelspitze die schönen Beschläge der roten Tore abgerissen, da sie ihre vergoldete Bronze für Gold hielten.

Ein erster Hof ist von Nebengebäuden mit ebenso prunkvollen Glanzziegeldächern eingefaßt wie der des großen Heiligtums: hier befanden sich die Küchen, wo man zu gewissen Zeiten dem Schatten des Toten Mahle bereitete, die für eine Legion von Währwölfen oder Vampiren hingereicht hätten. Die riesigen Herde, die riesigen

Bronzepfannen, in denen ganze Ochsen gebraten wurden, sind noch unversehrt, aber die Fliesen mit Topfscherben besät, die der Kolben oder das Bajonett verschuldet hat.

Auf immer höher ansteigenden Terrassen, nach zwei oder drei marmorgepflasterten Höfen, zwei oder drei Umwallungen mit dreifachen Toren aus Zedernholz, öffnet sich uns, leer und verwüstet, der Haupttempel. Wundervoll bleiben seine Verhältnisse in seinem Halbdunkel mit ihren hohen Säulen aus rotem und goldenem Lack; doch seine heiligen Schätze sind geraubt. Die schweren Seidenbehänge, die Götzenbilder, die silbernen Vasen für Trankopfer, das Tafelgeschirr für die Totenmahle, – das alles war schon fast ganz verschwunden, als die Franzosen ankamen, und was an Schätzen noch übrig war, wurde von unseren Offizieren an sicherem Orte aufbewahrt. Zwei von ihnen sind für dieses Rettungswerk vom Kaiser von China sogar dekoriert worden[1], – und das ist eine der sonderbarsten Episoden dieses ungewöhnlichen Krieges: der Herrscher des eroberten Landes zeichnet aus Dankbarkeit Offiziere des feindlichen Heeres freiwillig aus . . .

Hinter diesem Tempel liegt endlich das riesige Grabmal.

Um einen toten Kaiser beizusetzen, schneiden die Chinesen ein Stück aus einem Hügel heraus, wie eine Portion aus einer Titanentorte, sondern es durch riesige Aufschüttungen ab und umgeben es dann mit Zinnenmauern. So entsteht gleichsam eine massive Zitadelle, und in die Tiefe der Erde graben sie den Gang zur Grabstätte, die nur wenigen Eingeweihten bekannt ist; dort, ganz am Ende, legt man den Kaiser nicht einbalsamiert zur Ruhe, so daß er in seinem massiven goldlackierten Sarg aus Zedernholz langsam verwesen muß. Hierauf vermauert man für immer die Türe des unterirdischen Ganges mit einer Art Platte aus unveränderlich gelber und grüner Fayence, deren Reliefs Lotosblumen, Drachen und Wolken darstellen. Und jeder Herrscher wird, wenn seine Stunde gekommen ist, stets auf die gleiche Weise beigesetzt und eingemauert, – in einer gleich großen Waldeinsamkeit.

Wir langen jetzt am Fuße jenes Bergstücks und jenes Mauerwalls an, wo uns die Grabplatte aus gelber und grüner Fayence Halt gebie-

1 Der Major von Fonssagrive und der Hauptmann Delclos.

tet, die das Ende unserer vierzig Wegstunden langen Reise bildet: ein großes Viereck, etwa zwanzig Fuß breit, noch in vollem Farbenglanze vom Grau der Mauerziegeln und des Bodens abstechend.

Hier sitzen Scharen von Raben, als ahnten sie das Traurige, was in der Tiefe des abgegrabenen Berges verborgen ist, und empfangen uns mit einem Konzert ihres Geschreies.

Gegenüber der Fayenceplatte steht unter freiem Himmel ein Steinblock, ein Altar aus kaum behauenem Marmor, dessen grobe Einfachheit von der Pracht des Tempels und der Zugangsstraße scharf absticht. Er trägt eine Art Räuchergefäß aus hartem, unbekanntem Stoff und zwei oder drei symbolische Gegenstände von absichtlicher Rauhheit. Verwirrt steht man vor der fremdartigen Form, vor der gleichsam primitiv barbarischen Darstellung der letzten und höchsten Dinge, hier, so dicht an dieser Schwelle. Ihr Anblick ruft ein unbestimmbares Grauen hervor . . . Ganz ebenso war ich seinerzeit auf dem heiligen Berge von Nikko, wo die alten japanischen Kaiser ruhen, nach der feenhaften Pracht der goldlackierten Tempel, vor der kleinen Bronzetüre jedes Kaisergrabes auf einen gleich geheimnisvollen Altar gestoßen, der zwei oder drei verwitterte Sinnbilder trug, gleich diesen beunruhigend durch ihre gewollte barbarische Naivität . . .

In diesen unterirdischen Wohnungen der Söhne des Himmels sollen Schätze, Juwelen und Metalle im Überfluß sein. Maßgebende Kenner chinesischer Verhältnisse versicherten unsern Generalen, daß man beim Sarge eines einzigen Kaisers Schätze genug gefunden hätte, um alle von Europa geforderten Kriegskosten zu zahlen, und daß die bloße Drohung, irgendeines dieser Ahnengräber zu erbrechen, hingereicht hätte, um die Regentin und ihren Sohn zur Rückkehr nach Peking zu bestimmen und sie unterwürfig und nachgiebig bis zum Äußersten zu machen.

Zum Glück für unsere abendländische Ehre hat keiner der Alliierten von diesem Mittel Gebrauch machen wollen. Von den Platten aus gelber und grüner Fayence wurde keine erbrochen; selbst die kleinsten Drachen und Lotosblüten von zartester Arbeit sind unverletzt geblieben. Hier hat man Halt gemacht. All die alten Kaiser mußten hinter ihren ewigen Mauern aus nächster Nähe den Trompetenklang und die Trommeln der Barbarenheere vernehmen, aber ein jeder von ihnen konnte in seiner Nacht ruhig wieder einschlafen, mitten unter der Nichtigkeit seiner fabelhaften Reichtümer.

Die letzten Tage von Peking

Peking, Mittwoch, 1. Mai

Gestern bin ich von meinem Besuche der Kaisergräber zurückgekehrt, nach einer wie im Nebel zurückgelegten Reise von dreieinhalb Tagen bei »gelbem Wind« und drückender, durch den Staub verdunkelter Sonne. Und so bin ich denn wieder in dem kaiserlichen Peking bei unserem Oberbefehlshaber und in meinem alten Zimmer im Nordpalast. Das Thermometer zeigte gestern 40° im Schatten; heute nur 8° (zweiunddreißig Grad Unterschied in vierundzwanzig Stunden); ein eisiger Wind treibt mit weißen Flocken vermischte Regentropfen vor sich her, und die nahen Berge über dem Sommerpalast tragen Schneestreifen. Und doch gibt es in Frankreich Leute, die sich über die Unbeständigkeit unseres Frühlings beklagen!

Nach Beendigung meines Ausfluges hätte ich sofort den Rückweg nach Taku und zum Geschwader antreten sollen; aber der General, der morgen den Stäben der alliierten Armeen ein großes Fest gibt, war so freundlich mich einzuladen und hierzubehalten, und so mußte ich nochmals an den Admiral telegraphieren und um eine Urlaubsverlängerung von wenigstens drei Tagen bitten.

Am Abend gehe ich mit dem Oberst Marchand auf dem freien Platz vor dem Palast der Rotunde auf und ab. Es ist stürmisch und kalt, und die Dämmerung sinkt früher als sonst unter den dahinjagenden, vom Winde zerfetzten Wolken. Zwischen ihnen erscheinen dort unten die Berge des Sommerpalastes mit ihrem grämlichen weißen Schnee, der von dem dunklen Hintergrund absticht ...

Um uns herrscht das große Durcheinander des bevorstehenden Festes. Welch ein Gegensatz zu der Verwirrung von Kampf und Tod, die ich hierselbst im letzten Herbst gesehen habe! Zuaven und Chasseurs d'Afrique eilen lustig hin und her, schleppen Leitern, Vorhänge, Arme voll Blätter und Blumen. Die alten hundertjährigen Zedern rings um die schöne Pagode, die noch immer in Glasur, Lack und Gold erglänzt, sind in Fruchtbäume verwandelt; ihre fast heiligen Äste tragen tausende von gelben Lampions, die wie große Orangen aussehen, und von einer zur anderen schlingen sich Ketten, die lange Reihen chinesischer Laternen tragen.

Oberst Marchand hat sich selbst erboten, alles zu veranstalten. Und er fragt mich:

»Glauben Sie, daß es gut ausfällt? Glauben Sie wirklich, daß es aus der gewöhnlichen Banalität herausfallen wird? Denn sehen Sie, ich möchte es besser machen, als die anderen vorher . . .«

Die anderen, das sind die Deutschen, die Amerikaner, kurz, alle jene Alliierten, die schon vor den Franzosen Feste gegeben haben. – Und seit fünf oder sechs Tagen hat mein neuer Freund eine fieberhafte Tätigkeit entfaltet, um seinen Gedanken zu verwirklichen und etwas noch nie Gesehenes zu machen, und dazu arbeitet er mit seinen Leuten, denen er seinen Eifer einzuflößen weiß, bis tief in die Nächte hinein und wendet für diese Lustbarkeit die gleiche Willenskraft auf, mit der er seinerzeit seine kleine tapfere Armee mitten durch Afrika geführt hat. Doch von Zeit zu Zeit verrät ein plötzliches Lächeln, daß er sich hier unterhält – und daß er es durchaus nicht tragisch nehmen würde, wenn Wind und Schnee, was immerhin möglich wäre, das von ihm erträumte Feenmärchen zunichte machten.

Nein, aber trotzdem ist dieses Wetter und diese Kälte verdrießlich! Was soll geschehen, da sich ja doch alles unter freiem Himmel auf den Terrassen des Palastes abspielen soll, wenn der Nordwind mit aller Gewalt darüber hinfegt? Und die Illumination, die gespannten Zeltdächer? Und die Damen, die in ihren Abendtoiletten frieren werden? . . . Denn es werden sogar Damen kommen – hier im Herzen der »gelben Stadt« . . .

Und siehe da, gerade kommt ein Stoß des Nordwindes, reißt eine Reihe von Lampen mit Perlenbehang von den Zweigen der ehrwürdigen Zedern und wirft eine Reihe von Blumentöpfen um, die bereits zu Hunderten dastehen, um diesen alten verwüsteten Gärten Leben zu verleihen.

Nach allen vier Ecken Pekings sind Boten mit der Anzeige ausgeschickt, daß das Fest des heutigen Abends auf Samstag verlegt ist, um den Sturm vorübergehen zu lassen. Ich mußte deshalb nochmals den Admiral telegraphisch um Verlängerung meines Urlaubs bitten. Für drei Tage war ich weggegangen, und ich werde fast einen Monat ausbleiben; ich trage jetzt Wäsche und Kleider, die ich mir hier und dort von Kameraden der Landarmee geborgt habe.

Ich habe die Ehre, heute mittag bei unserem Nachbarn in der »gelben Stadt«, dem Feldmarschall Graf Waldersee zu frühstücken.

In einem von den Flammen verschonten Teile seines Palastes liegt ein großer Saal mit Wänden aus eingelegter Arbeit und durchbrochenem Schnitzwerk. Dort ist die Marschallstafel gedeckt – lauter korrekte, zugeknöpfte, tadellos militärische Menschen inmitten der chinesischen Phantasterei eines solchen Rahmens.

Zum erstenmal im Leben setze ich mich mit deutschen Offizieren an einen Tisch. Ich hatte nicht geglaubt, daß ich eine plötzliche Beklemmung empfinden würde, als Gast in ihrer Mitte zu erscheinen ... Diese Erinnerungen von mehr als dreißig Jahren! Diese Erlebnisse eigner Art, die mir das schreckliche Jahr geschenkt hat! ...

O dieser lange Winter von 1870, der mit Irrfahrten in einem kleinen schlechten Schiff im Sturmgebraus an den preußischen Küsten verlief! Damals war ich noch fast ein Kind und mußte in der Eiseskälte des Mastkorbes Wache halten. Wie oft erschienen da am schwarzen Horizont die Umrisse eines Schiffes, des »König Wilhelm«, das uns verfolgte und vor dem wir immer fliehen mußten, während seine Granaten zuweilen hinter uns ins eiskalte Wasser schlugen ... Wie verzweifelt waren wir, uns in unserer unbedeutenden Rolle so unnötig geopfert zu fühlen, weitab in fremdem Meere! ... Und alles erfuhr man erst mit langer Verspätung; so selten erhielten wir Nachrichten in den versiegelten Unheilsbriefen, die man nur zitternd öffnete ... Und welche Wut erfüllte unser Herz bei jeder neuen Niederlage, jedem Berichte über deutsche Härte, – eine im Übermaß ihrer Heftigkeit vielleicht noch kindliche Wut, – und wie schworen wir uns, niemals zu vergessen! ... Alles das erwacht in mir wirr durcheinander oder vielmehr in raschem Nebeneinander, als ich an der Tür dieses Speisesaals stehe, ja bevor ich noch den Fuß über die Schwelle gesetzt habe, schon beim Anblick der Pickelhauben, die vor dem Eingange hängen, und ich habe Lust, umzukehren.

Doch ich trete ein und alles das verschwindet, verschwimmt in der Ferne der Jahre: ihr Empfang, ihre Händedrücke und ihr freundliches Lächeln haben mir in einer Sekunde fast das Vergessen gebracht, zumindest ein Vergessen für den Augenblick ... Übrigens scheint mir auch, daß zwischen ihnen und uns eigentlich keine Rassenantipathie besteht, die noch weniger zu versöhnen ist, als die bittere Erinnerung an einen Krieg.

Während des Frühstücks widerhallt der chinesische Palast, der nur gewohnt war, Gongs und Flötentöne zu hören, geheimnisvoll von den Melodien aus Lohengrin oder Rheingold, welche die Militärmusik in einiger Entfernung spielt. Der weißhaarige Marschall hatte die Liebenswürdigkeit, mir den Platz neben sich anzuweisen, und wie alle der Unsrigen, die die Ehre hatten, ihm näher zu treten, unterliege auch ich dem Zauber seiner edlen Vornehmheit, seines Wohlwollens und seiner Güte.

Freitag, 3. Mai

Rings um uns ist das ungeheure Peking, das sich wieder wie in früheren Tagen zu bevölkern beginnt, von Leichenbegängnissen erfüllt. Im letzten Sommer haben die Chinesen sich in ihrer Stadt umgebracht; heute begraben sie sich. Jede Familie hat die Leichen ihrer Toten, wie es Brauch ist, Monate lang im Hause behalten, in dicken Zedernholzsärgen, die den Verwesungsgeruch etwas abschwächten; täglich brachte man den Toten Mahlzeiten und Geschenke, steckte ihnen rote Wachskerzen an, spielte ihnen Musik vor, Gong oder Flöte, und lebte dabei noch immer in der Besorgnis, ihnen nicht genug Ehre angetan zu haben, ihrer Rache und ihren Behexungen ausgesetzt zu sein. Jetzt ist die Zeit ihrer Beerdigung mit einem Gefolge von einem Kilometer Länge, wieder mit Gongs und Flöten, mit unzähligen Laternen und vergoldeten Sinnbildern, die man um teures Geld leihen muß; endlich vergeudet man Unsummen für die Grabdenkmäler und Opferspenden und schläft nicht mehr aus Angst, daß sie wiederkommen. Ich weiß nicht, wer China so gut definiert hat: »Ein Land, wo einige Hunderte Millionen lebender Chinesen durch einige Milliarden toter Chinesen beherrscht und terrorisiert werden«. Das Grab – überall und in allen seinen Formen – ist das Einzige, dem man in der Ebene von Peking begegnet. Und all die Zedern-, Pinien- und Thujagehölze sind nichts als Totenhaine mit drei und vier Umfassungsmauern, jeder einzige meist nur einem einzigen Toten geweiht, der auf diese Art den Lebenden einen riesigen Platz entzieht.

Ein verewigter Lama, dessen Grab ich heute besuche, nimmt für sich allein zwei bis drei Quadratkilometer ein. In seinem Hain lassen die alten, kaum belaubten Bäume die chinesische Sonne hindurch, die nach dem gestrigen Schnee wieder gefährlich herniederbrennt. Im Mittelpunkt steht sein Mausoleum aus Marmor, eine Pyramide aus kleinen Figuren, eine Masse feiner weißer Skulpturen, die sich gegen den Himmel spindelförmig zuspitzen und in eine goldene Spitze auslaufen; hier und dort stehen unter den Zedern alte verfallende Tempel, die einst dem Gedächtnis dieses heiligen Mannes geweiht waren; sie bergen in ihrem Dunkel tausende vergoldeter Götzenbilder, die zu Staub zerfallen. Draußen ist der aschenartige Boden, den nie ein Fuß betritt, übersät mit harzigen Zedernäpfeln und den schwarzen Federn der Raben, die hier an diesem Orte des Schweigens zu Hunderten leben. Doch die Aprilsonne hat einige armselige violette Levkojen zur Blüte gebracht, wie im kaiserlichen Hain, und eine Menge kleiner gleichfarbiger Schwertlilien. Am Horizont, am Ende der grauen Ebene, erhebt sich die Zinnenmauer Pekings, die eine tote Stadt einzuschließen scheint und sich in unabsehbare Ferne verliert.

Alle Totenhaine, mit denen die Landschaft bedeckt ist, sind diesem gleich. Sie enthalten die gleichen alten Tempel, die gleichen Idole und die gleichen Raben.

Die Ebenen von Petschili sind ein riesenhafter Friedhof, wo jeder Lebende davor zittert, einen der zahllosen Toten zu beleidigen.

Peking wird selbstverständlich in dem Maße, als es sich wieder bevölkert, neu aufgebaut, aber hastig, mit den kleinen schwarzen Ziegeln der Ruinen, und die neuen Straßen werden ohne Zweifel niemals den Luxus der früheren Hausfronten mit ihrem Spitzenschmuck aus vergoldetem Holz wieder auferstehen sehen.

Die große Verkehrsader des Ostens durch die »Tartarenstadt« bewahrt noch am meisten den Charakter des alten Peking, und das Leben darin pulsiert wieder ameisenartig, fast bedrückend. Die eine französische Meile lange, fünfzig Meter breite Straße hat prachtvolle Verhältnisse, ist aber eingebrochen, durchfurcht und durchschnitten von heimtückischen Löchern und Kloaken, von tausenden von Bühnen, Hütten, aufgeschlagenen Zelten oder einfachen, in der Erde steckenden Sonnenschirmen versperrt. Da sind Hundefleischbrater, Theekocher, Leute, die ekelhafte Getränke oder entsetzliches Fleisch feilbieten, – alles auf prächtigem Porzellan mit farbenprächtigen Malereien; da sind Marktschreier, Wahrsager, Hanswürste, Musikanten, Märchenerzähler und -Erzählerinnen. Nur mühsam bewegt sich die Menge inmitten alles dessen und verzweigt sich tausendfach, um sich um alle die kleinen Buden und Bühnen hindurchzuwinden, wie das Wasser eines Flusses sich um Inseln teilt, und so herrscht ein unaufhörlicher wilder Strudel menschlicher Köpfe, von Staub und Schmutz geschwärzt. Geschrei, rauh oder kläffend, erhebt sich von allen Seiten in einem für unsere Ohren ungewohnten Tonfall, begleitet von Geigen, die auf Schlangenhäuten schrillen, vom Getöse der Gongs und dem Klingeln der Glöckchen. Die Karawanen aber mit ihren riesigen mongolischen Kamelen, die den ganzen Winter hindurch die Straßen mit ihren endlosen Zügen versperrt haben, sind samt ihren Führern mit den platten Gesichtern in die Einöden des Nordens verschwunden, denn sie fliehen die jetzt bald sengend werdende Sonne. Doch an ihre Stelle treten auf der für Tiere und Wagen bestimmten erhöhten Straßenmitte Reihen kleiner Pferde und Wagen, und überall hört man Peitschen knallen.

Und am Rand der Häuser breitet sich am Boden noch immer kilometerlang auf Schmutz und Trümmern genau wie im letzten Herbst, jener tolle Trödelmarkt aus, über den die Menge hinstampft: Überreste von so vielen Feuersbrünsten und Plünderungen, die man niemals ganz ausverkaufen wird, prachtvoll gestickte Kleider mit Blutflecken, Buddhas, Affen, Schmuckstücke, Perücken von Verstorbenen, ausgebrochene Vasen oder kostbare Bruchstücke von Nephrit.

Über all diesem wunderlichen Zeug und all diesem Lärm und Staub ist die Mehrzahl der Häuser im Gegensatz zur Armseligkeit der Menge mit Schnitzereien und Zieraten überladen, die aus dem vollen Holze fein herausgearbeitet und von unten bis oben fein vergoldet sind. Unermüdliche Künstler haben mit der uns verblüffenden chinesischen Geduld und Geschicklichkeit in das starke Zedernholz der Hausfronten Myriaden von kleinen Menschengestalten, Ungeheuern oder Vögeln unter Blumen oder Bäumen eingeschnitten, deren Blätter man zählen könnte. Die Vergoldung aller dieser winzigen Gegenstände, wenn auch stellenweise verblaßt, ist doch dank dem fast regenlosen Klima meist glänzend geblieben.

Und droben an den Bekrönungen, den geschweiften Simsen herrschen überall die vergoldeten Fabeltiere, welche die Zunge herausstrecken, höhnisch lachen und schielen und bereit scheinen, sich zum Himmel aufzuschwingen oder herabzustoßen, um die Vorübergehenden anzufallen.

Diese erstaunlichen Fassaden, die eine unberechenbare Summe menschlicher Arbeit darstellten und die aus Peking eine altchinesische, ganz vergoldete Stadt, ein unvergleichliches Museum von Holzschnitzarbeit machten, zu dessen Wiederherstellung die Menschen von heute niemals die Zeit hätten, brannten im vorigen Sommer bei den durch die Boxer angelegten großen Feuersbrünsten jeden Tag zu Hunderten nieder.

Samstag, 4. Mai

Heute abend soll das Fest, das unser General den Stäben der Alliierten gibt, bestimmt stattfinden.

Vorerst bis zum Einbruch der Nacht ist es ein französisches Fest: die Einweihung eines Straßenzuges in unserm Quartier, unserm Abschnitt, eines langen Straßenzuges von der Marmorbrücke bis zum

Gelben Tor, dessen Ausführung dem Obersten Marchand übertragen war und das den Namen unseres Generals tragen soll. Peking hat seit der fernen, pomphaften Zeit, wo sein Netz gepflasterter Straßen gezogen wurde, niemals Ähnliches gesehen: eine freie, durchlaufende Straße, ohne Löcher und Gleise, auf der die Wagen im vollen Trab zwischen zwei Reihen junger Bäume daherfahren können.

Eine große Volksmenge drängt sich zu diesem Schauspiel. Zu beiden Seiten des neuen, frisch besandeten und noch leeren Fahrdamms, der von einem Ende zum anderen durch Pfähle und Seile abgesperrt ist, stehen alle unsere Soldaten und auch einige deutsche, die mit den unsrigen gute Nachbarschaft halten, und dahinter im Festkleide die Chinesen und Chinesinnen der Stadtgegend. Reizende drollige Kinder mit ihren bis zu den Schläfen sich ziehenden Katzenaugen stehen in vorderster Reihe dicht vor den gespannten Seilen; einige werden sogar von unseren Leuten in die Höhe gehalten, um besser zu sehen, und ein großer Zuave trägt zwei kleine Chinesinnen von drei bis vier Jahren, jede auf einer Schulter. Leute stehen auf den Dächern, mehrere unserer Kranken auf den Dachziegeln unseres Spitals, und Chasseurs d'Afrique haben sich reservierte Plätze auf dem gotischen Kirchturm erklettert, der mit seiner breiten, in der Luft flatternden Trikolore alles beherrscht.

Französische Flaggen wehen über allen chinesischen Türen und überall auf Stangen, zu Trophäen angeordnet, zwischen Lampions und Girlanden. Es ist wie unser »14. Juli[1]«, nur etwas exotisch und fremdartig. Wäre es in Frankreich, so wäre die Ausschmückung lachhaft banal; hier im Herzen von Peking wird sie rührend und selbst großartig, besonders bei der Ankunft der Militärmusiken, als die Marseillaise ertönt.

Die Einweihung besteht einfach in einem Galopp, einer Art Attacke in Zugfront über den noch jungfräulichen Sand, die von allen französischen Offizieren vom Gelben Tor bis zum anderen Ende des Straßenzuges geritten wird. Dort erwartet unser General sie auf einer von den Soldaten mit grünen Girlanden geschmückten Estrade und kredenzt ihnen lächelnd Champagner. Dann werden die schwachen

---

1 französischer Nationalfeiertag

Schranken entfernt, die Menge strömt lustig herein, die katzenäugigen Kleinen beginnen ein Wettrennen auf dem schönen gewalzten Straßendamm, – und damit ist es aus.

Wenn wir alle nach Frankreich zurückgekehrt sind und Peking wieder ganz den Chinesen übergeben sein wird, die von der Straßenpflasterung die umstürzlerischsten Vorstellungen haben, dann ist zu befürchten, daß diese Avenue du Général Voyron, die sie doch anscheinend zu würdigen wissen, – nicht länger dauert als zwei Winter.

Acht: Uhr abends. In der langen Maidämmerung, die jetzt bald zu Ende geht, sind die seltsamen, mit Perlen behängten Glaslaternen und die Lampions aus Reispapier in der Form von Vögeln und Lotosblüten schon überall angesteckt – in den Zweigen der alten Zedern wie auf dem freien Platz vor dem Palast der Rotunde, den ich einst in einen so düsteren Abgrund von Trübsal und Stille getaucht sah . . . Heute nacht wird hier Bewegung, Leben und heiteres Licht herrschen. Schon ergehen sich in dem prächtigen Rahmen der beginnenden Illumination Leute im Festkleid, Offiziere aller europäischen Nationen und Chinesen in langen Seidenröcken, den offiziellen Hut mit den herabhängenden Pfauenfedern auf dem Kopfe. Ein Tisch für siebzig Personen ist unter den Zelten gedeckt, und wir erwarten die buntscheckige Menge unserer Gäste.

Von kleinem Gefolge begleitet, kommen sie aus allen vier Ecken Pekings heran, die einen zu Pferd, die anderen zu Wagen, auf chinesischen Karren oder auch in prächtigen Sänften. Sobald eine Persönlichkeit von Rang sich in dem bemalten und vergoldeten Tor der Rampe von unten zeigt, spielt ihr zu Ehren eine unserer Militärmusiken, die auf ihr Erscheinen gelauert hat, die Nationalhymne ihres Landes. Die russische Hymne folgt auf die deutsche, die japanische auf die österreichische und den Bersaglieri-Marsch. Wir bekommen sogar die chinesische Hymne zu hören, denn gerade wird pomphaft ein großes rotes Papier dahergebracht: die Visitenkarte Li-Hung-Tschangs, der unten ist und sich, wie es die Etikette erheischt, vor seinem Erscheinen anmelden läßt. Dann kommen, von ebensolchen Karten angesagt, der Oberste Richter von Peking und der Außerordentliche Vertreter der Kaiserin. Diese chinesischen Würdenträger, die unserem Feste beiwohnen werden, kommen in Galasänften mit

Kavalleriebegleitung an, von einem Schwarm von Dienern in Seidengewändern gefolgt. Sie halten ihren Einzug mit verschlossener Miene und in sich gekehrtem Blick. Es war schwer, sie herzubringen! Aber der Oberst Marchand hatte mit Genehmigung unseres Generals seinen Ehrgeiz darein gesetzt, sie zum Erscheinen zu bewegen. Mitten unter unseren abendländischen Uniformen werden die Mandarinenröcke und die spitzen Hüte mit Korallenknopf immer häufiger, und ihre Anwesenheit bei diesem Feste der Barbaren mitten in der entweihten »Kaiserlichen Stadt« wird eine der merkwürdigsten Gegensätze unserer Zeit bleiben.

Eine Tischgesellschaft, wie man sie noch nie beisammen sah, hat ihre Füße auf die kaiserlichen Teppiche gesetzt, die wie dicker gelber Samt sind. Auch die obligaten Blumensträuße stehen in riesigen Cloisonnévasen von unschätzbarem Alter und Wert, die für einen Abend aus den Vorratskammern der Kaiserin hervorgeholt wurden. Am Ehrenplatz sitzt der Feldmarschall Graf Waldersee zur Seite der französischen Gesandtin, dann kommen zwei Bischöfe in violetter Soutane, Generäle und Offiziere der sieben verbündeten Nationen; fünf bis sechs helle Damentoiletten und endlich drei hohe Würdenträger Chinas, rätselhaft in ihren gestickten Seidengewändern, die Augen unter ihren Festhüten mit den überfallenden Federn halb verborgen.

Am Ende dieses seltsamen, alles auf den Kopf stellenden und entweihenden Mahles, als schon die Rosen in den großen kostbaren Vasen ihre Köpfe hängen lassen, wendet sich unser General am Schlusse seines Champagner-Trinkspruches an diese gelben Herrschaften und sagt:

»Ihre Anwesenheit unter uns beweist zur Genüge, daß wir nicht hierhergekommen sind, um China zu bekriegen, sondern ausschließlich eine verwerfliche Sekte, usw.« . . .

Der Vertreter der Kaiserin fängt den Ball mit der Geschicklichkeit des fernsten Asiens auf, und ohne daß ein Fältchen in seiner gelben Hofmaske zuckte, antwortet er, der im Innersten ein begeisterter Boxer war:

»Im Namen Ihrer kaiserlich-chinesischen Majestät danke ich den europäischen Generalen, daß sie gekommen sind, um unserem Reiche in einer der schwersten Krisen, die es je durchgemacht hat, hilfreich beizustehen.«

Kleine Verlegenheitspause – und die Gläser leeren sich.

Der freie Platz hat sich während des Banketts mit Uniformen und Goldstickereien erheblich bevölkert: es sind einige hundert zum Feste geladene Offiziere aller Waffengattungen und Farben. Und nachdem die Reihe der Toaste mit jener chinesischen Entgegnung ihr Ende gefunden hat, lehne ich mich an die Brüstung der Terrassen, um hier oben schon von weitem unseren Zapfenstreich mit Fackelbegleitung herannahen zu sehen.

Als ich das Zelt und das Dach der Zedernäste verlassen habe, die mich etwas einschlossen und die Aussicht versperrten, da ist es eine Überraschung und ein Entzücken, die Ufer des kaiserlichen Sees und diese große schwermütige und stille Landschaft, – in gewöhnlichen Zeiten, sobald es Nacht wird, ein Ort tiefster Finsternis, unheimlich und schwarz, über dem ewige Trauer zu schweben schien, – heute wie zu einer märchenhaften Apotheose erleuchtet zu sehen.

Überall waren unsere Soldaten versteckt, in den alten toten Palästen, in den alten, unter den Bäumen zerstreuten Tempeln, und binnen einer Stunde haben sie von allen Seiten die Glanzziegeldächer erklettert und zahllose rote Lampions angezündet, lange Lichterketten, die den zahlreichen Stockwerken der geschweiften Dächer folgen und diese ganze zopfige Architektur, die Phantastik dieser Warten und Türme abzeichnen. Ein Lichtsaum umzieht die Ufer des tragischen Sees, in deren Gräsern noch immer Leichen verborgen sind. Bis in die entlegensten Winkel, bis in seine schwärzesten Tiefen bietet dieser Geisterpark, in dem doch alles düster und zerstört bleibt, die Illusion eines Festes. Der alte Wartturm auf der Nephrit-Insel, der mit seinem scheußlichen Götzenbild in der Luft schlief, erwacht plötzlich, um Garben von Lichtfunken und blaue Raketen auszuspeien. Und die Gondeln der Kaiserin, die so lange unbeweglich dalagen und etwas schadhaft sind, bewegen sich heute nacht auf dem Seespiegel mit Lichtern behängt wie in Venedig. Ein Scheinbild von Leben erweckt für einen einzigen Abend alle diese Dinge, alle diese Gespenster von Dingen. Und nie, nie wird man das wieder sehen, wie es früher niemand gesehen hat.

Welch verwirrender Gegensatz zu allem, was ich im vergangenen Jahr von der Höhe dieser selben Terrassen herab zu betrachten pflegte, wenn die Herbstdämmerung fiel, als ich der einzige Bewohner dieses Palastes war! An den Ufern des Sees Gruppen im Ballkleid an Stelle der Leichen, meiner einzigen hartnäckigen Nachbarn vom vorigen Jahre, – die wohlverstanden noch alle dort liegen, aber ganz langsam tiefer und tiefer auf Nimmerwiederkehr in den Schlamm versunken sind. Und dieser weiche laue Maiabend an Stelle der eisigen Kälte, die mich erschauern ließ, sobald die riesige rote Sonne zu erlöschen begann!

Im Vordergrund, am Zugang zur Marmorbrücke, erstrahlt am nächtlichen Himmel goldschimmernd der große chinesische Triumphbogen mit seinen Teufelsfratzen, Hörnern und Krallen, durch eine Unmenge von Laternen zur Geltung gebracht. Und die hellerleuchtete Brücke, die den dunklen See überspannt, scheint im Glanz ihrer ewigen Weiße von innen heraus zu leuchten. Weiterhin taucht die ganze ironische Phantasmagorie der leeren Paläste und Pagoden aus dem Dunkel der Bäume und läßt zwischen den kleinen Lotosinseln ihre Feuerlinien im Wasser spielen.

Unsere fünfhundert Gäste haben sich überallhin verstreut. Sie stehen in vertraulichen Gruppen am Seeufer, unter dem Frühlingsgrün der Weiden oder längs der Marmorbrücke, oder auch in den kaiserlichen Gondeln. Jeder, der von den Terrassen der Rotunde herabsteigt, erhält einen bemalten Lampion an der Spitze eines Stockes, und alle diese farbigen Kugeln zerstreuen sich je nach dem Zufall der Wege und erscheinen bald in der Ferne wie ein Schwarm Glühwürmchen.

Von hier oben, wo ich stehen geblieben bin, erkennt man Damen in hellen Abendmänteln, die am Arm von Offizieren über die weißen Steinplatten der Brücke gehen oder am Heck der langen Barken der Kaiserin sitzen, die von Ruderern langsam bewegt werden . . . Und wahrlich, es ist ein unerwarteter Anblick, diese Europäerinnen, – fast alle, auch die, welche die Qualen der Belagerung durchgemacht haben, – sich hier so ruhig in Abendtoiletten ergehen zu sehen, inmitten der einst so abgeschlossenen und schrecklichen Residenz dieser Herrscher, die heimlich ihren Tod vorbereitet hatten! Jedenfalls hat der Ort seinen ganzen Schrecken verloren, und für den Augenblick hat selbst der unbestimmte Schauer ein Ende, den noch gestern die von den alten Bäumen und Ruinen erfüllte Ferne hervorrief. So viele Lichter, so viele Menschen, so viele Soldaten beleben diesen Hain bis in die entferntesten Winkel, daß alle Gespenster oder bösen Geister heute abend verschwinden mußten.

Jetzt hört man etwas wie ein näher kommendes Donnerrollen: es ist der Schall von etwa fünfzig Trommeln, die das Nahen des Zapfenstreichs ankünden. Der hat sich am Gelben Tor formiert, um die heute eingeweihte Straße einzuschlagen und sich vor uns am Fuß des Palastes der Rotunde aufzulösen. Jetzt erscheinen drunten am Anfang der Marmorbrücke die ersten Lichter seiner Vorhut, und nun betritt er den prächtigen weißen Bogen. Kavallerie, Infanterie, alle Musikkapellen scheinen aui uns zuzuströmen. Ihre Blechinstrumente und Trommeln schallen so laut, daß sie die Grabesmauern der »Violetten Stadt« erzittern lassen, – und über diesen tausenden von Soldatenköpfen wiegen sich buntfarbige Lämpchen von chinesischer Phantasie in Trauben und Garben auf langen Stangen, im Schritt der Pferde oder auch im Rhythmus menschlicher Schultern getragen.

Die Truppen sind vorüber, aber der Aufzug scheint noch nicht zu Ende. Auf die von unseren Kapellen gespielten Märsche folgt plötzlich ein anderer Lärm von schriller Fremdartigkeit, ein rasendes, nervenverwirrendes Getöse: Gongs, Klappern, Zimbeln und Glocken. Gleichzeitig heben sich riesengroße Standarten ab, gelb und grün, ganz geschlitzt, von völlig fremder Phantasie und ungewohnten Verhältnissen. Und über die schöne Marmorbrücke rücken Kompagnien langer, hagerer Menschen mit merkwürdigen Sprüngen, wie Bären sich wiegend: meine Stelzenläufer von Ytschau, von Lai-tschau-tschin, aus der Gegend der Kaisergräber, die mit größtem Vergnügen drei bis vier Tage unterwegs waren, um bei diesem französischen Feste mitzuwirken! Hinter ihnen, durch ein Crescendo der Gongs, der Zimbeln und der ganzen chinesischen Teufelsmusik begrüßt, kommen auch die großen Drachen, die zwanzig Meter langen roten und grünen Tiere. Man hat ein Mittel gefunden, sie von innen zu erleuchten; die roten und grünen Ungetüme scheinen heute abend weißglühend zu sein; über den Häuptern der Menge wogen und ringeln sie sich wie Schlangen aus Schwefel, glühende Schlangen aus irgendeinem Bacchanal der buddhistischen Hölle. In der mondlosen wolkenschweren Nacht zeichnet sich die vom Wasser wiedergespiegelte großartige Dekoration, das Bild der Paläste und Pagoden mit ihren vielfachen Dächern, ihren umgebogenen Ecken, noch immer durch rote Feuerlinien ab. Und der Wartturm der Nephritinsel, der hier alles beherrscht, sprüht nach wie vor seinen Funkenregen über seinen Felsensockel und die alten schwarzen Zedern aus.

Nachdem die großen Schlangen unter dem Getöse der Blechinstrumente und dem schrillen Ton der tartarischen Zimbeln vorübergezogen sind, strömt noch immer zu Füßen unseres Palastes eine Menschenflut über die Marmorbrücke, doch jetzt regelloser, mit wildem Gedränge, aus dem Stimmengetöse heraufschallt. Das ist der Rest unserer Truppen, die dienstfreien Soldaten, die dem Zapfenstreich gleichfalls mit Laternen, mit Trauben geschwenkter Lampions folgen und dabei aus voller Kehle die Marseillaise oder auch »Sambre-et-Meuse« singen. Arm in Arm mit ihnen die deutschen Soldaten, die diese Woge von Kraft und Jugend verstärken und aus voller Kehle in unsere alten französischen Lieder einstimmen ...

Ein unwahrscheinliches babylonisches Festmahl mit Trinksprüchen chinesischer Würdenträger und einer deutschen Marseillaise! ...

Mitternacht. Die Myriaden kleiner roter Lämpchen verlöschen an den Simsen der alten Paläste und verödeten Pagoden, an den Vorsprüngen der glasierten Dächer. Die gewohnte Dunkelheit und Stille legt sich allmählich wieder über den See und die Tiefen des kaiserlichen Haines, über die Bäume und Ruinen. Die chinesischen Würdenträger sind mit ihrem seidenen Gefolge unmerklich verschwunden und in ihren Sänften schleunigst aufgebrochen, weithin zu ihren Wohnungen durch die dunkle Stadt.

Und jetzt kommt die Stunde des Kotillons, – nach einem Ball, der gezwungenermaßen sehr kurz war, einem Ball, der eine Wette gegen die Unmöglichkeit schien; denn mit Mühe hatte man zehn Tänzerinnen für fast fünfhundert Tänzer aufgebracht, einschließlich eines reizenden zwölfjährigen Mädchens, einer Lehrerin, kurz, alles dessen, was Peking an Europäerinnen barg. Das Tanzfest findet in der schönen vergoldeten Pagode statt, die für heute abend zum Ballsaal umgestaltet ist, in diesem allzu weiten leeren Raume, unter den stets gesenkten Augen der großen alabasternen Göttin im goldenen Kleide, die im letzten Herbst in der völligen Einsamkeit dieses Palastes neben einer gewissen gelbweißen Katze meine einzige Gesellschaft war. Arme Göttin! Zu ihren Füßen ist heute abend ein Beet blühender Schwertlilien hergerichtet und der zerstörte Hintergrund ihres Altars ist mit prachtvoll gerafftem blauen Atlas verhängt, von dem ihre Gestalt sich in idealer Weiße abhebt, während ihr mit kleinen funkelnden Edelsteinen besäumtes Goldgewand lebhafter strahlt.

Mag auch dieses Heiligtum noch so hell erleuchtet sein, noch so erfüllt von Lampions in Form von Blumen und Vögeln, es bleibt doch ein allzu wunderlicher Ballsaal; in den Winkeln und vor allem droben in der vergoldeten Wölbung haftet die Finsternis. Und diese Göttin, die hier in allzu geheimnisvoller Blässe thront, wirkt peinlich mit ihrem Lächeln, das mitleidig über diese abendländischen Kindereien und Springereien gleitet, mit ihren stets gesenkten Blicken, die dies Treiben gleichsam nicht sehen wollen. Dies verlegene Gefühl ergreift sicher nicht mich allein, denn die den Kotillon anführende junge Dame eilt in irgendeinem plötzlichen phantastischen Einfall ins Freie, das Zubehör der begonnenen Tanzfigur – ein Tamburin – schwingend, und reißt die Tänzer und Tänzerinnen und alle überflüssigen Zuschauer mit sich fort. Der Tempel leert sich, und der arme vertriebene kleine Kotillon wirbelt unter freiem Himmel schleppend weiter und stirbt unter den Zedern des Platzes, den noch einige Laternen beleuchten.

Ein Uhr nachts. Die Mehrzahl der Gäste ist fortgegangen, denn sie haben im Dunkeln und zwischen den Ruinen noch Kilometer zu ihren Wohnungen zurückzulegen. Einige besonders treue »Alliierte« bleiben freilich noch am Büfett, wo der Champagner noch immer fließt, und bringen mit zunehmender Begeisterung Toaste auf Frankreich aus . . .

Der Palast, den ich noch für ein paar Stunden bewohnen werde, ist nur fünf- bis sechshundert Meter von hier auf der anderen Seite des Sees. Ich gehe allein und zu Fuß fort und bin schon auf der zum Lotossee herabführenden Rampe, als ich mich anrufen höre:

»Warten Sie auf mich, ich begleite Sie noch ein Stückchen, um mich zu erholen.«

Es ist Oberst Marchand, und so gehen wir denn zusammen über die weiße Marmorbrücke. Nacht und Stille haben ihr großes Leichentuch über alle Dinge der »Kaiserlichen Stadt« gebreitet, die wir für einen Abend mit Musik und Lichtern erfüllt hatten.

»Nun, wie war es?« fragt er mich. »Welchen Eindruck hatten Sie davon?«

Und ich antworte ihm, was ich wirklich denke, daß es ein Fest von seltsamer Pracht war, in einem Rahmen, den es nirgends wieder gibt.

Dennoch ist mein Freund Marchand heute nacht eher schwermütig. Wir sprechen kaum und verstehen uns mit halben Worten.

Die Wehmut der verrauschten Feste überfällt uns mit dem wieder eingetretenen Dunkel . . . Das plötzliche Versinken einer allerdings nichtigen Sache in die Vergangenheit, einer Sache jedoch, die uns ein paar Tage lang schwere Mühe gekostet und von den Sorgen des gewöhnlichen Lebens abgelenkt hatte: das ist das erste . . .

Aber noch ein anderes Gefühl erfüllt uns beide zu dieser Stunde, und wir teilen es uns fast wortlos mit, während unsere Schritte in der von Minute zu Minute feierlicher werdenden Stille auf den Marmorfliesen hallen. Uns ist, als ob dieser Abend den Sturz Pekings unwiederbringlich besiegelt – den Sturz einer Welt. Was auch geschehen mag, selbst wenn der seltsame asiatische Hof hierher zurückkehrt, was sehr unwahrscheinlich ist: mit Peking ist es vorbei, sein Zauber ist dahin, sein Geheimnis an Licht gebracht.

Und doch war diese »Kaiserliche Stadt« eine der letzten Zufluchtsstätten des Unbekannten und Wunderbaren auf Erden, eins der letzten Bollwerke uralter Kultur, unverständlich für uns und fast ein Märchen.